A MATEMÁTICA NA EDUCAÇÃO INFANTIL

Aviso ao leitor

A capa original deste livro foi substituída por esta nova versão. Alertamos para o fato de que o conteúdo é o mesmo e que esta nova versão da capa decorre da alteração da razão social desta editora e da atualização da linha de design da nossa já consagrada qualidade editorial.

S666m   Smole, Kátia Stocco.
           A matemática na educação infantil : a teoria das inteligências múltiplas na prática escolar / Kátia Stocco Smole. – Porto Alegre : Penso, 2000.
           206 p. : il. color. ; 23 cm.

           ISBN 85-8429-003-6

           1. Educação. 2. Matemática. I. Título.

                                                    CDU 37:51-053.2

Catalogação na publicação: Poliana Sanchez de Araujo CRB10/2094

Kátia Cristina Stocco Smole

A MATEMÁTICA NA EDUCAÇÃO INFANTIL
A TEORIA DAS INTELIGÊNCIAS MÚLTIPLAS NA PRÁTICA ESCOLAR

Reimpressão 2014

2000

© Penso Editora Ltda., 2000

CAPA
Joaquim da Fonseca

PREPARAÇÃO DE ORIGINAL
Sandro Waldez Andretta

SUPERVISÃO EDITORIAL
Letícia Bispo de Lima

PROGRAMAÇÃO VISUAL E EDITORAÇÃO ELETRÔNICA
Ponto-e-Vírgula Assessoria Editorial

Reservados todos os direitos de publicação à
PENSO EDITORA LTDA. uma empresa do GRUPO A EDUCAÇÃO S.A.
Av. Jerônimo de Ornelas, 670 – Santana
90040-340 – Porto Alegre, RS
Fone: (51) 3027-7000 Fax: (51) 3027-7070

É proibida a duplicação ou reprodução deste volume, no todo ou em parte, sob quaisquer formas ou por quaisquer meios (eletrônico, mecânico, gravação, fotocópia, distribuição na Web e outros), sem permissão expressa da Editora.

SÃO PAULO
Av. Embaixador Macedo Soares, 10.735 – Pavilhão 5
Cond. Espace Center – Vila Anastácio
05095-035 São Paulo SP
Fone: (11) 3665-1100 Fax: (11) 3667-1333

SAC 0800 703-3444 – www.grupoa.com.br

IMPRESSO NO BRASIL
PRINTED IN BRAZIL

Às professoras da escola infantil do Instituto Salesiano Dom Bosco de Americana e do Colégio Emilie de Villeneuve, que embarcaram comigo nesta viagem intelectual.

Kátia

APRESENTAÇÃO

Já há algum tempo, a concepção de Inteligência encontra-se no centro das atenções do público em geral, aparecendo com muita frequência em jornais ou revistas, quase sempre de modo enfático ou sensacionalista. Expressões como Inteligência Emocional, Inteligência Coletiva, Inteligência Artificial, Inteligência Múltipla, Inteligência Criadora têm circulado amplamente em diferentes contextos, ainda que as irradiações para o terreno educacional permaneçam bastante incipientes.

No caso específico das Inteligências Múltiplas, ideia originada em trabalhos do pesquisador americano Howard Gardner, publicados inicialmente no livro *Estruturas da mente,* em 1983, a despeito da agudeza e da fecundidade dos novos *insights* sobre o tema, ainda são muitos tênues seus efeitos transformadores sobre a prática escolar.

Nesse sentido, o trabalho que ora apresentamos é especialmente oportuno e promissor. Em raras ocasiões, pudemos acompanhar um desenvolvimento tão harmônico entre o interesse teórico pela investigação educacional e a prática docente no magistério de primeiro grau, especialmente em cursos de formação de professores, como é o caso da autora do presente trabalho.

Mais do que o mero elogio das ideias de Gardner, o que se oferece ao leitor é uma reflexão crítica bastante equilibrada, relativamente depurada de fascínios, que se complementa — e se compromete — com um convite à ação efetiva, na sala de aula. Partindo das ideias de Gardner, a autora explora de modo consciente a imagem metafórica da inteligência como um espectro, articulando as competências básicas em eixos e examinando a inclusão da componente pictórica, sugerida por outros autores, mas explorada de modo especialmente interessante no presente trabalho.

Após um rápido panorama sobre as concepções de inteligência, seguida de uma apresentação competente das ideias de Gardner sobre o tema, com destaque para suas implicações educacionais, a autora procura delinear ações a serem implementadas ao lidar-se com a Matemática na educação infantil, buscando articular o desenvolvimento das habilidades lógico-matemáticas com o de todas as outras componentes do espectro, quais sejam, a competência linguística, a espacial, a corporal-cinestésica, a intrapessoal, a interpessoal, a música, a pictórica. Certamente, esta é a parte mais rica do trabalho, sobretudo por estar impregnada pela prática profissional extremamente bem-sucedida da autora.

Na parte final do trabalho, são amealhadas algumas observações/recomendações que extrapolam os limites da disciplina Matemática, referindo-se ao trabalho do professor de todas as áreas. Consideramos tais reflexões pertinentes e fecundas, mencionando explicitamente as considerações relativas à problemática da avaliação nos níveis iniciais de escolarização, tão cara ao próprio Gardner nos Projetos que desenvolve em Harvard. Dar consciência e consequência à ideia de *portfólio* pode ser como um *ovo de Colombo* para o repensar dos processos de avaliação em todos os níveis de ensino, e as considerações da autora fornecem subsídios importantes para viabilizar as correspondentes ações docentes.

O presente trabalho vem a lume, portanto, com a melhor das expectativas, preenchendo uma lacuna até então existente, na literatura nacional, sobre a operacionalização das ideias de Gardner no terreno das práticas pedagógicas. Certamente, terá vida longa e poderá inspirar muitos outros, a serem realizados, inclusive, pela própria autora.

Nílson José Machado
Faculdade de Educação/USP

SUMÁRIO

Apresentação
    Nílson José Machado, *7*

Introdução, *11*

1 A inteligência como um espectro de competências, *15*

A visão psicométrica da inteligência, *17*
Novos paradigmas para a concepção de inteligência, *23*
Gardner e a Teoria das Inteligências Múltiplas, *25*
Uma análise do espectro, *30*
Eixos e parcerias: ampliando o espectro, *33*
Uma competência candidata ao espectro: a inserção do desenho, *35*
As implicações educacionais do modelo de Gardner, *51*

2 Delineando ações para as aulas de matemática na escola infantil, sob a ótica da Teoria das Inteligências Múltiplas, *55*

A necessidade de olhar para o espectro de forma harmônica, *57*
Delimitando uma faixa etária para desenvolver o projeto, *60*
Algumas considerações sobre o trabalho com a matemática na escola infantil, *62*
A matemática e a linguagem, *64*
O matemático e o pictórico, *86*
O matemático e o espacial, *104*
O matemático e o corporal, *119*
A competência lógico-matemática e as inteligências pessoais, *131*
O matemático e o musical, *144*

3 Uma organização para as atividades didáticas, *155*

A concepção de conhecimento como rede e a concepção de inteligências múltiplas, *757*
A organização do espaço e o ambiente para a realização do trabalho, *160*
A natureza das atividades previstas neste trabalho, *163*
O trabalho com projetos, *164*

A função dos materiais didáticos, *170*
Planejar: um ato imprescindível, *174*
A questão da avaliação, *177*
Elaborando um portfólio, *184*
Envolvendo os pais no trabalho das crianças, *188*
O professor em formação, *194*
Uma nota final, *197*

Referências Bibliográficas, *199*

INTRODUÇÃO

O significado da *inteligência* tem sido, ao longo do tempo, motivo de estudo de psicólogos, filósofos, neurologistas, pedagogos e pesquisadores da ciência cognitiva.

Esse interesse em pesquisar sobre a inteligência gerou diferentes concepções acerca da sua origem e do seu desenvolvimento nos indivíduos e, mais que isso, gerou diferentes investidas no sentido de defini-la.

Para alguns estudiosos, a inteligência estaria determinada por fatores genéticos, hereditários, que uma vez estabelecidos poderiam ser pouco modificados pelas interferências do meio no qual o indivíduo vive. Para outros pesquisadores, ela depende fortemente do meio social para desenvolver-se.

A concepção hegemônica de inteligência ainda é a de uma grandeza passível de medição. Por essa ótica, a inteligência pode ser quantificada através de testes especialmente preparados para isso. Baseados em questões de caráter lógico-matemático e linguístico, tais testes mediriam o quociente de inteligência, o conhecido QI, de um indivíduo e determinariam sua capacidade intelectual.

Desde os primeiros testes idealizados em 1908 por Binet até hoje, algumas versões desse tipo de instrumento foram sendo elaboradas e utilizadas com diferentes finalidades, entre elas, justificar fracassos escolares, avaliar candidatos a empregos, justificar determinados comportamentos sociais.

Na revista *Newsweek*, foi publicado um artigo intitulado *IQ is it destiny*[7] que examina criticamente a publicação de *The bell curve*, um livro cujo teor causou muita polêmica em torno das teorias que atribuem a inteligência a fatores genéticos.

O título do livro se refere ao formato de curvas estatísticas usadas para mostrar e comparar os resultados das pesquisas realizadas pelos autores da obra, o sociólogo Charles Murray e o psicólogo Richard Hernstein. No trabalho, eles cruzaram resultados de várias pesquisas sobre QI e concluíram que, em média, asiáticos e brancos têm quociente de inteligência superior ao dos negros e que isso se deve a fatores genéticos, pois as diferenças se mantêm mesmo em condições de igualdade socioeconômica.

Essa tendência de classificar pessoas, ou grupos de pessoas, com base na ideia de que as diferenças entre elas derivam de distinções herdadas e inatas remonta, segundo Gould (1991), há muito tempo. Gould, em seu livro A *falsa medida do homem*, questiona o determinismo biológico como justificativa das diferenças sociais e econômicas existentes entre grupos humanos e dedica boa parte do texto do livro a desmontar argumentos supostamente científicos em prol dos testes de inteligência. De acordo com Gould, os argumentos clássicos do determinismo biológico que justificam os testes de QI falham, porque as características que eles invocam para fazer distinções entre os grupos são, em geral, o produto da evolução cultural.

---

[1] Artigo publicado em 24 de outubro de 1994, p. 31-40, por Tom Morganthau.

Outras críticas aos testes de inteligência têm sido frequentes e defendem que, na tentativa de isolar fatores culturais a fim de atingir o que possa haver de congênito em matéria de inteligência, os testes quase sempre se resumem a medir aptidões linguísticas e lógico-matemáticas, deixando de fora do seu campo de interesse uma série de outras habilidades que também podem constituir-se em manifestações de inteligência.

Para pesquisadores como Minsky, Gardner e Gould, há evidências persuasivas da existência de diversas competências intelectuais humanas que indicam haver mais na inteligência do que respostas curtas para perguntas curtas. Pelo menos dois desses pesquisadores consideram que os testes de QI serviriam apenas para medir a capacidade de um indivíduo em resolver testes de QI.

As referidas críticas estão longe de apresentar uma definição que se torne universalmente aceita para o que seja inteligência, mas parecem evidenciar uma tendência em chamar-se inteligentes não somente um indivíduo isolado como também sistemas capazes de tomar decisões, de resolver problemas, de estabelecer e realizar projetos.

Gardner, cujas concepções servirão de base para o presente trabalho, afirma acreditar que a competência cognitiva humana é mais bem descrita em termos de um conjunto de habilidades, talentos ou capacidades mentais que podem ser chamadas "inteligências".

Se nenhum cientista tem ainda uma definição precisa do que seja inteligência, se pesquisas indicam haver diferentes tipos de manifestação da inteligência e se, segundo os próprios especialistas, a inteligência não é algo fácil de comparar, pois envolve um grau de imaginação, de irreverência e de dúvida que não pode ser medido, acreditamos que os testes de QI sejam um modo inadequado de avaliar a competência intelectual de um indivíduo.

No sentido das reflexões mencionadas, é importante buscar uma perspectiva mais abrangente que considere essas múltiplas faces da manifestação da inteligência, especialmente para iluminar o trabalho em sala de aula, no qual muitos alunos vêm sistematicamente sendo avaliados e estigmatizados segundo a concepção de inteligência como grandeza.

Neste trabalho, caminharemos à luz de uma teoria, a Teoria das Inteligências Múltiplas, elaborada por uma equipe de pesquisadores, liderada por Howard Gardner, da Universidade de Harvard.

Em seus trabalhos, Gardner procurou mostrar a necessidade de se expandir e reformular a concepção do que é considerado como intelecto para que se possam projetar meios mais adequados e eficazes para avaliá-lo e educá-lo. Nasceu, assim, a teoria, cujo cerne está em considerar a inteligência como um conjunto, *um espectro,* de competências que ele denomina *Inteligências Múltiplas.*

Na primeira parte deste trabalho, examinaremos o modelo proposto por Gardner, analisando as sete componentes do espectro de habilidades por ele apresentado — linguística, lógico-matemática, espacial, musical, corporal-cinestésica, interpessoal e intrapessoal. A partir da análise feita, procuraremos enxergar as possibilidades de parceria e conexão entre as diferentes componentes do espectro e, apoiados nos trabalhos de Machado (1995), vislumbraremos a necessidade de ampliar o rol de competências inicialmente proposto por Gardner, nele inserindo como componente a competência pictórica.

A concepção da inteligência proposta por Gardner traz em seu rastro a necessidade de um pensar sobre a organização da escola e de seus componentes curriculares. A matemática, como parte dessa organização, não pode escapar a esta necessidade de reflexão. Assim, na segunda parte, o que se pretende é refletir sobre a matemática e seu papel no espectro, propondo ações docentes para a sala de aula de matemática, que possam servir de estímulo para o desenvolvimento de todas as demais competências. O texto inclui tanto propostas de atividades quanto relatos de experiências.

Essas considerações parecem nos encaminhar para novas concepções que, aos poucos, vão sendo incorporadas ao discurso pedagógico e, mais que isso, sugerem reformulações nas ações docentes no sentido de buscarmos, enquanto professores, refletir sobre o trabalho em classe e olhar para o aluno por inteiro. Indicar aspectos e instrumentos que auxiliem o professor que desejar desenvolver um trabalho baseado no referencial teórico construído é a meta da terceira parte deste livro, na qual discutimos especialmente uma forma de organização das atividades didáticas — o trabalho com projetos e um processo para acompanhar e avaliar a evolução do aluno no desenvolvimento do seu espectro de competências — o portfólio. Ao final, deixamos algumas considerações sobre o ensino de matemática nos cursos de formação de professor.

Palavras-chave:

Inteligência, inteligências múltiplas, espectro de competências, matemática, escola infantil, projeto, portfólio.

1
A inteligência como um espectro de competências

A visão psicométrica da inteligência

Existem diferentes concepções e tentativas de definir e caracterizar a inteligência. No entanto, a concepção hegemônica ainda está atrelada a um ponto de vista psicométrico ou ao enfoque dos testes de inteligência que, como indica o nome, foram elaborados e construídos em torno do intento de medir o rendimento intelectual da maneira mais exata e confiável possível.

Pensar numa forma de classificar as pessoas a partir das suas capacidades intelectuais é uma ideia antiga e, segundo Gould (1991), a tese de que o valor dos indivíduos e dos grupos sociais pode ser determinado através da medida da inteligência como quantidade isolada apoia-se em dados provindos inicialmente da craniometria, ou medida do crânio, cujas bases remontam ao século XII. Para Gould, no entanto, na segunda metade do século XIX, com a maior aceitação da teoria de Darwin sobre a evolução das espécies e através do fascínio das ciências humanas pela quantificação como marca de transição entre a especulação e "uma verdadeira ciência", ganhou força o desenvolvimento de técnicas estatísticas para classificar seres humanos em termos de seus poderes físicos e intelectuais.

Assim, nascem os trabalhos de Francis Galton, na Inglaterra, e Paul Broca, na França. Ao falar sobre Galton, Gould afirma que ele possuía verdadeiro fascínio por fazer quantificações e acreditava que quase tudo o que se podia medir na inteligência estava associado a um caráter hereditário.

Mas foi Paul Broca que colocou a craniometria e os processos de medição em seu apogeu. Broca era médico e deu aos seus trabalhos um enfoque médico e estatístico, sendo defensor fervoroso da ideia de que o tamanho do cérebro indicava o grau de inteligência, e que o cérebro dos indivíduos brancos do sexo masculino pertencentes às classes dominantes era maior que o das mulheres, dos pobres e das "raças inferiores".

As ideias craniométricas sofreram diversas críticas ao longo do tempo e por motivos diversos, segundo Gould, os argumentos de Broca e seus seguidores perderam força no nosso século, quando os deterministas desviaram a atenção que lhes dedicavam para os testes de inteligência. Gould afirma que isso ocorreu porque os testes se constituíram numa via mais "direta" para a mesma meta injustificada de ordenar hierarquicamente os grupos humanos de acordo com a sua capacidade mental. Os cientistas expuseram a insensatez preconceituosa que dominava a maior parte da literatura sobre a forma e o tamanho da cabeça.

A elaboração do primeiro teste padronizado de aptidão mental se originou a partir dos trabalhos de Alfred Binet e Theodore Simon, em Paris. Em 1905, como resposta a um pedido do Ministério Francês de Educação Pública, esses dois autores elaboraram um instrumento que intentava não apenas selecionar aqueles alunos que pareciam incapazes de aproveitar-se do ensino nas escolas normais e que, portanto, pareciam carecer de uma educação especial, mas também classificar crianças adequadamente em sua série escolar.

Os elementos desse instrumento abandonavam o enfoque médico trocando-o pelo psicológico e referiam-se a diversos tipos de processos mentais considerados superiores, tais como as capacidades que envolvem linguagem, abstração, invenção e crítica, dispostos em ordem de dificuldade crescente, visto que a probabilidade de resolvê-los aumentava com a idade cronológica[2]: um item particular ou um conjunto de itens podia ser escalonado segundo a idade em que setenta e cinco por cento das crianças o solucionavam. Assim, uma criança podia ter oito anos de idade cronológica, mas, se resolvesse os itens característicos dos dez anos, dizia-se que possuía uma idade mental de dez anos. É importante lembrar que a idade mental é, portanto, uma maneira indireta de referir-se ao nível de dificuldade e constitui assim uma medida de atitude, não uma medida de tempo ou de idade propriamente dita.

Em seus trabalhos de 1908, Binet decidiu introduzir um critério que desde então tem sido utilizado para a medição da inteligência: atribuiu a cada tarefa uma idade mínima em que uma criança de inteligência normal seria capaz de realizá-la com êxito. A criança submetida aos testes de Binet começava a realizar as tarefas que correspondiam ao primeiro nível de idade e ia, em seguida, realizando as tarefas posteriores até que chegasse a propostas que não conseguisse realizar. A idade correspondente às últimas tarefas que a criança conseguia fazer tornava-se a sua "idade mental". O nível intelectual geral da criança era então medido pela diferença entre a idade mental e sua verdadeira idade cronológica. Mais tarde, em 1912, o alemão W. Stern apresentou a ideia de uma razão entre a idade mental e a idade cronológica e, posteriormente, multiplicou essa razão por 100, dando lugar ao *quociente de inteligência ou QI:* QI = (IM / IC) x 100.

Gould afirma que, enlaçada à concepção dos testes de QI, estaria a ideia de que o valor intelectual das pessoas é uma entidade mensurável, situada na cabeça. Segundo esse autor, a maioria das teorias hereditaristas dos testes mentais

---

[2] Idade cronológica (IC) — medida em anos após o nascimento.

se baseia em duas teses mestras: a identificação da inteligência com uma "coisa" unitária, e a inferência de que a mesma tem um substrato físico.

Para Tomlinson (1991), a concepção do quociente de inteligência e, por conseguinte, dos testes de QI está relacionada à crença de que a inteligência é uma capacidade singular e inviolável, uma propriedade especial dos seres humanos. Para os que assim pensam, segundo Tomlinson, cada indivíduo nasceria com uma determinada quantidade de inteligência, o que permitiria a elaboração de testes para qualificar e classificar pessoas em termos de seu intelecto ou Ql. Isso é tão forte na sociedade que ninguém hesita em falar sobre pessoas mais ou menos inteligentes, mais ou menos capazes ou que são de bom raciocínio, enquanto outras não.

Não demorou muito para que se manifestasse na comunidade científica e na sociedade como um todo o entusiasmo pela testagem da inteligência. Segundo a maioria dos pesquisadores da época, a possibilidade de testar a inteligência era a maior conquista da psicologia e uma importante descoberta científica. Mas foi nos Estados Unidos que a obsessão por examinar todos os indivíduos através dos testes de QI ganhou força.

Em seu livro A *falsa medida do homem*, Stephen Jay Gould mostra como as intenções iniciais de Binet foram desmanteladas na América. Segundo Gould, Binet insistiu em seus trabalhos em três princípios fundamentais para a utilização dos testes, quais sejam:

– as marcas obtidas nos testes não definem nada de inato ou permanente e, por isso, não podemos dizer que medem a "inteligência";

– a escala não é um recurso para o estabelecimento de qualquer hierarquia entre crianças normais, mas um guia de identificação de crianças que necessitam de uma atenção especial;

– os baixos resultados que porventura uma criança venha a exibir deverão enfatizar a possibilidade de aprimoramento de suas capacidades através de uma ajuda especial e não podem jamais ser uma justificativa para o estabelecimento de qualquer hierarquia entre as crianças normais.

Binet era adversário do hereditarismo e considerava a inteligência *por demais complexa* para ser expressa por um número. De acordo com Gould, o propósito da escala de Binet era identificar a criança com problemas e ajudá-la a melhorar, nunca atribuir-lhe um rótulo e impor-lhe limites, qualquer que fosse a causa do mau desempenho escolar.

Gould afirma que, embora a concepção de Binet acerca da inteligência também fosse a de grandeza única, o uso incorreto de sua escala não é inerente à ideia de sua aplicação, mas surgiu de duas falácias piamente aceitas (ao que parece) por quem desejava se valer dos testes para manter as distinções e hierarquias sociais: a reificação e o hereditarismo.

De acordo com Gould, Binet evitou essas falácias e ateve-se fielmente a seus princípios, mas os psicólogos americanos falsearam a intenção de Binet e inventaram a teoria do QI hereditário. Achando que estavam medindo uma "entidade chamada inteligência", reificaram os resultados de Binet. Gould afirma que os deturpadores de Binet acharam que a inteligência era, em grande parte, herdada e, assim, elaboraram uma série de argumentos enganosos em que confundiam diferenças culturais com propriedades inatas. Estavam persuadidos de que o resultado obtido nos testes de QI indicava a posição inevitável que cada pessoa deveria ocupar na vida. Três foram os precursores da teoria da hereditariedade nos Estados Unidos: H. H. Goddard, L.M. Terman e R. M. Yerkes.

H. H. Goddard foi ao mesmo tempo o primeiro divulgador e o primeiro deturpador do trabalho de Binet na América. De fato, Goddard traduziu os artigos do pesquisador francês, aplicou os testes e foi um decidido partidário de sua utilização geral, mas seu objetivo maior, de acordo com Gould, era o de identificar indivíduos deficientes para impor-lhes limites, segregá-los e reduzir sua procriação, evitando assim a posterior deterioração da estirpe americana.

Ou seja, se Binet negou-se a usar seus testes para classificar pessoas e a definir os resultados que com eles obtinha como "inteligência", Goddard tentou estabelecer uma classificação unilinear que abarcasse todos os tipos do que ele considerava "retardamento mental", trazendo para os testes de QI a ideia da reificação da inteligência para que esta se convertesse em uma entidade independente e mensurável.

O segundo pesquisador americano que contribuiu para a deturpação das ponderações iniciais de Binet foi Lewis M. Terman, responsável maior pela popularidade que os testes vieram a ter na América. A ideia geral dos trabalhos de Terman era a formação de uma sociedade racional e, para isso, acreditava ele, deveriam ser planejados testes a que todas as pessoas fossem submetidas. Com isso havia a intenção de estabelecer uma graduação das capacidades inatas que permitisse encaminhar as pessoas, em particular as crianças, às posições que lhes cabiam na vida. Gould afirma que Terman desejava limitar ou eliminar aqueles cuja inteligência fosse demasiado baixa para que pudessem conduzir uma vida normal ou em conformidade com os valores morais. Para Terman, a causa fundamental da patologia social era o retardamento mental inato.

A partir de Terman, a aplicação de testes logo se transformou numa indústria milionária, e a realização de testes passou a ser feita de maneira indiscriminada. Segundo o próprio Terman, as profissões de maior prestígio ou de maior remuneração deveriam ser vedadas às pessoas com um QI inferior a 100. Pouco mais de meia hora e fracasso em uns poucos testes poderiam marcar a vida de uma criança para sempre.

O terceiro americano que Gould indica como um deturpador de Binet é Robert M. Yerkes. Para Gould, Yerkes acreditava que a fonte mais promissora de dados numéricos abundantes e objetivos era o ainda embrionário campo dos testes mentais. Segundo Yerkes, se a psicologia conseguisse introduzir a questão da potencialidade humana no âmbito da ciência, alcançaria o *status* necessário para ser considerada uma verdadeira ciência, digna de receber apoio financeiro e institucional.

Yerkes, Terman e Goddard trabalharam juntos em 1917 para elaborar um conjunto de testes que seria utilizado com os recrutas do exército americano.

Os soldados seriam, após os testes, classificados para funções de acordo com uma escala que ia de A até E e determinava qual o ápice que cada um poderia atingir no exército. Dessa forma, um recruta do grupo C deveria ser classificado como tendo uma inteligência média baixa e só poderia ter como função ser soldado raso.

Embora o exército não tenha se entusiasmado muito com os testes da equipe de Yerkes, empresas e escolas demonstraram enorme disposição em aplicá--los, *e* a ideia da classificação em massa, apresentada por Terman, ganhou um potente aliado nos trabalhos de Yerkes.

Os testes tiveram várias consequências sociais sérias tais como a defesa da segregação racial e da limitação da imigração para indivíduos com QI abaixo da média dos "americanos brancos".

O fator geral *g* de inteligência e a análise fatorial

Na medida em que duas qualidades mensuráveis estão relacionadas dentro de um determinado grupo de pessoas, podemos estimar como varia uma com relação à outra. Se, falando em termos gerais, quanto mais alta é uma pessoa, maior será seu peso, podemos dizer que altura e peso estão correlacionados positivamente nesse grupo. Se o ser mais alto implicasse ser menos pesado, diríamos que peso e altura estão negativamente correlacionados.

Podemos expressar o grau de correlação mediante o dado estatístico conhecido como coeficiente de correlação, que pode variar de -1 a +1. Um coeficiente de +1 indica uma correlação perfeita e positiva: o aumento de uma variável sempre implica no aumento da outra. Um coeficiente de -1 indica uma correlação perfeita negativa: a relação *é* perfeitamente clara, porém o aumento de uma variável implica na diminuição da outra.

Os coeficientes de correlação situados entre -1 e +1 indicam relações menos sistemáticas; o valor real de um coeficiente nos proporciona uma base precisa, ainda que complicada, para descrever a relação. Assim, uma relação de zero indicará que não há relação sistemática alguma. Voltando a falar de altura e peso, o coeficiente zero nos faria supor que conhecer a altura de uma pessoa não nos permite saber nada sobre seu peso. Ao aumentar o valor da correlação, seja em sentido positivo ou negativo, aumenta sua capacidade para estimar uma variável a partir do conhecimento de uma outra.

Devemos assinalar que uma relação sistemática entre duas medidas pode assumir diferentes formas e que o coeficiente de correlação é uma maneira de expressar uma delas. Ademais, uma correlação não implica necessariamente a existência de uma relação causal: uma coisa variar conjuntamente com outra não quer dizer necessariamente que uma seja a causa da outra.

Se temos um conjunto de medidas relativas a um grupo de pessoas, por exemplo, o resultado da aplicação de 20 testes a 100 sujeitos, podemos calcular a maneira como cada conjunto de pontuações de um teste se correlaciona com outros conjuntos de pontuações dos demais testes, quer dizer, podemos dispor das correlações de todos os pares possíveis de teste. Porém, isso nos proporciona uma tábua sumamente complicada de dados e podemos clarificá-la na medida em que as pontuações de diversos testes tendam a agrupar-se conjuntamente. Isso se leva a cabo mediante a aplicação de uma técnica complexa, conhecida como análise fatorial, que expressa qualquer tendência dos testes a "variar conjuntamente", em termos de suas saturações sobre hipotéticos fatores comuns.

Supondo, por exemplo, que nossos 20 testes formam quatro subgrupos, esses subgrupos se organizariam em quatro fatores, apresentando cada grupo de testes ponderações elevadas com seu fator correspondente. Sem dúvida, as coisas não são normalmente assim tão claras, e o mais frequente é que todos os testes apresentem correlações com os demais e, portanto, estejam implicados em mais de um subgrupo: por exemplo, um teste de física se correlaciona com testes de matemática e de raciocínio verbal.

Isso quer dizer que um teste pode ser significativo em mais de um fator quando os dados são analisados fatorialmente. Se praticamente todos os testes submetidos à análise fatorial se correlacionam razoavelmente entre si, aparecerá um *fator geral*.

Entre os psicometristas surgiu um interesse evidente de dispor de uma mostra representativa do amplo campo de atitudes humanas e conhecer o modo como elas se relacionam entre si. O método para estudar esse tema tem consistido na análise fatorial.

A comprovação repetida de que todos os tipos de testes de aptidão tendem a apresentar correlações positivas, ou seja, sair-se bem em uma coisa significa tender a sair-se bem em outras, cristaliza a afirmação de que parece existir um fator geral de inteligência. Um pioneiro nessa área foi o britânico Charles Spearman, 1904, para quem as pontuações de um teste poderiam explicar-se recorrendo a duas classes de fatores: um fator geral g e um fator específico S, tal como podemos representar a seguir:

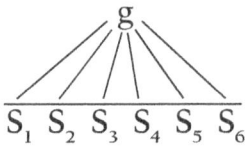

O rendimento de uma pessoa, em certo teste, dependeria, segundo Spearman, tanto da quantidade de aptidão geral g que ela possui quanto da quantidade de aptidão específica implicada no mesmo teste. Essa teoria bifatorial enfatiza notavelmente o papel da aptidão geral e, portanto, a possibilidade de caracterizar cada pessoa como inteligente ou não.

Analisando a concepção de Spearman, Gould afirma que, ao calcular g, Spearman supôs que havia descoberto uma qualidade unitária subjacente a todas as atividades mentais cognitivas, uma qualidade que poderia ser expressa através da classificação de pessoas ao longo de uma "escala unilinear de valor intelectual".

Ao elaborar a ideia de um fator geral de inteligência, Spearman, que não questionava os testes, mas o empirismo sem base teórica dos pesquisadores, passou a sustentar com veemência que as justificativas dos testes de Binet estavam na sua teoria do fator geral; para ele, a avaliação do QI funciona porque mede *g*. Segundo Gould, a única justificativa teórica promissora que as teorias hereditaristas do QI jamais tiveram foi fornecida pelo *g* de Spearmam e seu corolário: a inteligência como entidade única e mensurável.

Considerar o QI como medida de *g* permitiu que se consumasse o casamento entre as duas grandes correntes da medição da inteligência: os testes de QI e a análise fatorial.

Novos paradigmas para a concepção de inteligência

Embora a concepção hegemônica de inteligência ainda seja a de capacidade, ou grandeza, única e mensurável, podemos observar que recentemente têm surgido indícios de modificações nos usos da palavra inteligência. Sobre isso, Machado (1995) afirma:

> *No discurso pedagógico, ao lado de expressões como testes de inteligência, indivíduo inteligente, inteligência brilhante, falta de inteligência, encontram-se cada vez com maior frequência outras como inteligência artificial, tecnologias da inteligência, sistemas inteligentes, inteligência múltipla, que apresentam, naturalmente, pontos de contato com as anteriores, mas que sugerem com muito vigor outros núcleos de significação. (p. 82)*

Nesse sentido, o autor afirma que já não parece tão frequente e absoluta a consideração da inteligência como grandeza a ser medida e associada aos testes de inteligência. Para Machado, a associação de inteligência a um caráter múltiplo, a um espectro de competências, tem ganho cada vez mais terreno, e é perceptível certa tendência em adjetivar-se como "inteligente" não mais indivíduos considerados de modo isolado, mas sistemas capazes de exibir determinadas competências, a primeira das quais talvez seja a capacidade de mobilizar-se tendo em vista a realização de seus projetos.

De fato, é expressivo o número de estudiosos da psicologia e pesquisadores fora da área que se têm convencido de que o entusiasmo em relação aos testes de inteligência foi excessivo e há inúmeras limitações nos próprios instrumentos e nos usos, aos quais eles poderiam ser destinados.

Gould mostrou, em A *falsa medida do homem*, que não há nada em medições matemáticas que garanta a possibilidade de avaliar a inteligência de um indivíduo. Segundo ele, quando o assunto é a interpretação dos testes de QI, nos defrontamos com uma questão de gosto ou preferência sobre qual a conclusão científica que tende a ser atingida.

Howard Gardner (1994)[3] sugere a necessidade de nos afastarmos totalmente dos testes e das correlações entre eles e, em vez disso, observar fontes naturais de informações a respeito da maneira como as pessoas, em nível global, desenvolvem capacidades importantes para seu modo de vida.

Gardner, na verdade, apresenta a ideia de que essa fixação dos americanos por testar, classificar e medir a capacidade intelectual das pessoas está alicerçada em três grandes preconceitos dessa sociedade: o *Westismo*, o *Bestismo* e o *Testismo*.

O Westismo consiste em colocar num pedestal o pensamento ocidental, como se o pensamento lógico e a racionalidade fossem as únicas virtudes que realmente importassem.

O Bestismo teria como fundamento, segundo Gardner, o pressuposto de que o que importa a um indivíduo é ser melhor do que todos em algo considerado importante pela sociedade.

O Testismo sugere que tudo o que tem valor pode ser testado dessa forma, só vale a pena prestar atenção numa determinada capacidade humana se ela for prontamente "testável".

Pierre Lévy (1993), em *As tecnologias da inteligência*, quando reflete sobre o papel das técnicas na organização e caracterização da inteligência, afirma que:

> *A inteligência ou a cognição são o resultado de redes complexas onde interagem um grande número de atores humanos, biológicos e técnicos. Não sou 'eu' que sou inteligente, mas "eu" com o grupo humano do qual sou membro, com minha língua, com toda uma herança de métodos e tecnologias intelectuais. Para citar apenas três elementos entre milhares de outros, sem o acesso às bibliotecas públicas, a prática em vários programas bastante úteis e numerosas conversas com os amigos, aquele que assina este texto não teria sido capaz de redigi-lo. Fora da coletividade, desprovido de tecnologias intelectuais, "eu" não pensaria. O pretenso sujeito inteligente nada mais é que um dos microatores de uma ecologia cognitiva que o engloba e restringe. (p. 135)*

Para o pesquisador de inteligência artificial do MIT, Marvin Minsky, a mente funciona como uma sociedade, isto é, a mente não forma um todo coerente e harmonioso, mas é constituída de peças e pedaços. Minsky emprega uma metáfora para sugerir que um cérebro humano conteria milhares de computadores diferentes, estruturados com centenas de arquiteturas diferentes, desenvolvidos de modo independente ao longo de milhões de anos de evolução. Não haveria nem mesmo um código de organização comum a todo o sistema cognitivo.

Segundo Minsky (1989), o psiquismo deve ser imaginado como uma sociedade, na qual milhares de agentes, eventualmente agrupados em "agências",

---

[3] No Brasil, essa obra foi traduzida sob o título *Inteligências múltiplas: a teoria na prática*, pela editora Artes Médicas, e publicada em 1995.

competem por recursos limitados, buscam objetivos divergentes, cooperam, subordinam-se uns aos outros.

É nesse contexto de pesquisadores, que consideram haver mais na inteligência humana que respostas curtas para perguntas curtas, que situamos a Teoria das Inteligências Múltiplas.

Gardner e a Teoria das Inteligências Múltiplas

Howard Gardner e uma equipe de pesquisadores da Universidade de Harvard entram no cenário dos estudos sobre a Inteligência assumindo uma posição de que há evidências da existência de diversas competências intelectuais humanas, as quais chamam genericamente "inteligências". Nos diversos projetos de pesquisa que têm desenvolvido, a ideia central é a de que as manifestações da inteligência são múltiplas e compõem um amplo *espectro de competências* que inclui as dimensões *lógico-matemática* e *linguística*, mas também a *musical*, a *espacial*, a *corporal-cinestésica*, a *interpessoal* e a *intrapessoal*.

Gardner afirma que sua teoria está baseada numa "visão pluralista da mente", que reconhece muitas facetas diferentes e separadas da cognição, reconhecendo que as pessoas têm forças cognitivas diferenciadas e estilos cognitivos contrastantes. Segundo Gardner (1994), numa visão tradicional, a inteligência, definida operacionalmente como a capacidade de responder a itens em testes de inteligência, é um atributo ou faculdade inata do indivíduo.

Na opinião do pesquisador, sua teoria se contrapõe a esse modo de pensar a inteligência, porque pluraliza o conceito tradicional. Para Gardner e seus colaboradores, uma inteligência implica na capacidade de criar, resolver problemas ou elaborar produtos que são importantes num determinado ambiente ou comunidade cultural. A capacidade de resolver problemas permite à pessoa abordar uma situação em que um objetivo deve ser atingido e localizar a rota adequada para esse produto. Os problemas a serem resolvidos variam desde teorias científicas até composições musicais para campanhas políticas de sucesso.

A insatisfação com o conceito de QI e com visões unitárias da inteligência foram abordadas por outros pesquisadores antes de Gardner. Basta mencionar os trabalhos de L. L. Thurstone e L. R Guilford.

Thurstone defendeu que a inteligência poderia ser descrita com a ajuda de vários fatores independentes uns dos outros. Em seus trabalhos, ele sugeriu nove aptidões intelectuais: S-espacial; P-perceptivo; N-numérico; V-relações verbais; W-palavras; M-memória; I-indução; R-raciocínio aritmético; e D-dedução. Essa estrutura recebeu o nome de análise fatorial múltipla.

Guilford tentou elaborar um modelo teórico da estrutura do intelecto sobre a base dos tipos de processos, produtos e conteúdos implicados na tarefa de resolução de um problema. Para esse pesquisador, a inteligência era composta de:

– cinco operações: cognição, memória, avaliação, produção divergente e produção convergente;

– seis produtos: unidades, classes, relações, sistemas, transformações *e* implicações; e

– quatro conteúdos: figural, simbólico, semântico e comportamental.

As diversas possibilidades dessas três faces do intelecto se combinarem deram lugar, nos trabalhos de Guilford, a 120 (5x6x4) fatores de inteligência.

Muito embora haja aparentemente pontos de ligação entre esses dois trabalhos e a teoria apresentada pela equipe de Harvard, o próprio Gardner afirma que tais trabalhos não foram bem-sucedidos, porque também basearam suas pesquisas na lógica dos testes de QI e da análise fatorial.

De certo modo questionaram a unicidade da inteligência, mas não o fato de que ela poder ser medida. De acordo com Gardner, para haver uma ruptura mais contundente, o conceito todo de inteligência tem de ser questionado e, de fato, substituído.

Segundo Sternberg (1990), a Teoria das Inteligências Múltiplas pode ser vista como tendo três princípios fundamentais. O primeiro deles seria que a inteligência não *é* algo simples que pode ser visto unitariamente ou como incluindo múltiplas habilidades. Ao contrário, existem múltiplas inteligências — cada uma distinta da outra.

De fato, ao apresentar o modelo que pensou para inteligência, Gardner afirma acreditar que a competência cognitiva humana seja melhor descrita em termos de um conjunto de capacidades, talentos ou habilidades mentais que podem ser genericamente chamadas de "inteligências".

Para Sternberg, a distinção entre propor uma inteligência compreendida por habilidades múltiplas e propor as inteligências múltiplas, cada uma distinta da outra, é sutil. Mas a proposta das inteligências múltiplas enfatiza a visão de Gardner de que cada inteligência é um sistema em seu próprio domínio, mais do que meramente um aspecto de um sistema maior, que nós tradicionalmente chamamos inteligência.

O segundo ponto fundamental da Teoria das Inteligências Múltiplas, para Sternberg, seria o fato de as inteligências serem independentes umas das outras, isto é, uma habilidade pessoal avaliada sob uma inteligência não garante, na teoria, ser previsível o resultado da avaliação da mesma pessoa sob outra competência.

Essa característica contrapõe-se frontalmente àquela examinada quando discorremos sobre as correlações feitas a partir dos testes de QI, qual seja, a de que se um indivíduo pontuasse bem num determinado teste, que medisse uma certa habilidade, então ele deveria ser bem-sucedido em qualquer outro teste. Para Gardner, isso não pode ser aceito, uma vez que a independência das inteligências contrasta intensamente com as tradicionais medidas de QI, que encontram altas correlações entre os resultados de testes. Ele acredita que as habituais correlações entre os subtestes de QI ocorrem porque todas essas tarefas na verdade medem a capacidade de responder rapidamente a itens do tipo lógico-matemático ou linguístico e que essas correlações seriam substancialmente reduzidas se examinássemos de maneira contextualmente adequada a completa gama das capacidades humanas de resolver problemas.

O terceiro ponto descrito por Sternberg como fundamental na Teoria das Inteligências Múltiplas trata da interação entre as competências. Isto é, as inteligências interagem e, apesar da distinção que Gardner estabelece entre elas, nada seria feito, ou nenhum problema se resolveria, se as pretendidas distinções e a independência significassem que as inteligências não pudessem trabalhar juntas.

De fato, para Gardner, um problema de matemática, no qual não fosse possível usar também as dimensões linguística e espacial, poderia apresentar-se insolúvel. Mais que isso, ele afirma que cada papel cultural que o indivíduo assume na sociedade, seja qual for o grau de sofisticação, requer uma combinação de inteligências.

Por tudo isso, ao ler os trabalhos de Gardner, notamos que seu núcleo central não está no número de competências que podem ser associadas à inteligência, mas sim, fundamentalmente, no caráter múltiplo que a inteligência apresenta e na possibilidade de podermos olhar para as manifestações da inteligência não mais sob a perspectiva de uma grandeza a ser medida ou como um conjunto de habilidades isoladas, mas como uma teia de relações que se tece entre todas as dimensões que se estabelecem nas possibilidades de manifestação da inteligência. A seguir, examinaremos as competências já identificadas por Gardner e sua equipe.

A dimensão *lógico-matemática* é normalmente associada à competência em desenvolver raciocínios dedutivos, em construir ou acompanhar longas cadeias de raciocínios, em vislumbrar soluções para problemas lógicos e numéricos, em lidar com números ou outros objetos matemáticos. Segundo Gardner, essa dimensão da inteligência tem sido regularmente objeto de estudo e consideração por parte de psicólogos e epistemólogos, como, por exemplo, Jean Piaget.

Em seu estereótipo mais frequente à dimensão lógico-matemática da inteligência estaria fortemente associado o pensamento científico.

A dimensão *linguística* da inteligência é, segundo Gardner, a competência que parece mais ampla e democraticamente compartilhada na espécie humana. Assim como a dimensão lógico-matemática, tem sido tradicionalmente estudada e pesquisada pela psicologia cognitiva.

Essa competência se expressa de modo característico em todos que lidam de forma criativa com as palavras, com a língua corrente, com a linguagem de um modo geral. Poetas, oradores, escritores, vendedores e publicitários seriam exemplos de indivíduos com a dimensão linguística da inteligência bastante desenvolvida.

O principal canal de construção-desenvolvimento dessa inteligência seria o oral-auditivo, muito embora pessoas com deficiência em uma das partes desse mesmo canal possam desenvolver a competência linguística.

Para considerar a *competência musical* como uma das dimensões básicas da inteligência, Gardner partiu de numerosas observações empíricas e de dados da realidade. Ele analisou o papel da música em sociedades primitivas, em diferentes culturas, em diferentes épocas, bem como no desenvolvimento infantil, e parece ter se convencido de que a habilidade musical representa uma manifestação da inteligência. Ainda que possua o mesmo canal central que a competência linguística, não estaria necessariamente subordinada a nenhuma das outras dimensões.

A dimensão *espacial* da inteligência está diretamente associada às atividades do arquiteto, do cirurgião, do escultor e do navegador. Inerentes à competência espacial estariam as capacidades de perceber o mundo com precisão, efetuar transformações e modificações sobre as percepções iniciais, ou seja, a inteligência espacial focaliza a capacidade do indivíduo transformar objetos dentro do seu meio e orientar-se em meio a um mundo de objetos no espaço, fornecendo elementos para a percepção e a administração do espaço, a elaboração ou a utilização de mapas, de plantas, de representações planas de um modo geral. Alguns estudos sugerem fortes indícios de que essa competência, no caso dos ocidentais destros, desenvolve-se primordialmente no lado direito do cérebro.

A competência *corporal-cinestésica* tem sua manifestação típica no atleta, no bailarino, no mímico, que seguramente não elaboram previamente cadeias de raciocínios para realizar seus movimentos e, na maior parte das vezes, não conseguem explicá-los verbalmente.

A característica dessa inteligência é a capacidade de usar o próprio corpo de maneiras diferentes e hábeis para fins de expressão. Os exercícios e treinamentos conseguem desenvolver tal competência, embora apareçam diferenças significativas em diferentes indivíduos.

No centro da dimensão corporal, estariam duas capacidades: controlar o movimento do próprio corpo e manusear objetos com habilidade.

A chave da inteligência *interpessoal* aparece revelada através de uma competência especial em relacionar-se bem com outras pessoas, em perceber seus humores, seus sentimentos, suas emoções, motivações, ou seja, permitir um descentrar-se para trabalhar com o outro.

Segundo Gardner, apoiada nas relações humanas, em sua forma mais elaborada, essa competência permite habilitar um indivíduo adulto a ler as intenções e desejos dos outros e é característica nos líderes, nos políticos, nos professores, nos terapeutas e nos pais.

Com relação à inteligência *intrapessoal*, a característica básica é o conhecimento de uma pessoa em relação a si mesma e a capacidade de estar bem consigo. No entender de Gardner, uma pessoa com a competência intrapessoal bem desenvolvida controla suas emoções, administra seus sentimentos, seus projetos, constrói um entendimento e um guia do seu próprio desenvolvimento, ou seja, a inteligência intrapessoal permite a um indivíduo um trabalho consigo mesmo.

Segundo Gardner, a criança autista é um exemplo prototípico de um indivíduo com a inteligência intrapessoal prejudicada, pois, muitas vezes, ela não consegue referir-se a si mesma, ainda que exiba habilidades em outras áreas.

Na concepção dos pesquisadores de Harvard, as dimensões *linguística e musical* da inteligência comporiam um dueto cujo principal canal é o oral-auditivo. As competências *lógico-matemática, espacial* e *corporal* formariam o trio de competências relacionadas a objetos.

Já as dimensões *interpessoal* e *intrapessoal* comporiam, no espectro, as competências voltadas para a esfera interior emocional-afetiva responsáveis pelo senso de "eu" que se modificará por toda a vida e irá influenciar pensamentos, comportamentos e a relação de um indivíduo consigo mesmo e com outros em seu meio.

Olhando sob essa ótica, podemos perceber um aspecto que Gardner irá defender em todo o seu estudo, qual seja, as inteligências, ou competências, embora possuam cada uma seus próprios mecanismos de ordenação e expressão e mereçam ser consideradas individualmente como um domínio autônomo, possuem muitas interfaces estabelecidas entre si. Ao examinar as relações entre as diversas competências em sua obra *Estruturas da mente* (Gardner, 1993), Gardner afirma que analogias podem ser encontradas entre quaisquer duas inteligências e que, de fato, um dos grandes prazeres em qualquer área intelectual se deve a uma exploração do seu relacionamento com outras esferas da inteligência.

Examinar aspectos dessas interfaces, que Gardner optou por chamar analogias, bem como fazer uma análise do espectro de competências, é o que se pretende fazer a seguir.

Uma análise do espectro

O debate sobre a Teoria das Inteligências Múltiplas é recente entre nós e, por estar apenas se iniciando, apresenta-se sujeito a críticas. Como afirma Sternberg, ao analisar o modelo de Gardner, toda nova teoria sobre inteligência ou, nesse caso, inteligências torna-se passível de críticas.

Ainda que recente, desde a apresentação da teoria em 1983 através do livro *Frames of mind*[4] até a publicação da obra *Multiple intelligences —The theory in practice* em 1993, Gardner e seu grupo receberam muitas críticas e inúmeros foram os questionamentos levantados em torno do trabalho apresentado. Tanto que, na obra de 1993, Gardner dedica um capítulo inteiro para responder a algumas das principais questões, referentes ao modelo, a ele apresentadas.

Pensamos ser interessante, inclusive para estimular o debate, examinar algumas das críticas e dúvidas levantadas a respeito da teoria em análise e, dentre todas que poderiam ser observadas, escolhemos aquelas que consideramos mais diretamente relacionadas ao presente trabalho: o número de componentes do espectro, a existência de uma "inteligência líder" e a comparação da teoria de Gardner à análise fatorial.

Com relação ao *número de componentes* do espectro proposto por Gardner, podemos dizer que não aparece como princípio que seja definitivo, como o próprio autor afirma:

> Então torna-se necessário dizer, de uma vez por todas, que não há e jamais haverá uma lista única, irrefutável e universalmente aceita de inteligências humanas. Jamais haverá um rol mestre de três, sete ou trezentas inteligências que possam ser endossadas por todos os investigadores. (p. 45)

O trecho acima indica também que não há nenhuma dependência da teoria em relação ao número de competências até agora classificados por Gardner e sua equipe. Em vários pontos dos seus trabalhos, Gardner afirma que o que apresenta é uma lista preliminar que pode ser rearranjada e cujo ponto real é chamar a atenção para a pluralidade da inteligência, para o fato de que uma inteligência não é um corpo unificado que pode ser medido. Assim, não há uma preocupação com números, mas com o fato de a inteligência ser um espectro de competências. Como afirma Sternberg em sua análise, Gardner nunca afirmou, em qualquer lugar, que o verdadeiro número de inteligências é sete. Particularmente ele aplicou o critério que ele mesmo sugeriu para distinguir uma inteligência e alcançou sete como uma hipótese de trabalho.

Ao responder sobre a possibilidade de uma das componentes do espectro atuar como *líder*, como executiva para o funcionamento efetivo de todas as

---

[4] No Brasil, essa obra chegou em 1994, sob o título *Estruturas da mente: a teoria das inteligências múltiplas*, e foi publicada pela editora Artes Médicas.

outras, Gardner afirma que uma "competência executiva" não constitui um atributo de sua teoria. Para ele, a capacidade de um indivíduo avaliar suas inteligências e planejar utilizá-las juntas de maneira efetiva deve estar mais ligada a um *senso de eu,* que seria uma manifestação da inteligência intrapessoal influenciada por outras competências, como, por exemplo, a linguística e a lógico-matemática.

De fato, tudo indica, no trabalho sobre inteligências múltiplas, não haver uma competência mais importante que a outra, já que, na sua caracterização, todas têm igual importância. Na realidade, Gardner considera um desvio da sociedade ocidental colocar as dimensões linguística e lógico-matemática num pedestal.

Também é possível notar que as diferentes competências foram classificadas e separadas com finalidade de pesquisa e estudo, mas não há intenção de estabelecer muralhas entre elas. Ao contrário, segundo o próprio autor, as competências listadas não são completamente independentes, havendo, regra geral, intersecções e interfaces entre elas. Em várias partes destinadas ao exame das competências na obra *Estruturas da mente,* pode-se notar a preocupação do autor em deixar entrever as imbricações entre as diferentes dimensões da inteligência, como podemos perceber nas seguintes passagens, nas quais deixa-nos captar uma formação de pares entre a competência musical e a corporal cinestésica, entre a inteligência musical e a interpessoal e entre a dimensão lógico-matemática e as demais componentes do espectro, respectivamente:

(...)há uma ligação entre a música e a linguagem corporal ou gestual (...) em algumas análises a música é pensada como um gesto expandido. (p. 96)

A música pode servir como um meio para capturar sentimentos, conhecimento sobre sentimentos ou conhecimento sobre as formas de sentimento comunicando-os do intérprete ou criador para o ouvinte atento. (p. 97)

Sem sombra de dúvida, então, pode haver várias ligações entre a inteligência lógico-matemática e as outras formas de inteligência que aqui estou examinando. (p. 130)

Ainda com referência as interfaces e relações, quando questionado sobre a possibilidade da existência de uma inteligência moral ou espiritual, Gardner sugere que ela estaria situada numa possível interface entre as competências interpessoal e intrapessoal.

Examinando o espectro do ponto de vista de suas componentes, notamos que aparecem conexões e elos naturais como os existentes entre as componentes lógico-matemática e espacial, ou entre a linguística e a musical, ou entre a espacial e a corporal-cinestésica. Outras interrelações também podem ser estabelecidas entre duas ou três componentes do espectro, como é o caso, por exemplo, das componentes musical, linguística e corporal ou, ainda, do trio corporal, interpessoal e musical.

Ao considerar a crítica sobre o seu modelo ser similar a uma *análise fatorial,* Gardner não apenas afirma estar convencido de que uma análise fatorial não pode descobrir uma inteligência, como em todo o seu trabalho vai negar peremptoriamente os três sustentáculos da análise fatorial: os testes como medida da inteligência, a correlação e a existência de um fator geral e único de inteligência.

Nessa análise do modelo, há um outro aspecto a ser colocado, que é, em nossa concepção, a consideração das componentes linguística e lógico-matemática de forma um tanto restrita nos estudos de Gardner. De fato, em sua caracterização do linguístico, há uma tendência em considerar como linguagem apenas o que é verbal, seja em sua forma oral ou escrita, distanciando-se claramente de outras formas de linguagem, como a musical, a corporal e a pintura, que estariam, dentro do modelo apresentado, associadas a outras dimensões da inteligência.

Por outro lado, o que seria competência lógico-matemática estaria associado fortemente a cálculos numéricos e medidas. Sobre isso, Machado (1995) afirma:

> (...) por outro lado, a lógico-matemática parece estar diretamente associada a cálculos envolvendo números ou medidas, rotulando-se de outra maneira competências como as associadas à elaboração de croquis, plantas ou mapas, ou de outros elementos geométricos que corresponderiam à dimensão espacial da inteligência. (p. 102)

De fato, Gardner (1994) parece apresentar uma visão estreita acerca do que deveria ser desenvolvido nos alunos em relação à competência lógico-matemática. Ao considerar quais seriam as habilidades básicas em matemática a serem demonstradas por alunos ao saírem das escolas, ele se restringe a aptidões numéricas. Para ele, os alunos de matemática deveriam ser capazes de medir quantidades relevantes em sua vida, fazer investimentos razoáveis, entender os princípios de amortização e seguros, e ser capazes de preencher seus formulários para pagamentos de impostos.

Seja no caso da componente linguística ou da lógico-matemática, é fundamental um alargamento das concepções que a elas subjazem na proposta apresentada por Gardner.

No tocante à dimensão linguística, seria necessário incorporar um sentido mais amplo que não se restringisse apenas às linguagens verbais, aceitando o princípio de que há outras formas de linguagem, como a musical, a corporal, a artística e a icônica, entre outras.

No caso da matemática, seria interessante refletirmos sobre o que nos afirma Machado ao considerar importante incorporar ao pensamento matemático, no quadro inicialmente sugerido por Gardner, determinadas manifestações de competência geométrica associadas à inteligência espacial, assim como alguns objetos matemáticos mais atuais, como as estruturas e as categorias ou, ainda, formas de articulação de ideias e de raciocínios legitimamente matemáticos, que têm por base o pensamento analógico, tão frequentemente esquecido pelo modelo aristotélico que predomina o pensamento ocidental.

Nesse sentido, acreditamos que os alunos de matemática deveriam possuir muito mais que o forte senso numérico apontado por Gardner. Na realidade, implícitas à dimensão lógico-matemática da inteligência, estariam as capacidades de identificar, formular e resolver problemas, identificar padrões, fazer generalizações, elaborar conjecturas, usar modelos, fatos, contraexemplos e argumentos lógicos para validar ou não uma conjectura e, finalmente, a capacidade de perceber, conceber, analisar e representar objetos geométricos.

Esse olhar mais amplo para o par linguística/lógico-matemática faria com que ele pudesse ser articulado de modo a acolher pelo menos mais três das componentes apontadas por Gardner, quais sejam, a espacial, a corporal-cinestésica e a musical, restando apenas fora do alcance do par as competências inter e intrapessoal.

No sentido apontado, parece que estariam fora do par linguística/lógico-matemática os aspectos referentes ao conhecimento do eu e do outro ou os valores e aspectos morais que, ao que tudo indica, Gardner pretendeu situar na interface do par intra/interpessoal.

Olhando sob essa ótica, parece-nos lícito vislumbrar dois grandes eixos relativamente independentes no espectro. Um, o das *linguagens,* que conteria os instrumentos para a manifestação das competências, e o outro, o dos *valores,* associado a uma organização e compreensão da vida em sociedade.

Eixos e parcerias: ampliando o espectro

A análise anterior do espectro de competências conduziu-nos a entrever dois grandes eixos relativamente independentes: o das *linguagens* e o dos *valores.* Caso começássemos a esboçar o espectro de competências geometricamente, teríamos:

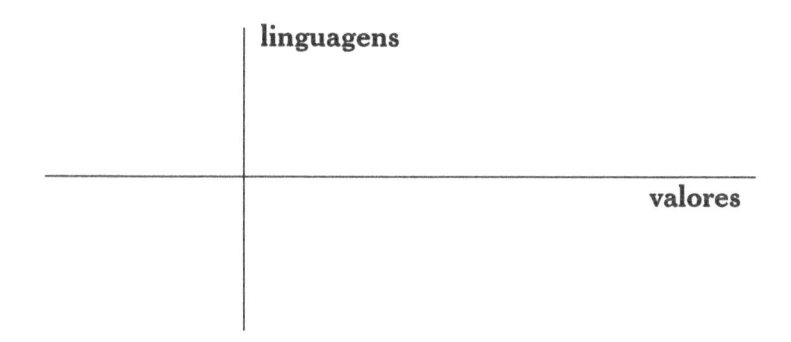

Machado (1995) afirma que, apresentadas dessa forma, as diversas formas de expressão e comunicação que constituem as diferentes linguagens tornam-se instrumentos fundamentais para a manifestação das competências. Associando isso a uma elaboração de valores, teremos as condições imprescindíveis tanto para a realização total de cada indivíduo no seu processo de humanização, quanto para a construção de uma significação ampla e global para as ações humanas.

Observando-se e analisando-se mais de perto as relações entre as diversas componentes do espectro proposto por Gardner, é possível então identificar a formação de três pares que apresentam entre si relações de reciprocidade e, até, de complementaridade, que são: o par *linguístico/lógico-matemático,* o *inter/intrapessoal* e o *espacial/corporal-cinestésico.*

É preciso dizer que reciprocidade é tomada aqui não no sentido matemático de inverso ou aposição, mas como compensação, como uma relação de troca ou permuta permanente, e a complementaridade aparece se considerarmos cada competência como manifestação diferente de um mesmo fenômeno, que genericamente seriam as "inteligências"; cada uma delas pode ser investigada separadamente, mas uma completa o significado da outra.

Na representação geométrica que estamos construindo para o espectro de competências e as parcerias que ele propicia, teríamos um esquema como o que segue:

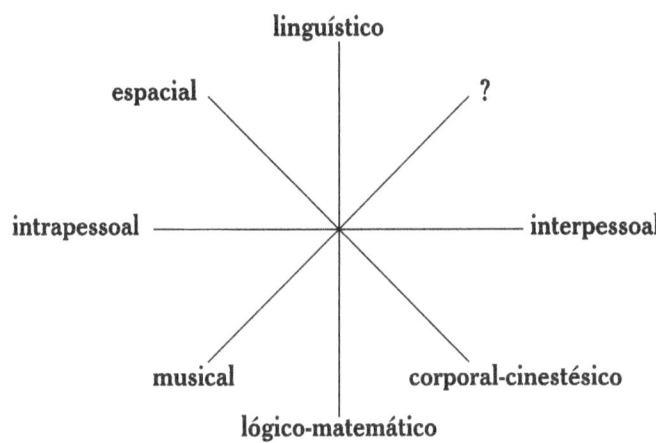

Observando essa representação, notamos que, das competências apresentadas por Gardner, resta sem par a *competência musical*.

Certamente a inteligência musical não aparece como uma competência isolada, já que se articula naturalmente com a inteligência corporal-cinestésica e a espacial, como podemos observar através de manifestações, como a dança e a mímica. Mais que isso, outras formas de expressão da competência musical aparecem para denotar uma promissora relação entre essa competência e outros componentes do espectro, como a matemática, por exemplo.

Entretanto, não estamos aqui examinando apenas as interfaces entre as diferentes componentes do espectro, mas procurando associar a cada uma delas um par. Par no sentido de estabelecer parceria, troca, complementaridade. Nesse sentido, a aparente ausência de uma parceria da música com uma outra competência dentro do espectro nos faz sentir a necessidade de voltar ao modelo inicialmente proposto por Gardner e examinar a possibilidade de nele descobrir o par desejado.

Ao analisar o espectro de Gardner, Machado aponta na direção da inserção de mais uma componente no modelo. Para esse autor, com essa motivação, ainda que sem qualquer pressuposição de cunho formal, apenas observando a manifestação e o desenvolvimento das habilidades infantis, é possível notar que qualquer criança, desde muito cedo, expressa-se através de *desenhos*. Segundo Machado, antes mesmo que a linguagem escrita seja acessível à criança, os recursos pictóricos tornam-se elementos essenciais na comunicação e na expressão de sentimentos, funcionando como um canal muito especial, através do qual as individualidades se revelam — ou são construídas — expressando ainda, muitas vezes, características gerais da personalidade. De acordo com o autor, a expressão pictórica associa-se naturalmente a manifestações artísticas de diversas naturezas, como a pintura, por exemplo, situando-se ainda no limiar da instalação da linguagem escrita, ainda que esta não venha substituí-la completamente.

Uma vez sugerida a possibilidade de se colocar o desenho ou a expressão pictórica como componente do espectro, tratamos de examinar mais detalhadamente essa possibilidade.

Uma competência candidata ao espectro: a inserção do desenho

Acreditamos que, para justificar a inserção da oitava componente no espectro das inteligências múltiplas e sermos coerentes com a teoria em exame, devemos procurar auxílio nos próprios critérios estabelecidos por Gardner e sua equipe quando selecionaram as sete competências anteriormente apresentadas.

Gardner (1994) afirma que uma competência intelectual humana deve mostrar um conjunto de habilidades de resolução de problemas que capacitem o indivíduo a resolver problemas ou dificuldades genuínos. Sabemos que há muitos estudos, entre eles os de Derdyk (1989) e os de Moreira (1993), mostrando que o desenho aparece à criança, ainda na mais tenra idade, como um recurso que, além de envolver uma operacionalidade prática de comunicação e expressão, pode ser considerado como intenso exercício emocional e intelectual na busca por resolver problemas que são identificados junto à realidade.

Do mesmo modo, Gardner afirma que, para compor o espectro, uma candidata à competência deve ser genuinamente útil e importante pelo menos em determinados cenários culturais. Ninguém ousaria questionar o papel do desenho no cenário do desenvolvimento intelectual e social da humanidade.

Ao apresentar critérios para a seleção de uma componente do espectro, Gardner (1994) afirma ter consultado evidências a partir de alguns diferentes recursos: conhecimento sobre desenvolvimento em indivíduos normais e afetados; informações sobre a quebra de habilidades cognitivas sob condições de dano cerebral; estudos de populações excepcionais, incluindo prodígios, *idiots savants* e crianças autistas; dados sobre a história evolutiva ao longo dos séculos; estudos psicométricos e tarefas psicológicas experimentais.

Assim, Gardner e sua equipe delinearam o que podemos chamar de oito sinais de uma inteligência, que apresentaremos a seguir. Antes, porém, é preciso destacar que, nos dizeres do próprio Gardner, os critérios apresentados são mais artísticos, mais subjetivos do que um algoritmo para encontrar uma inteligência. Segundo ele, seria mais que desejável dispormos de algum algoritmo para a seleção de uma inteligência, para que qualquer pesquisador treinado pudesse determinar se uma inteligência candidata satisfaz a alguns critérios predeterminados. Contudo, ao menos no presente, ele admite que a seleção (ou rejeição) de uma candidata ao espectro lembra mais um *julgamento artístico* do que uma avaliação científica.

Vamos aos critérios:

Isolamento por dano cerebral

Ocasionalmente, intervenções, naturais ou não, resultam em lesões ou destruição literal de determinadas partes cerebrais. Os neuropsicólogos são particularmente interessados em pacientes com lesões cerebrais, porque eles podem ser úteis para que se possa descobrir e isolar determinadas porções do cérebro que seriam responsáveis por uma função mental particular. A lógica é que, se uma parte do cérebro é, hipoteticamente, responsável por uma certa função, então um indivíduo carecendo daquela porção cerebral poderia ser incapaz de executar a função.

Gardner acredita que cada inteligência reside em uma parte separada do cérebro e, em consequência disso, uma certa inteligência poderia ser isolada no estudo de pacientes com dano cerebral. Mais que isso, para ele, na medida em que uma faculdade particular pode ser destruída ou poupada em decorrência de dano cerebral, seria possível provar a autonomia de uma faculdade em relação a outras faculdades humanas, ou perceber algumas formas pelas quais as inteligências se relacionam na solução de tarefas complexas.

A existência de idiots *savants,* prodígios e outros indivíduos excepcionais[5]

Idiots savants e prodígios são ambos vistos como tendo o funcionamento de alguma área intelectual mais específica, excepcionalmente, muito desenvolvido em relação ao funcionamento de outras áreas. Subjacente à suposição de que esse alto nível de desenvolvimento representa aumento em uma particular porção do cérebro, a existência de *idiots savants* e prodígios dentro do domínio de uma dada inteligência poderia fornecer evidências mais intensas para a existência daquela inteligência. Ao mesmo tempo, para Gardner, a ausência seletiva de uma habilidade intelectual pode ser uma prova, por negação, de determinada inteligência, uma vez que pode caracterizar crianças autistas ou jovens com incapacitação de aprendizagem.

---

[5] *Idiot Savant* seria um indivíduo considerado mentalmente deficiente, mas apresentando um talento altamente especializado em determinada área, tal como cálculo rápido ou grande capacidade de memória.

Uma operação central ou um conjunto de operações identificáveis

Central, para a concepção de Gardner a respeito de uma inteligência, é a existência de uma ou mais operações ou mecanismos de processamento de informações que podem lidar com certos tipos de *input*. Nesse sentido, Gardner considera que se pode ir tão longe a ponto de definir uma inteligência como um mecanismo neural ou sistema computacional geneticamente programado para ser ativado ou disparado por certos tipos de informação interna ou externamente apresentados.

Uma inteligência candidata ao espectro deveria ter seu próprio e distinto conjunto de operações que seria usado no exercício daquela inteligência. A identificação do conjunto completo de operações ou de algumas operações centrais poderia aumentar a plausibilidade da existência de uma das inteligências.

Uma história desenvolvimental distintiva, aliada a um conjunto definível de desempenhos proficientes de expert "estado final"

Um meio de separar uma dada inteligência de uma outra é mostrar um padrão de desenvolvimento que é distinto com respeito àquela inteligência. Cada inteligência deveria mostrar uma clara trajetória desenvolvimental que permitisse ser possível identificar níveis discrepantes de perícia no desenvolvimento de uma inteligência, variando dos indícios universais pelos quais todo iniciante passa, até níveis de competência cada vez mais elevados que podem estar visíveis apenas em indivíduos com talento incomum ou com formas especiais de treinamento.

História e plausibilidade evolutiva

As origens de cada inteligência datam de milhões de anos atrás. Uma inteligência específica torna-se mais plausível na medida em que se pode localizar seus antecedentes evolutivos, inclusive capacidades compartilhadas com outros organismos. A plausibilidade de unia inteligência é elevada pela demonstração de seus antecedentes evolucionários e o curso de um desenvolvimento.

Apoio de tarefas psicológicas experimentais

Investigações psicológicas experimentais mostrariam a distinção de uma habilidade ou conjunto de processos para um outro possível modo de isolar as inteligências. Os estudos de tarefas que interferem, ou não, umas com as outras; tarefas que se transferem entre diferentes contextos e a identificação de formas de memória, atenção ou percepção que podem ser inerentes a um dado tipo de estímulo podem constituir apoio convincente para alegar que certas competências são, ou não, manifestações de uma inteligência e investigar a relativa autonomia dessa inteligência em relação às outras. Além disso, a psicologia experimental pode também, de acordo com Gardner, ajudar a demonstrar as maneiras como as capacidades específicas a um certo domínio podem interagir com outras na execução de tarefas complexas.

Apoio de achados psicometricos

Padrões de intercorrelações e análise fatorial providenciam ainda um outro modo de suporte para a teoria das inteligências múltiplas. Gardner acredita que os testes nem sempre medem o que se propõem a medir. Assim, muitos testes envolveriam o uso de mais do que a habilidade pretendida e, enquanto uma pessoa realiza um teste, pode-se observar o uso de mais do que a competência que o teste se propõe a medir.

No entender da equipe de Harvard, os testes serviriam para provar que a interpretação dos dados obtidos não é sempre uma questão direta, pois a ênfase em métodos de lápis e papel com frequência exclui o teste adequado para determinadas capacidades, especialmente aquelas que envolvem a manipulação ativa do meio ou a interação com outros indivíduos.

Suscetibilidade à codificação de um sistema simbólico

Segundo Gardner, grande parte da representação e da comunicação humana de conhecimento ocorre através de sistemas simbólicos. Para ele, sistemas de símbolos são sistemas de significados culturalmente projetados que captam formas importantes de informação e que se tornam importantes para a sobrevivência e a produtividade humana. Seriam sistemas de símbolos: a linguagem, a matemática e o desenho.

Cada inteligência deveria ter seu próprio sistema simbólico. Para a inteligência linguística, por exemplo, o sistema simbólico seria a linguagem, para a inteligência musical, o código das notas, e para a inteligência lógico-matemática, a lógica ou as notações matemáticas. Do ponto de vista de Gardner, o sistema simbólico se desenvolveria como uma resposta à necessidade de manifestação de cada inteligência separadamente.

Uma vez conhecidos os critérios, o próximo passo a ser dado para inserir a competência pictórica (desenho) como componente do espectro inicialmente proposto por Gardner é tentar mostrar que essa candidata satisfaz a maioria desses critérios e que, portanto, pode compor o espectro.

O cérebro e o desenho

Há muito tempo, a ciência registra que o cérebro humano é dividido em dois hemisférios interligados por uma ponte de fibras nervosas conhecida como corpo caloso. Há cerca de cem anos, os cientistas descobriram que a função da linguagem e de aptidões relacionadas com a linguagem localiza-se principalmente no hemisfério esquerdo, na maioria dos indivíduos. Também é sabido que o hemisfério esquerdo controla as funções do lado direito do corpo e que o hemisfério direito controla as funções da metade esquerda do corpo. Isso foi verificado através do exame de pacientes com lesões cerebrais. Verificava-se, por exemplo, que uma lesão cerebral no lado esquerdo do cérebro tendia mais a causar a perda da habilidade da fala do que uma lesão igualmente grave no lado direito.

Embora durante um longo tempo os neurologistas tenham acreditado que, por conter a linguagem, o hemisfério esquerdo do cérebro era mais importante e subordinava o hemisfério direito, hoje é sabido que essa concepção é equivocada.

Estudos conduzidos na década de 60 pela equipe de Roger Sperry propiciaram novas informações sobre o corpo caloso e levaram os cientistas a reformular sua opinião quanto às aptidões relativas das duas metades do cérebro humano: ambos os hemisférios são responsáveis pelo funcionamento cognitivo do cérebro, sendo cada metade especializada, de maneira complementar, em diferentes modalidades de manifestação de inteligência, todas altamente complexas e com o corpo caloso servindo de canal de comunicação intensa entre os dois hemisférios.

Sperry considerava que o ponto principal dessas descobertas era a aparente existência de duas modalidades de pensamento, quais sejam, verbal e não-verbal, representadas separadamente nos hemisférios esquerdo e direito, respectivamente.

O grupo de Sperry examinou pacientes com danos cerebrais leves e graves até concluir que a modalidade de processamento de informações do hemisfério direito é não-verbal, global, rápida, configuracional, espacial e perceptiva.

Dados três números naturais a, b e c, se a > b e b > c, então a > c, é um típico enunciado da modalidade do hemisfério esquerdo a modalidade analítica, verbal, calculadora, sequencial, simbólica, linear e objetiva.

Na modalidade do hemisfério direito, temos uma outra maneira de "saber". Nessa modalidade, vemos imagens, que talvez só existam em nossa cabeça, aos olhos da mente, vemos como as coisas existem no espaço e como as partes se unem para formar o todo.

No livro O *cérebro japonês,* o neurocirurgião Raul Marino Junior (1990) afirma que o hemisfério direito da maioria dos indivíduos ocidentais destros abriga as habilidades para a música e para o desenho, comanda a intuição e a destreza física. Usando o hemisfério direito, compreendemos metáforas, sonhamos, criamos novas combinações de ideias. Quando algo é complexo demais para ser descrito verbalmente, podemos lançar mão de gestos comunicativos. Em síntese, é usando o lado direito do cérebro que somos capazes de desenhar aquilo que percebemos, logo a competência pictórica estaria aí localizada.

Os pintores: a competência pictórica e suas funções centrais

"O desenho é uma forma de raciocinar sobre o papel"
Saul Steimberg

Betty Edwards, em seu livro *Desenhando com o lado direito do cérebro* (1984), afirma que o mistério e a magia da capacidade de desenhar parecem ser, ao menos em parte, a capacidade de efetuar uma mudança no estado cerebral na direção de uma modalidade diferente de ver e perceber. Segundo ela, muitos dos grandes artistas mencionaram o fato de verem as coisas de modo diferente enquanto desenham e que, quase sempre, o trabalho de desenhar os coloca num estado de percepção diferente do comum. Nesse estado subjetivo alterado, eles dizem que se sentem transportados, altamente unificados à tarefa que estão executando, capazes de compreender relações que não compreenderiam normalmente. Para esses artistas a percepção da passagem do tempo desaparece; as palavras deixam de ter lugar na consciência e eles se sentem alertas e conscientes, mas relaxados e isentos de ansiedade, experimentando uma atividade mental agradável e "quase mística".

Certa vez, ao pintor Henri Matisse foi questionado se, ao comer um tomate, ele o via de modo diferente. Ao que Matisse respondeu:

Não. Quando como um tomate, olho-o como qualquer pessoa o olharia. Mas quando pinto um tomate, vejo-o de maneira diferente. (Apud, Edwards 1984, p. 14)

Ao falar sobre seus trabalhos, o pintor Frederick Franck diz:

E para realmente ver, ver cada vez mais profundamente, cada vez mais intensamente e, portanto, para estar plenamente consciente e vivo que eu pinto (...) O desenho é a disciplina mediante a qual eu constantemente redescubro o mundo. Aprendi que, quando não desenho uma coisa, não chego a vê-la realmente; e que, quando passo a desenhar uma coisa comum, verifico quão extraordinária ela é, o milagre que ela é. (Apud, Edwards 1984, p. 15)

Acreditamos que, ao falar dessa forma sobre os seus trabalhos, esses artistas estão meramente tornando públicos alguns dos processos de pensamento pelos quais passam cada vez que produzem uma obra. Derdyck (1989) aponta que, ao observar um artista em pleno processo de trabalho, podemos perceber que os desenhos são testemunhas da investigação, da experimentação, das dúvidas, das certezas, enfim, da forma de pensar do artista.

A produção, a composição de uma obra deve exigir do artista que ele tenha constantemente imagens na cabeça e monitore essas imagens, combinando-as com as percepções que tem do meio físico, como se o pensamento visual exercesse plenamente sua capacidade de tornar visível uma observação.

Ao comentar sobre como realiza seus trabalhos, Matisse (1973) afirma:

> O criador autêntico não é somente um ser dotado, é um homem que soube ordenar visando a um determinado fim todo um conjunto de atividades no qual resulta a obra de arte. (p. 737)

Podemos entrever nisso a ideia de que a elaboração de uma obra se inicia no momento em que as imagens que o artista capta e as formas como ele as vê começam a se cristalizar e ganhar significado. A imagem fértil para o trabalho do artista pode ser, por assim dizer, o mais simples fragmento. Porém, uma vez que a ideia capta a atenção do pintor, sua imaginação pictórica começa a trabalhar sobre ela.

A direção em que a ideia será levada demandará criatividade, esforço e a solução de problemas que se coloquem durante a execução do projeto. Pode ser que um certo traço ou uma tonalidade de cor crie uma imagem que não é bem adequada, que atenua uma sombra ou descaracteriza uma posição. Isso faz com que o autor use sua capacidade de ver, de perceber e de conduzir o pincel ou o lápis na pesquisa da melhor solução final, Derdyck afirma que o desenho acompanha a rapidez do pensamento, responde às urgências expressivas e possui natureza aberta e processual. Segundo a autora, o desenho é uma atividade perceptiva, e mesmo que o desenho se impregne de um objeto muito preciso e definido, a pesquisa em busca da melhor solução final irá requisitar a natureza essencial da linguagem do desenho, inclusive para pensar melhor.

O pintor Marcelo Nitsche, ao falar sobre sua obra "Alegres saudações", diz:

> (...) quis mostrar que a pincelada não é algo impensado, mas que é uma coisa elaborada. Quis explodir a pintura e evidenciar a pincelada num contexto próprio(...) (Apud, Moreira 1993, p. 42)

Parece, então, que o ato de desenhar exige poder de decisão e que, ao desenhar, o artista se apropria do objeto desenhado, revelando-o. O desenho responde a toda forma de estagnação criativa, deixando que a linha flua entre os sins e os nãos da sociedade. Fonte original de criação e invenção, o desenho é exercício da inteligência humana.

Essa rápida análise da criação e do uso do desenho por parte de pintores parece indicar que central à competência pictórica estaria uma aguçada capacidade de observação e de percepção visual; como diz Pierre Francastel: o desenho não reproduz as coisas, mas traduz a visão que delas se tem. Assim como o escritor precisa das palavras e o músico do ritmo e do tom, o artista precisa das percepções visuais. Podemos consolidar essa concepção com a seguinte afirmação de Merleau-Ponty:

> O olho é aquilo que foi comovido por um certo impacto do mundo, e que o restitui ao visível pelos traços da mão. Seja qual for a civilização em que se nasça, sejam quais forem as crenças, os motivos, os pensamentos, as cerimônias de que se cerque, desde Lascaux até hoje, impura ou não, figurativa ou não, a pintura e o desenho jamais celebram outro enigma a não ser o da visibilidade. (Apud, Derdyck 1989, p.115)

O desenvolvimento do grafismo

O desenho, em particular o infantil, tem sido objeto de estudo por parte de psicólogos, pedagogos, artistas, educadores. Existem muitas teorias e interpretações a respeito da produção gráfica em crianças, adolescentes e adultos, assim como vários enfoques possíveis quando tal produção é analisada, seja pelo aspecto revelador da natureza emocional e psíquica do sujeito, seja pela análise da linguagem gráfica tomada em seu aspecto puramente formal ou simbólico ou até mesmo pela capacidade de o desenho demonstrar o desenvolvimento mental do seu criador.

Podemos observar uma certa regularidade no desenvolvimento do grafismo infantil, o que nos permite acompanhar como a criança vai mudando e aprimorando seus desenhos.

Vygotsky (1984) estudou e observou a evolução do desenho em crianças, para afirmar que o desenvolvimento do grafismo não é um processo mecânico ou uma construção individual. Esse pesquisador, ao considerar o desenvolvimento das funções cerebrais humanas, como a fala e o pensamento, ressaltou o papel mediador dos instrumentos e dos signos culturalmente construídos e socialmente partilhados. Para diferentes pesquisadores da evolução do grafismo, existe uma parcela do processo que é patrimônio universal da inteligência humana, e outra parcela que corresponde às circunstâncias temporais, culturais e geográficas do curso do desenvolvimento humano. Assim, todas as pessoas, exceto nos casos em que esteja presente alguma anomalia, são capazes de deixar os primeiros traços impressos em alguma superfície e o fazem de modo semelhante, mas os conhecimentos e habilidades são construídos a partir de relações interpessoais e, posteriormente, internalizados e transformados ao nível intrapessoal, ou seja, a criança aprende a desenhar na interação com outras pessoas e com as coisas do lugar onde vive, e vai internalizar essa habilidade à sua maneira própria. Se houver um talento natural, então esse desenvolvimento será mais rápido.

Toda criança pequena desenha e o faz não para dizer algo, mas para sentir o prazer de deixar uma marca. Por volta de um ano e meio, a criança inicia a exploração mais sistemática dos objetos, procura imitar o que vê outras pessoas fazendo e, ao mesmo tempo, descobrir o que pode fazer com eles.

Se o objeto é um lápis, ela descobre que pode deixar marcas, fica surpresa, interessada, repete o gesto, vê que as marcas continuam a aparecer. Essa fase é conhecida por fase dos rabiscos ou da garatuja. Os rabiscos parecem, em princípio, não ter para a criança qualquer significado, além de mover um lápis, ou qualquer outro objeto, sobre uma superfície e deixar uma marca, e é pelo prazer desse gesto que ela desenha.

Moreira (1993) afirma que esse estágio da garatuja, rabisco incompreensível para o adulto, é um jogo de exercício que a criança repete inúmeras vezes para certificar-se do seu domínio sobre o lápis, o papel e o próprio corpo.

Aos poucos, a criança interage com o meio e, embora não tenha compromisso com representações de qualquer espécie, conquista novos movimentos corporais, percebe que há relação entre seus movimentos e as marcas que deixa no papel, aumenta seu controle da mão. O controle sobre seus rabiscos traz um interesse maior pelo resultado do que realiza, faz com que a criança misture a fala ao desenho e, aos poucos, os gestos vão naturalmente se arredondando. Surgem espirais e caracóis e ensaios de toda ordem conduzem ao aparecimento do primeiro círculo fechado ou, como afirma Vygotsky, aparecem as "células". Ao falar sobre o avanço do traço no desenho das crianças, Derdyck afirma que a capacidade de visualizar, perceber e aceitar a sugestão que o próprio traço lhe dá promove um grande diálogo entre a criança e o acontecimento do papel. Sugere que a criança observa e tem capacidade de reter em sua memória uma grande quantidade de informação visual. Sugere também que há uma intensa operação mental envolvendo a capacidade de associar, relacionar, combinar, identificar, sintetizar e nomear.

Para Moreira (1993), o surgimento dos círculos por volta dos três anos marca uma etapa bastante importante porque evidencia a descoberta da forma, é o esboço de uma representação que costuma aparecer associada a uma necessidade de nomear os desenhos. Edwards (1984) afirma que a forma circular é básica e universalmente desenhada por crianças.

Com o aparecimento das "células", a garatuja começa a ganhar nomes e outros sinais, como olhos, pernas, cabelos. Os sinais e nomes variam sempre, mas Moreira afirma que a intenção de dizer algo marca o aparecimento da representação. Nessa fase, a criança não usa a cor de acordo com o real, ela gosta de experimentar cores diferentes. Aos poucos, a criança passa a combinar elementos gráficos, tais como cruzes, retas perpendiculares, diagonais, paralelas, quadrados, arcos e triângulos para gerar novas configurações que ganharão ares de diagramas. Essa mudança demonstra uma habilidade quanto ao uso da linha e da memória, na medida em que a criança congrega elementos, compondo-os. É possível, segundo Derdyck, que se constate nesse momento uma certa maturidade intelectual para perceber diferenças e semelhanças, para generalizar, abstrair, classificar, envolvendo noções mais precisas sobre ideias e objetos. O ato de desenhar, que até então era fruto de uma ação e de uma percepção, passa a processar ideias próprias sobre ela e de noções que são captadas através de reflexões sobre o que a criança pensa do que percebe e observa.

Perto dos cinco anos, muitas crianças estão desenhando figuras soltas, isto é, elas desenham figuras que agora já apresentam bastante relação com os objetos, animais e pessoas e que são colocadas soltas no papel, como se estivessem voando. Geralmente desenham o que lhes é mais significativo no seu cotidiano: figuras humanas, casas, animais, elementos da natureza que estão ao seu redor. Nessa fase, começam a aparecer desenhos tipo "raios-X". A cor e o tamanho não têm muita relação com o real, estando mais ligados a estados emotivos, mas, por essa época, manifesta-se o desejo do projeto, isto é, a criança começa a desenhar sobre o que imagina e não apenas sobre o que vê.

É possível perceber, então, que muitas crianças vão abandonando o desenho desordenado para dar lugar à organização das figuras no desenho, surgindo, assim, as cenas. A criança passa a colocar o que fica pousado no chão, como as pessoas, casas, árvores, na parte de baixo do papel; na parte de cima, ela coloca o sol, as nuvens, pássaros. A cor, na maioria das vezes, tem relação com o real e surge uma certa proporção em relação ao tamanho das pessoas e dos objetos. Nessa fase, a linguagem da criança sobre o desenho amplia-se e ela conta histórias sobre os seus desenhos.

A próxima mudança significativa no desenho infantil ocorrerá por volta dos nove ou dez anos de idade. Por essa época, as crianças procuram acrescentar maiores detalhes aos seus desenhos, esperando assim conseguir maior realismo. De acordo com Edwards, nessa fase a preocupação com a composição diminui e as formas passam a ser colocadas aleatoriamente na página. A autora afirma, ainda, que a preocupação com a aparência das coisas substitui a preocupação com onde as coisas estão, que marcava a etapa anterior do grafismo. Nesse estágio, há uma grande atração por desenhos mais sofisticados, como cartuns, por exemplo.

A partir desse ponto do desenvolvimento, os níveis de competência só poderão estar visíveis em indivíduos com talentos incomuns — caso dos grandes mestres da pintura ou do *designer* — ou com formas especiais de treinamento — desenho projetivo, desenho arquitetônico, desenho técnico.

Paradoxalmente, segundo diferentes autores, é na época da adolescência que passamos a ouvir frases do tipo "eu não sei desenhar" ou "eu não gosto de desenhar"; é como se o desenho passasse a revelar uma conduta própria do adulto artista.

Há autores, como Widlocher, que consideram que o desenho é uma atividade que envelhece com o passar dos anos, revelando ser um tipo de conduta própria da criança pequena ou de adulto artista, mas esta parece ser uma visão isolada e considerada, por assim dizer, estereotipada para a grande maioria dos estudiosos do desenho no desenvolvimento cognitivo do homem. Sobre isso, Moreira afirma não ver que a perda do desenho esteja apenas ligada ao amadurecimento, pois não considera como natural do desenvolvimento a atrofia de uma linguagem tão viva como é o desenho para a criança. Para ela, muito depressa o desenho fala se cala, e do desenho-certeza se passa à certeza de não saber desenhar. É muito comum ouvirmos crianças de menos de dez anos dizerem que não sabem desenhar e, em pouco tempo, o que era uma certeza, algo comum como brincar ou correr, parece inacessível, próprio de artistas.

Partindo das considerações acima, a autora atribui essa pretensa inaptidão para o desenho à perda, no homem comum,' da possibilidade de criar suas próprias manifestações artísticas, devido ao consumo de manifestações artísticas de outros, principalmente através da mídia e do que ela chama de "massificação da arte". Para Moreira, a arte passa a ser separada da vida e não mais manifestação dessa vida, o que faz com que o homem comum fique sem a possibilidade de criar seu próprio projeto, de lançar-se para frente. Perde seu desenho, fica sem contorno. Passa a ser massa que consome apenas produção massificada.

Edwards (1984) afirma que, no mundo ocidental, a maioria dos adultos não progride em aptidão para o desenho, além do desenvolvimento atingido aos dez anos de idade. Para ela, essa incapacidade, que poderia ser chamada de "dispictoria", deve-se fundamentalmente à supervalorização do verbal em nossa sociedade.

Derdyck (1989) parece concordar com Edwards quando afirma que o sistema educacional geralmente enfatiza fortemente o mundo da palavra. Segundo a autora, dependendo da estratégia utilizada para a aquisição da escrita, existe um esvaziamento da linguagem gráfica como possibilidade expressiva e representativa. Sobre isso, ela ainda acrescenta que a aprendizagem da escrita canaliza a descarga energética da atitude gráfica que o desenho carrega para uma noção regulada de controle técnico na utilização do instrumento, e a manifestação gráfica fica à margem.

O grafismo, para se desenvolver, mobiliza tanto a aquisição técnica e operacional — manejo de instrumentos e materiais — quanto carece de capacidade imaginativa, a aquisição intelectual. De acordo com Iavelberg (1995),

> (...) a criança deseja se apropriar das convenções e que, neste patamar conceitual de seu percurso, a mediação cultural se faz necessária, sob pena de seu desenho se empobrecer e se imobilizar frente à ausência de informantes e fontes de informação. (p.25)

Dessa forma, podemos perceber que, ainda que haja uma evolução cognitiva da competência pictórica pela qual todos os sujeitos passam, a intervenção do adulto e do conhecimento social tem papel fundamental, seja para incrementar o desenvolvimento da competência ou para aniquilá-la. Como afirma Iavelberg, a construção e a proposição das convenções dentro do sistema do desenho, assim como a criação do sistema individualizado e a evolução de cada sistema, dependem da possibilidade de *apropriação transformadora* e atualizada à realidade simbólica da criança, das convenções de épocas e de produtores distintos, como base de informação para que *a criança construa a sua própria maneira de criar.* Nesse caso, o papel do adulto, especialmente na escola, seria dar continuidade ao desenvolvimento da competência pictórica, sem juízo de valor e sem a pretensão de formar artistas, porque disso se encarregam os talentos naturais. Devemos considerar que o uso de técnicas de perspectivas, a incorporação das relações espaciais projetivas e euclidianas, e o desenvolvimento de processos de desenhos mais arrojados exigem papel atuante da educação, sem, no entanto, esquecer que o desenho não é mera cópia ou reprodução mecânica de um original. Desenhar é sempre uma interpretação que elabora correspondências, relaciona, simboliza, significa e atribui novas configurações ao original. O desenho traduz uma visão porque traduz um pensamento, revela um conceito, uma apropriação transformadora e atualizada à realidade simbólica de quem o produz.

Ao terminarmos a apresentação da evolução do grafismo na criança, devemos acrescentar ainda que a competência pictórica possui no desenho o seu sistema simbólico.

O próprio Gardner (1993) afirma que a linguagem, a matemática e o desenho são três dos sistemas simbólicos que se tornaram importantes no mundo inteiro para a sobrevivência e a produtividade humana.

No desenho, cada traço, cada cor, cada mancha carrega um valor simbólico e cada elemento quer dizer alguma coisa compreensível à inteligência.

O desenho na história da humanidade

Tudo o que vemos e vivemos em nossa paisagem cultural, totalmente construída e inventada pelo homem, algum dia foi projetado e organizado por alguém e certamente o desenho, segundo Derdyck, participou desse projeto social, representando interesses pessoais ou comunitários, inventando formas de representação, de produção ou consumo.

Em diversos lugares de uma cidade, dos riscos anônimos de uma amarelinha, passando pelos grafites e chegando aos sinais de trânsito e *outdoors*, percebemos o desenho presente como um desejo natural de registrar marcas, deixar impressas emoções, sinais, enfim, como uma forma de comunicação visual.

Esse desejo de registrar impressões e memórias, essa ânsia por guardar sentimentos e emoções acompanha o homem desde os primórdios de sua vida em sociedade.

As cavernas encontradas nos diversos continentes mostram que a preocupação do homem com o desenho é antiga, o que também evidencia a existência da competência pictórica como manifestação da inteligência. Além disso, as pinturas primitivas apontam para o fato de que, ainda que com técnicas primitivas, a beleza e o senso estético, assim como a intenção de representar suas observações, já estavam presentes na origem da expressão pictórica.

As principais fontes de registro dos desenhos primitivos são cavernas encontradas na África, Europa e América, o que pode ser uma demonstração de que a competência pictórica compõe a inteligência de modo tão natural quanto a linguagem e independente dela.

O desenho foi a primeira forma de linguagem escrita entre os homens primitivos, e a expressão pictórica associou-se naturalmente, ao longo da evolução humana, a manifestações artísticas de diversas naturezas. Essa evolução do desenho aó longo de milênios, bem como a sua relação com elementos culturais importantes -- pintura, escrita, ilustração --, permeiam hoje inúmeras áreas do conhecimento humano. Como disse André Rebouças:

> *Seria ocioso demonstrar a indispensabilidade do Desenho para artistas, para os operários, para os engenheiros e para todas as profissões conexas. Para esses o desenho vale mais do que a escrita e até mais do que a palavra.* (Apud, Derdyck, 1989, p.44)

Com as considerações feitas até aqui, acreditamos ter demonstrado que o desenho satisfaz a pelo menos seis dos oito critérios estabelecidos por Gardner para selecionar uma componente do espectro.

Gardner afirma que somente aquelas candidatas à inteligência que satisfaçam todos, ou uma maioria dos critérios estabelecidos por ele, são selecionadas para compor o espectro. Consideramos que este seja o caso do desenho e, por isso, propomos a sua inclusão como a oitava componente no espectro originalmente proposto pelos pesquisadores de Harvard.

Por fim, podemos lembrar que, como já dissemos num outro momento destelrabalho, a inteligência está associada à capacidade de estabelecer e realizar projetos. A palavra *desenho* tem a mesma etimologia da palavra *desígnio,* qual seja, *disegnare,* cujo significado é *plano, projeto, propósito.* Se estabelecemos esse vínculo, podemos aproximar o desenho da noção de projeto, ou seja, quem desenha está na realidade idealizando, esboçando ou expressando um *projeto.*

Seja no significado mágico que o desenho teve para o homem primitivo, no desenvolvimento do desenho para projetos industriais e tecnológicos, seja pela aplicação nas artes, na arquitetura, na realidade virtual do computador ou mesmo na função de comunicação que o desenho exerce, ele reclama sua autonomia, a sua capacidade de abrangência como um meio de comunicação, expressão, conhecimento e manifestação da inteligência.

A relação da competência pictórica com outras componentes do espectro

Há muitas relações que podemos examinar entre a competência pictórica e as demais esferas do intelecto.

É possível, por exemplo, estabelecer uma relação com a competência linguística através da importância que alguns psicólogos e educadores dão ao desenho no surgimento da linguagem escrita. Rudolf Steiner (1992), em seu livro *A arte da educação,* afirma que uma absoluta exigência de um ensino fundamentado em bases corretas é que o aprendizado da escrita seja precedido de uma certa incursão no desenho, de modo que a escrita seja baseada, de certa maneira, a partir dele.

A própria história da escrita demonstra uma significativa relação com a competência pictórica. Basta lembrarmos que a escrita egípcia era basicamente pictográfica, isto é, muito dessa escrita era apenas transcrição gráfica de gestos e ações.

Vygotsky e Luria (1988), ao analisarem o processo do desenvolvimento da escrita, afirmaram que a escrita infantil percorre etapas antes de atingir sua fase simbólica. Para eles, tais etapas processam-se através de caminhos descontínuos, onde formas particulares de linguagem são transformadas em expressões gráficas, primeiro representadas em forma de desenho.

Vygotsky (1984) considera que um dos pontos importantes no surgimento da linguagem escrita é o desenho. Segundo ele, o desenho aparece quando a linguagem falada já alcançou grande progresso e já se tornou habitual na criança e, quando a criança percebe a dificuldade de desenhar todas as palavras, a escrita pictográfica dá lugar à ideográfica, ainda que nunca o desenho venha a ser totalmente substituído pela escrita.

Também é possível vislumbrar relações entre a competência pictórica e a espacial, uma vez que, desenhando, o sujeito amplia e expressa sua percepção da forma e do espaço. Derdyck (1989) afirma que o desenho é também uma dança no espaço, uma forma de se explorar um espaço novo.

Poderíamos falar também da relação entre o desenho e as competências inter e intrapessoal, uma vez que o artista desenvolve uma capacidade intensa de se comunicar com as outras pessoas, de entretê-las por muito tempo num "diálogo" através de suas obras, de seus desenhos, de suas pinturas.

No entanto, quando sugerimos, a partir das indicações de Machado (1995), a análise da competência pictórica como candidata ao espectro, havia aí a clara intenção de mostrar que tal componente poderia ser o par complementar da competência musical.

O desenho e a música

> *"No plástico-pictórico contemplamos a beleza, vivencia-mola; no musical nos tornamos, nós mesmos, beleza".*
> ***Rudolf Steiner***

Apesar das diversas possibilidades de relações com as demais formas de manifestação de competência, a capacidade de representação, a aptidão para o desenho, que aqui chamamos mais genericamente de *inteligência pictórica,* parece-nos estar associada de modo mais natural e complementar à *inteligência musical,* compondo com ela um novo par, uma direção nova e especial no espectro de competências. Sobre isso, Machado afirma:

> *Apesar das múltiplas relações com as demais formas de manifestação de competência, esta capacidade de representação, esta aptidão para o desenho, que poderia ser chamada mais genericamente de inteligência pictórica, parece associar-se natural e complementarmente à inteligência musical, compondo com ela um novo par, uma nova e especial direção no espectro de competências. No âmbito da polarização constituída por tal par têm lugar variadas formas de manifestação artística, cuja subsunção pela dimensão musical considerada isoladarnente parece muito menos plausível e bem pouco natural. (p. 105-106)*

Parece que há outros pesquisadores, educadores e músicos que também apontam na direção dessa estreita relação pictórico-musical. Em Steiner (1992), encontramos:

> *Ora, tudo o que de artístico se apresenta ao ser humano divide-se em duas correntes — a plástico-pictórica e a poético-musical. Estes dois âmbitos artísticos, o plástico-pictórico e o poético-musical, são na realidade polarmente distintos entre si, embora justamente por essa distinção polar possam encontrar-se muito bem numa síntese superior, numa unidade superior. (p. 34)*

Essa citação faz parte da terceira conferência de Rudolf Steiner proferida aos professores que comporiam uma das escolas orientadas por ele na Alemanha. Lá, Steiner pretendeu discutir a necessidade de uma formação artística para o ser humano a partir do ensino escolar e apontou os dois principais canais responsáveis por essa formação: o pictórico e o musical.

Steiner encaminhou a conferência de modo a mostrar que não basta uma das duas formas de arte para que haja o desenvolvimento educacional harmônico do indivíduo. Para ele,

(...) não se deveria esquecer que todo elemento plástico-pictórico trabalha no sentido da individualização dos seres humanos, e que todo elemento poético--musical, ao contrário, fomenta a vida social. Os homens entram em comunhão pelo poético-musical e se individualizam pelo plástico-pictórico. A individualidade é mantida mais pelo plástico-pictórico, e a sociedade mais pela vida e pela trama contidas no musical(...) (p. 40)

Também entre os musicólogos encontramos elementos que poderiam comprovar a estreita relação entre o musical e o pictórico.

Nattiez, em um artigo intitulado "Som/Ruído",[6] no qual discute inclusive a criação de um *acustic* afirma que a música é constituída por sons, mas também por uma multiplicidade de outras variáveis, inclusive gráficas. Para ele, falar de música a propósito de grafismos de caráter visual cria uma atitude musical no espectador: a do músico capaz de ouvir interiormente uma partitura, ao lê-la.

Em outro artigo, no qual analisa o interesse dos autores e compositores pela melodia, o mesmo Nattiez afirma que um período é constituído por vários ritmos formados por segmentos de 2, 4 ou 6 compassos, ou de 3, 5 ou mais compassos. Um ritmo pode apresentar um desenho melódico mais curto e os musicólogos impressionam-se muitas vezes com o fato de a linha melódica desenhar contornos, a partir dos quais se pode tentar construir uma tipologia.

Os próprios termos utilizados pelos musicólogos estão impregnados de vocábulos que lembram o desenho: o arco, a linha ascendente, linha descendente ou linha horizontal.

Talvez seja essa percepção que tenha levado Hofstader, em um criativo trabalho intitulado *Gõdel, Escher e Bach* (1987), a desenvolver uma tríplice analogia entre construções lógico-matemáticas, musicais e pictóricas. A partir desse trabalho, pode-se perceber uma aproximação tão sugestiva entre os teoremas de Gõdel, as fugas de Bach e os desenhos de Escher que se pode pensar em compreender certos fatos matemáticos ouvindo músicas de Bach, ou vendo desenhos de Escher, ou, ainda, é possível pensar em "ouvir" um desenho de Escher ou "desenhar" uma fuga de Bach.

Há também a possibilidade de perceber a relação de parceria pictórico/ musical se voltarmos aos hemisférios cerebrais e aos dois primeiros critérios de seleção de uma inteligência propostos por Gardner. Vimos que, estando mais relacionado às analogias e às intuições, o hemisfério direito do cérebro estaria fortemente relacionado às artes e, portanto, as componentes musical e pictóricas ficariam aí localizadas. O próprio Gardner afirma que a maioria das capacidades musicais, inclusive a capacidade central da sensibilidade ao tom, está localizada, na maioria dos indivíduos normais, no hemisfério direito.

Olhando por esse prisma e voltando aos critérios de Gardner, podemos

---

[6] Nattiez, Jean-Jacques. Tonal/Atonal. In: *Enciclopédia Einaudi, vol.* 3, pp. 212-329.

lembrar que, para o autor da teoria em exame, a existência de *idiots savanas,* prodígios e outros indivíduos excepcionais servia ao mesmo tempo para provar a existência de uma dada inteligência, para examinar sua independência e seus pontos de contato com outras componentes do espectro. Por esse prisma, a exploração da relação entre o par musical/pictórico pode denotar análises interessantes no que diz respeito à educação de sujeitos considerados "deficientes", especialmente nos aspectos visual ou auditivo. A esse respeito, a revista *Time* publicou uma nota com o título "A Painting Prodigy" (27/06/94), transcrita abaixo, relativa a um fato bastante interessante, cujo significado mais profundo ainda pede interpretações mais detalhadas, mas que aponta tanto na direção da legitimidade da inteligência pictórica quanto na explicitação de suas fortes ligações com a inteligência musical:

> *Um Prodígio na Pintura*
>
> *Seu pai é o celebrado compositor chinês Luo Zhong-rong, sua mãe é uma cantora, e sua irmã uma pianista, mas Luo Zheng interpreta música através da pintura. Luo, 28, tem a capacidade mental de uma criança e pode contar apenas até cinco, entretanto, quando ele empenhou um pincel dois anos atrás, ele mostrou uma supreendente maturidade como artista. Inspirado nas músicas de seu pai, ele criou uma pintura abstrata intitulada "Segundo quarteto de cordas de papai" e em outra tela colorida que pintou(...) ele lembrou de "O rito da primavera" de Stravinsky. Uma coleção de seus trabalhos foi exposta na Academia Central de Artes, de Beijing. (p. 59)*

Também, na história do homem, podemos ter um elemento para reforçar nossa tese da complementariedade pictórico/musical. As descobertas da arqueologia recente mostram que a música e o desenho são ambos muito antigos e nasceram em tempos bem primitivos, provavelmente do desejo de criar e representar rituais, crenças, conquistas.

Achados recentes em cavernas de Chauvet, sul da França, trazem ao mesmo tempo pinturas rupestres de aproximadamente 20 mil anos atrás e fragmentos de utensílios que os pesquisadores crêem ser rudimentos de flautas e outros instrumentos musicais congêneres. A contemporaneidade da origem pode reforçar a parceria.

Uma vez incluída a oitava componente, a inteligência pictórica, e analisada sua parceria com a música, o espectro proposto por Gardner passaria a ser constituído por quatro pares complementares, caracterizando quatro direções especiais:

– a direção linguística/lógico-matemática;
– a direção interpessoal/intrapessoal;
– a direção espacial/corporal-cinestésica;
– a direção musical/pictórica.

No espectro de competências, estabelecem-se, naturalmente, interações fecundas e significativas entre todos os pares possíveis de competências, constituindo ligações eventualmente muito fortes em uma ou outra pessoa. No entanto, esses quatro pares básicos representam elos complementares e frequentes no universo dos indivíduos em geral.

As *implicações educacionais do modelo de Gardner*

Até o presente momento, detivemo-nos em percorrer um trajeto que procurou, ainda que brevemente, contextualizar e analisar o modelo da Teoria das Inteligências Múltiplas proposto por Gardner.

Pensamos que nesse percurso é preciso falar ainda sobre as implicações, para o ensino, da teoria do QI hereditário e das mudanças que a concepção das inteligências múltiplas pode trazer.

A teoria do QI hereditário, especialmente após a apologia dos testes feita por Terman e Yerkes, teve grande influência sobre as questões do ensino escolar.

De acordo com uma concepção unidimensional de inteligência, a escola passou a adotar uma visão uniforme de organização e a trabalhar para desenvolver aqueles indivíduos que fossem "realmente inteligentes". Assim, as escolas adotaram um currículo essencial e uma série de fatos que todos deveriam conhecer igualmente.

Aplicados em grande escala no sistema educacional, os testes serviram de base para a classificação de alunos. Àqueles indivíduos que não tinham boas avaliações nos testes escolares foi dada a classificação de atrasados, fracos, lentos, pouco inteligentes e pouca luta houve por parte da escola contra as causas dos fracassos. Afinal, para que tentar auxiliar a superação de dificuldades em indivíduos que, geneticamente, nasceram pouco ou medianamente inteligentes?

Os melhores alunos, aqueles com QI mais alto, estariam predestinados a ter sucesso na vida, ter as melhores carreiras profissionais, ir para as melhores universidades. Essa perspectiva considera que existe um conjunto básico de competências e um corpo nuclear de conhecimento que todos os indivíduos em nossa sociedade deveriam dominar. Alguns indivíduos são mais capazes do que outros, e espera-se que dominem esse conhecimento mais rapidamente. As escolas deveriam ser organizadas de maneira a garantir que os mais talentosos chegassem ao topo e o maior número possível de indivíduos atingisse o conhecimento básico tão eficientemente quanto possível.

Não há dúvida que em diferentes momentos os professores e pesquisadores da educação perceberam as falhas e as insuficiências de um ensino seletivo, meritocrático, que perdia pelo caminho uma grande quantidade de alunos. Também é inegável que a partir da percepção do fracasso da escola, através do alto índice de reprovação e mesmo abandono escolar, educadores de diferentes áreas analisaram os problemas observados e propuseram as soluções mais diversas para tentar solucioná-los.

No entanto, o fato de que, após tantas tentativas, ainda hoje a concepção de educação classificatória seja hegemônica nos impressiona. Falou-se, com justa razão e necessidade, em mudanças metodológicas, em valorização da qualificação profissional do professor, em usar técnicas e materiais variados, em permitir que o aluno construa seu próprio conhecimento, mas os problemas continuam.

Talvez em nenhum outro momento da pesquisa educacional os pesquisadores das universidades tenham produzido tantos e tão relevantes trabalhos sobre o fracasso da escola, mas os problemas continuam e, mesmo sob pena de ouvir protestos veementes em sentido contrário, sentimos a necessidade de dizer que as mudanças que ocorreram foram tímidas e, democraticamente, em escolas públicas e particulares continua sendo exercida uma educação classificatória.

Mudar esse quadro exigirá ainda, em nossa opinião, árduo trabalho por parte de todos os envolvidos no processo educacional, cada um, do governo aos cidadãos, passando pelos professores e pesquisadores. Todos têm um papel relevante nesse movimento de mudança. No entanto, parece-nos que um dos aspectos centrais para que uma ruptura real aconteça é repensar a concepção de inteligência que permeia as ações docentes.

Tomando por base a concepção de inteligências múltiplas, vislumbramos ser possível pensar uma educação escolar bem diferente dessa que ainda vemos em nossas escolas. A visão pluralista da mente reconhece muitas facetas diversas da cognição e admite que as pessoas têm forças cognitivas diferenciadas e estilos de aprendizagem contrastantes. Uma vez que se reconhece que crianças de diferentes idades ou estágios têm necessidades diferentes, percebem as informações culturais de modo diverso e assimilam noções e conceitos a partir de diferentes estruturas motivacionais e cognitivas, o tipo de projeto educacional que uma escola se propõe deve levar em conta esses fatores do desenvolvimento.

A escola que considerasse a teoria de Gardner deveria ter como propósito desenvolver as inteligências e auxiliar as pessoas a atingirem harmonia em seu espectro de competências. Gardner (1994) afirma:

> *Em minha opinião, o propósito da escola deveria ser o de desenvolver as inteligências e ajudar as pessoas a atingirem objetivos de ocupação e diversão adequados ao seu espectro particular de inteligências. As pessoas que são ajudadas a fazer isso, acredito, se sentem mais engajadas e competentes, e portanto mais inclinadas a servirem à sociedade de uma maneira construtiva. (p. 9)*

Há muitas vantagens, em nossa opinião, em adotar o modelo das inteligências múltiplas como orientador do trabalho docente e, talvez, a primeira delas seja a assunção do princípio de que nem todas as pessoas têm os mesmos interesses e habilidades; nem todos aprendem da mesma maneira. A teoria das inteligências múltiplas nos fornece pistas para lidar com tais diferenças, permitindo que, como professores, olhemos os alunos não apenas com os olhos da razão, mas também com a sensatez da sensibilidade.

O segundo ponto da teoria que tomamos como vantagem para o trabalho com a educação escolar é a crença em que toda criança tem potencial para desenvolver-se intensamente em uma ou várias áreas e o fato de as competências poderem ser observadas nos indivíduos. Isso permite estabelecer uma interferência na escola, no desenvolvimento e exercitação das competências, ao mesmo tempo que possibilita a verificação dos resultados da prática pedagógica e a reflexão constante sobre sucessos e insucessos no trabalho docente.

Um terceiro ponto que nos parece importante no modelo e que justificaria nosso interesse por ele para o trabalho escolar é a mudança no paradigma da avaliação do aluno.

De certo modo, já dissemos que a exteriorização das competências nos permite avaliar as necessidades locais de cada aluno e elaborar estratégias de trabalho diferenciadas pela comparação dessas manifestações externas entre indivíduos. Em razão disso, como afirma Machado (1995),

> (..) a avaliação educacional nunca deveria ser referida a um único instrumento, nem restrita a um só momento, ou a uma única forma. Constituem instrumentos importantes nos processos de avaliação tanto uma observação contínua, ao longo de um correspondente período escolar, como a concentrada, nos momentos das provas ou exames; tanto os trabalhos realizados individualmente, quanto aqueles produzidos em grupo, onde a competência nas relações interpessoais encontra espaço para manifestação; tanto as provas sem consulta, onde a prontidão é necessária, como aquelas que admitem consulta, onde é tão importante saber, quanto procurar, onde certa informação se encontra; e assim por diante. Somente um amplo espectro de múltiplos componentes pode possibilitar canais adequados para a manifestação de múltiplas competências, como são as vislumbradas por Gardner, fornecendo condições para que o professor, como um juiz, analise, provoque, acione, raciocine, emocione-se e profira, enfim, seu veredito. (p. 298)

Uma citação tão longa se justifica por concordarmos que avaliar com diferentes instrumentos permite uma maior clareza do professor quando for tomar uma posição em relação ao aluno. No entanto, consideramos que a importância dessa forma de avaliar está em o professor poder achar uma rota alternativa para as dificuldades dos alunos. Surgiu uma dificuldade em compreender certa ideia matemática pelas vias da própria matemática? O professor pode tentar auxiliar seu aluno na busca pelo que Gardner chama de *rota secundária*. Essa rota, que vem de roteiro, caminho mesmo, seria trilhada, talvez, por meio de uma inteligência que seja mais forte nesse suposto aluno: a linguagem, o modelo espacial, a discussão com um amigo ou, inclusive, a dramatização.

Por fim, nosso encantamento com a teoria surge também da possibilidade de olhar o aluno por inteiro, não apenas como uma cabeça que se desenvolve linguística e matematicamente. O desafio ao qual nos lançamos agora é elaborar um conjunto de propostas de trabalho relacionadas à matemática que contemple essa possibilidade. Parece-nos que quando existe um padrão único e preestabelecido de competência, é inevitável que muitos alunos acabem se sentindo incompetentes, especialmente porque o padrão de valores supervaloriza o linguístico e o lógico-matemático. Ao ampliar, como professores e cidadãos, nossa visão acerca da relatividade de ser competente e de como esse termo apresenta aspectos diferenciados em cada indivíduo, propiciamos que os alunos realizem com maior sucesso seu potencial intelectual.

2

Delineando ações para as aulas de matemática na escola infantil, sob a ótica da Teoria das Inteligências Múltiplas

A necessidade de olhar para o espectro de forma harmônica

Ao examinar o espectro de competências sob a perspectiva de eixos e parcerias, iniciamos uma reflexão que acaba por nos conduzir naturalmente a pensar sobre as ações pedagógicas que realizamos na escola. Sem dúvida, a questão a ser refletida nesse momento, uma vez apontadas as principais mudanças que a concepção de inteligência múltipla traz para o trabalho do professor na escola, é como dimensionar as ações docentes na sala de aula, em particular em aulas de matemática, no sentido de aproveitar e estimular todas as manifestações da inteligência para o desenvolvimento dos estudantes. Isto é, a partir da observação das manifestações das competências em cada aluno, procurar fortalecer as áreas em que ele se revelar menos promissor, ao invés de considerá-lo, por princípio, definitivamente incompetente.

A ideia não é desenvolver um currículo de matemática, mas sugerir formas e estratégias de desenvolvimento das habilidades a partir do exame da relação da matemática com todas as demais componentes do espectro.

Antes, porém, de entrarmos nessa questão, gostaríamos de voltar ao ponto da representação das parcerias num diagrama e completar, ainda que temporariamente, o esboço iniciado no capítulo precedente.

Ao incluirmos a inteligência pictórica como oitava componente do espectro, podemos imaginar a seguinte representação:

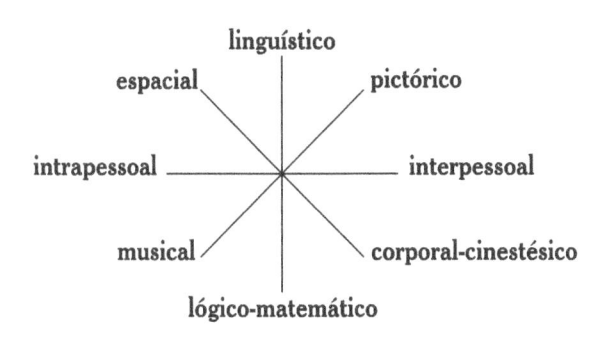

É preciso, entretanto, que estejamos atentos para o fato de que as inteligências listadas não são isoladas e independentes, nem ao menos as únicas possibilidades de interfaces estão centradas nas parcerias que estabelecemos até aqui. Assim, ao pensarmos na elaboração de um projeto a partir do espectro, é fundamental que este seja olhado de uma forma harmoniosa, não como um conjunto no sentido das competências estarem juntas, mas como uma teia em que diferentes conexões são possíveis.

Se pretendemos que nenhuma das competências tenha uma ênfase maior que a outra, o mesmo se aplica às parcerias que propusemos e, dessa forma, o melhor seria que enxergássemos os eixos e parcerias como os vértices de um octógono com todas as diagonais e lados traçados, onde cada traço é uma via de mão dupla:

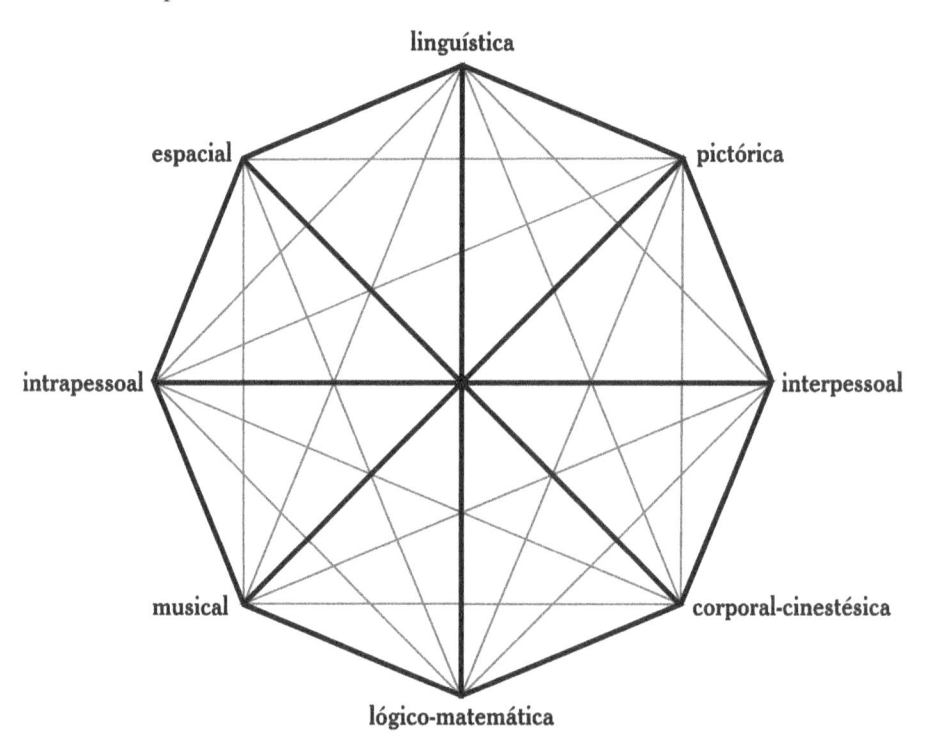

Além disso, como nos alerta Machado (1995), é necessário repensar as funções da língua e da matemática nos processos cognitivos, reinterpretando os seus significados no espectro de competências e considerando cada uma delas em suas relações (diagonais) com todas as demais formas de competência.

O próprio Gardner (1994a) parece referendar nossa proposta de ação daqui por diante ao afirmar que nada é mais importante na carreira educacional de um aluno do que o encontro de uma disciplina com uma determinada mistura de inteligências.

Procuraremos estabelecer uma análise das possibilidades de conexão entre a matemática e as demais competências. Poderíamos representar essa tentativa pelo seguinte diagrama:

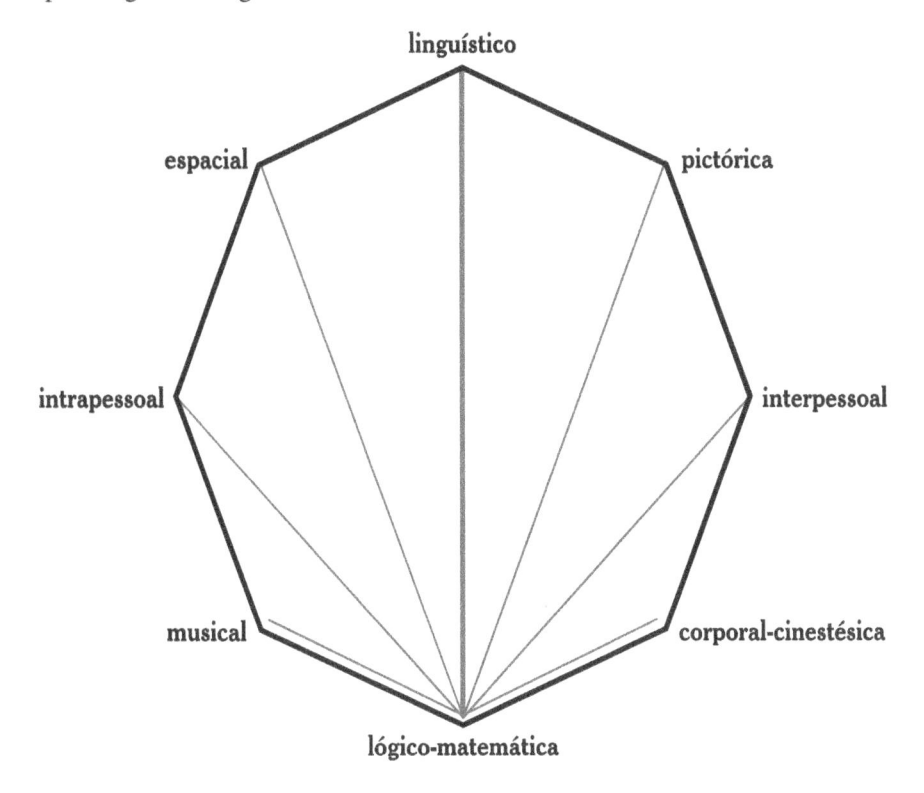

Diagrama: octógono com vértices rotulados linguístico, pictórica, interpessoal, corporal-cinestésica, lógico-matemática, musical, intrapessoal, espacial.

Estabelecidas as conexões, trilharemos um caminho na busca por possibilidades de ações docentes que permitam vislumbrar a nossa percepção do lugar da matemática no espectro e operacionalizar, se este não é um termo muito técnico, essas conexões em sala de aula com crianças da escola infantil.

Temos, no entanto, consciência de que o fundamental é acreditar que o espectro de competências de cada indivíduo apresenta elementos — eixos, direções, parcerias — que, mais ou menos vividos, permitem que as possibilidades de aperfeiçoamento em praticamente todas as direções sejam permanentes e inesgotáveis, e que o fundamental é trabalhar na busca pela totalidade do indivíduo, pelo desenvolvimento equilibrado do espectro. Gardner (1994a) afirma ser da máxima importância reconhecer e estimular todas as variadas inteligências humanas e todas as combinações de inteligências. Para ele, nós todos somos tão diferentes em grande parte porque possuímos diferentes combinações de inteligências e, ao reconhecermos isso, deveremos ter pelo menos uma chance melhor de lidar com os muitos problemas que enfrentamos nesse mundo. Para Gardner, ao mobilizar o espectro das capacidades humanas, as pessoas não apenas se sentirão melhores em relação a si mesmas e mais competentes; é possível, inclusive, que elas também se sintam mais comprometidas e mais capazes de reunir-se ao restante da comunidade mundial para trabalhar pelo bem comum.

Dessa forma, o desafio de uma proposta que organize um projeto de ações docentes na educação das competências é cuidar para que haja, sobretudo, uma harmonia, um equilíbrio entre as condições para o desenvolvimento das diferentes componentes do espectro. Como afirma Machado (1995), a despeito da especial importância e atenção dadas ao eixo linguístico/lógico-matemático, não podemos perder de vista a multiplicidade das formas de comunicação, e a valorização da totalidade do espectro deve ultrapassar o nível do discurso.

Delimitando uma faixa etária para desenvolver o projeto

O trabalho que seguirá tem por objetivo elaborar uma proposta de ações docentes para a sala de aula de matemática em educação infantil, numa faixa etária que abrange crianças de quatro a sete anos.

Talvez a primeira pergunta que nos ocorra seja: por que tentar organizar um projeto baseado na Teoria das Inteligências Múltiplas para essa faixa etária e não para outra?

Em seus trabalhos, Gardner (1994a) afirma que, após a pequena infância, as inteligências nunca são encontradas em sua forma pura. Segundo ele, ao menos inicialmente, cada inteligência está baseada em um potencial biológico que vai ganhando expressão e forma como resultado da inter-relação de fatores genéticos e ambientais.

O convívio com outras pessoas, a escolarização e a influência de outros múltiplos fatores, tais como os meios de comunicação, fazem com que em idades posteriores as inteligências estejam envolvidas em vários sistemas simbólicos, como a linguagem escrita e outros sistemas de notações — como mapas e notações matemáticas — e, dado o avanço na escolarização, os campos do conhecimento acabam por interferir sobremaneira na observação de cada inteligência, não permitindo delinear com maior clareza o que é manifestação natural ou influência cultural.

Trabalhar com alunos de faixas escolares mais avançadas dificultaria, para um observador iniciante, perceber as manifestações das diferentes competências, avaliar as interferências necessárias a serem feitas no sentido de desenvolver o aluno por inteiro.

Se o objetivo deste trabalho é propor alternativas para abordar o ensino da matemática a partir do desenvolvimento das inteligências múltiplas e das relações entre a componente lógico-matemática com todas as outras componentes do espectro, pareceu-nos que seria interessante iniciar num estágio do desenvolvimento escolar no qual as inteligências tivessem sofrido menos influências do sistema educacional tradicional, caracterizando, assim, uma ruptura com tal sistema desde a mais tenra idade.

As crianças pequenas ainda não vivenciaram as estereotipias trazidas por uma educação viciada, talvez não tenham ouvido falar da dificuldade que é aprender matemática, ou pelo menos não têm ideia do que isso significa. Assim, elas estão dispostas a transcender as fronteiras das quais estão pelo menos perifericamente conscientes; elas se jogam em seu brinquedo, em seu trabalho e nos desafios propostos com grande dose de entusiasmo, paixão e criatividade; as crianças frequentemente usam formas originais de resolver problemas a elas colocados, não têm medo de ousar e não se intimidam diante do novo. Mas há uma segunda justificativa referente aos pais e professores.

Diferentemente das séries posteriores, o trabalho com matemática na escola infantil não tem um currículo rigidamente estabelecido, o que permite que possamos fazer sugestões para as ações pedagógicas sem estabelecer uma sensação de insegurança e mal-estar que desequilibrem a pais, professores e alunos.

De acordo com César Coll Salvador (1994), idealizar e desenvolver propostas pedagógicas diferenciadas na idade pré-escolar é mais simples do que em séries mais avançadas. Segundo o autor, isso acontece, em parte, porque é difícil conseguir que uma criança de quatro anos, por exemplo, permaneça tranquilamente sentada durante muito tempo enquanto o professor explica a ela o uso de vogais, números ou as estações do ano. Por outro lado, ainda nos afirma Salvador, a ausência de alguns conteúdos conceituais amplos para transmitir nessas idades e a carência de alguns programas que o educador tenha que seguir ao pé da letra permitem maior flexibilidade nas tarefas escolares.

O que estamos tentando dizer é que não há, nessa faixa escolar, a barreira dos "conteúdos" que deixariam de ser desenvolvidos, o que se constituiria em mais uma variável cuja interferência nessa primeira proposta tentamos isolar ou minimizar.

Além disso, pensamos que tanto pais como professores podem ser beneficiados com o grande número de informações que são possíveis de se obter a partir dos trabalhos realizados, no sentido de conhecer as competências cognitivas das crianças, o que, mais tarde, no decorrer da escolaridade, poderia servir de diretriz para orientação do trabalho junto a cada aluno nas séries escolares mais avançadas.

O desafio que se coloca daqui em diante, feitas as análises precedentes, é de duas naturezas. A primeira diz respeito a uma proposta que tenta organizar ações docentes para a sala de aula de matemática, incorporando as sete relações diagonais com as demais formas de manifestação de competência: matemático/linguagem; matemático/corporal; matemático/espacial; matemático/musical; matemático/pictórico; matemático/inteligências pessoais.

A segunda natureza do desafio é pensar em alguns parâmetros relativos à formação do profissional para executar as ações propostas. Nesse ponto do trabalho, nos ocuparemos do primeiro desafio.

Algumas considerações sobre o trabalho com matemática na escola infantil

O trabalho com a matemática na escola infantil tem sido baseado na concepção de que a criança aprende exercitando determinadas habilidades ou ouvindo informações do professor.

Comumente os professores preocupam-se em transmitir às crianças da escola infantil rudimentos das noções numéricas — reconhecimento de algarismos, nome dos números, domínio da seqüência numérica — e os nomes de algumas das figuras geométricas. Por trás desse tipo de trabalho está a concepção de que o conhecimento matemático vai ocorrer fundamentalmente através de explicações claras e precisas que o professor fizer a seus alunos. Esse pressuposto de trabalho não é o mais adequado, pois, como afirma Medeiros,[7] a clareza de uma explicação pode ser aparente porque ela pode ser evidente para quem a constrói, mas não para quem apenas acompanha a exposição do raciocínio alheio. A clareza não é imediata sem um trabalho pessoal do aluno, sem o exercício sistemático do pensar.

Consideramos que na escola infantil o trabalho com a matemática permanece subjacente, escondido sob uma concepção de treinar as crianças a darem respostas corretas, ao invés de fazê-las compreender a natureza das ações matemáticas. Propomos uma mudança.

Hoje, é sabido que as crianças não entram na escola sem qualquer experiência matemática, e desenvolver uma proposta que capitalize as ideias intuitivas das crianças, sua linguagem própria e suas necessidades de desenvolvimento intelectual requer bem mais que tentar fazer com que os alunos recitem corretamente a sequência numérica.

Uma proposta de trabalho de matemática para a escola infantil deve encorajar a exploração de uma grande variedade de ideias matemáticas relativas a números, medidas, geometria e noções rudimentares de estatística,[8] de forma que as crianças desenvolvam e conservem um prazer e uma curiosidade acerca da matemática. Uma proposta assim incorpora contextos do mundo real, as experiências e a linguagem natural da criança no desenvolvimento das noções matemáticas, sem, no entanto, esquecer que a escola deve fazer o aluno ir além do que parece saber, deve tentar compreender como ele pensa e fazer as interferências no sentido de levar cada aluno a ampliar progressivamente suas noções matemáticas. Também essa proposta reconhece que as crianças precisam de um tempo conside-

---

[7] Medeiros, Cleide F. "Por uma educação matemática como intersubjetividade". In: *Educação Matemática*, p.13-14. São Paulo, Editora Moraes, s.d.

[8] Entenda-se aqui construir e ler tabelas, gráficos de barras ou colunas, coletar e organizar dados através de votações e pequenas pesquisas de opinião.

rável para desenvolver os conceitos relativos aos temas trabalhados e, ainda, para desenvolver a capacidade de acompanhar encadeamentos lógicos de raciocínio e comunicar-se matematicamente e se favorece, por isso, o contato repetido com algumas noções importantes, em diferentes contextos, ao longo do ano e de ano para ano.

Essa proposta encara que a compreensão, como afirma Moreira (1993), é *projeto* e, como tal, requer tempo vivido, exigindo um constante trabalho de interpretação, um respeito ao tempo vivido na matemática e em contato com noções e ideias nela presentes.

No seu processo de desenvolvimento, a criança vai criando várias relações entre objetos e situações vivenciadas por ela e, sentindo a necessidade de solucionar um problema, de fazer uma reflexão, estabelece relações cada vez mais complexas que lhe permitirão desenvolver noções matemáticas mais e mais sofisticadas.

Gardner afirma que as capacidades vinculadas a uma inteligência podem ser usadas como um meio para adquirir informações. Assim, os indivíduos podem aprender através da exploração de diferentes códigos simbólicos, das demonstrações cinestésicas, espaciais ou de ligações interpessoais. Mesmo que várias inteligências possam ser exploradas como meio de informação, o material real a ser dominado pode incidir justamente no domínio de uma inteligência específica. Desse modo, se alguém aprende a tocar um instrumento, o conhecimento a ser adquirido é musical; se alguém aprende a dançar, o conhecimento é corporal e espacial; se trabalhamos poesia, o conhecimento adquirido é fortemente linguístico; se trabalhamos com números, medidas, geometria e noções de estatística, o conhecimento matemático estará sempre em questão, ainda que possam também ser concomitantemente desenvolvidos outros conhecimentos, de outras competências intelectuais. Nossas competências intelectuais, na visão de Gardner, podem servir como meio, como mensagem ou como forma e conteúdo de objetos do conhecimento.

Dadas as reflexões acima, o trabalho com a matemática na escola infantil não pode ser esporádico, espontaneísta e casual. Para termos os meios, as mensagens, a forma e o conteúdo, é necessário que as crianças estejam diariamente cercadas por propostas e oportunidades que evoquem o uso da competência lógico-matemática em ligação permanente com as demais componentes do espectro.

Deixamos claro, também, que não consideramos que a tarefa da escola infantil seja essencialmente preparar a criança para as séries posteriores. Obviamente que, em um projeto pedagógico escolar amplo, é desejável perceber que habilidades e conhecimentos são transferidos de uma série para outra, mas, a nosso ver, isso é mais consequência de um trabalho pedagógico consciente, sério e planejado do que causa primeira das ações docentes. A criança entre quatro e sete anos tem interesses e características próprias que devem ser atendidos e contemplados com vistas a esse período de vida e escola, no qual ela se encontra. Não podemos ignorar isso em nome de uma pretensa preparação às séries seguintes.

A matemática e a linguagem

Nos últimos tempos, as relações entre a matemática e a língua materna têm sido objeto de estudo por parte de diferentes pesquisadores que se dedicam a discutir e estudar o ensino de matemática. Estudos como os de Machado (1990) e Lerma (1990) acabaram por criar um certo consenso de que a matemática e a língua constituem dois sistemas básicos de representação cujos paralelismo e complementariedade nas funções e metas que desempenham e perseguem são inquestionáveis sob a ótica curricular.

Outros estudos, ainda sobre o mesmo tema, como os de Laborde (1975), permitem que consideremos a aprendizagem da matemática como a aquisição e o domínio de uma nova linguagem, de uma língua estruturada e que se revelaria, por esse motivo, estruturante. Considerada dessa forma, seria lícito acreditar que representam um obstáculo para essa mesma aquisição todos os procedimentos pedagógicos que relegam a segundo plano o trabalho sobre e com a linguagem matemática e a reflexão sobre seu funcionamento específico. Vejamos.

Machado afirma que a primeira característica da linguagem matemática é o fato de ela, como linguagem científica que é, não possuir oralidade própria: está totalmente voltada para a escrita. Isso parece colocar uma dificuldade quase intransponível quando nos lembramos que, na escola, crianças até seis ou sete anos só têm uma relação recente e incipiente com a linguagem escrita.

Por outro lado, aprender a escrever e ler em língua materna tem características distintas do aprender a escrever enunciados matemáticos. No primeiro caso, a escrita aparece como o segundo código de uma língua que já foi vivenciada por estar presente nas atividades sociais da criança sob a forma oral. Mesmo quando não escreve como fala, mesmo quando as regras da linguagem escrita são ignoradas pela oralidade, ou vice-versa, não se altera o fato de que seja uma mesma língua em suas diferentes modalidades de enunciação.

Em contrapartida, a escrita não constitui para a matemática um segundo código, mas um código único. Aqui talvez coubesse uma questão: qual é, então, a relação que se estabelece entre a matemática e a língua?

Segundo Machado (1990), existe entre a linguagem materna e a matemática uma relação de complementariedade. Complementariedade no sentido de parceria, de imbricação nas metas que perseguem e nas questões fundamentais relativas ao ensino de ambas nos domínios da escola. Se por um lado a dita parceria significa perceber pontos de apoio entre a matemática e a linguagem, por outro não implica numa sobreposição de papéis, uma vez que, enquanto componentes curriculares, há um paralelismo das funções. Talvez o aspecto mais relevante da complementariedade, se é que podemos usar esse termo sem macular outros tantos igualmente importantes, estaria na possibilidade de a matemática tomar emprestada à língua materna a oralidade que, na transação, funcionaria como suporte de significações para o aprendizado da escrita matemática. Nesse sentido, podemos, então, atribuir à linguagem materna dois papéis em relação à matemática.

Por um lado, a língua materna é aquela na qual são lidos os enunciados, na qual se fazem comentários e que permite "interpretar" o que se lê de modo preciso ou aproximado, explícito ou vago. A linguagem usual serviria, nesse caso, como um meio, uma rota para ligar uma ideia matemática às suas representações, para estabelecer relações entre o pensamento e a palavra, entre a escrita e a sua interiorização, entre a escrita e a sua interpretação.

Por outro lado, a língua materna é parcialmente aplicada no trabalho matemático, já que os elos de raciocínio matemático se apoiam na língua, em sua organização sintática e em seu poder dedutivo. Mas as transformações, as operações que podem ser realizadas sobre as escritas matemáticas não têm equivalente na língua materna.

Esses dois papéis nos conduzem a uma segunda característica da linguagem matemática, qual seja, ela é essencialmente o estabelecimento de relações entre sinais. Enfoque predominante na escola, esse segundo papel atribuído à linguagem matemática levou a um desvio, isto é, nas salas de aula os professores passaram a concentrar seus esforços no sentido da importância do uso adequado e preciso de termos e sinais matemáticos. Em geral, essas aulas fundamentadas em vocabulário técnico pura e simplesmente têm resultado num exercício gratuito, muitas vezes descolado de qualquer significado, do qual os professores sentem, intuitivamente, os limites.

Segundo Pierre Lévy (1993):

A escrita em geral, os diversos sistemas de representação e notação inventados pelo homem ao longo do século têm por função semiotizar, reduzir a uns poucos símbolos ou a alguns poucos traços os grandes novelos confusos da linguagem, sensações e memória que formam o nosso real. (p. 70)

Essa passagem deixa entrever que a escrita serviu como tentativa de ampliar a capacidade da memória. Em outro trecho do mesmo autor, temos uma outra finalidade dos sistemas simbólicos escritos que é a tentativa de eliminar, através da escrita, as dubiedades da palavra falada:

A escrita, por exemplo, serviu por um lado para sistematizar, para gradear ou enquadrar a palavra efêmera. (p. 71)

Pensada dessa forma, a escrita matemática seria o máximo da valorização da escrita, uma vez que a ideia implícita na elaboração e sistematização da linguagem matemática é que ela seja mais fina e precisa que a linguagem usual, no sentido de liquidar qualquer possibilidade de dubiedade em sua interpretação.

De fato, exprimir-se com rigor não é uma condição prévia da atividade matemática e sim o efeito dessa atividade. Termos como *quociente, fração, fator* ou *função* não têm um significado único se tomados nas expressões da língua materna que permeiam nosso cotidiano, porém a linguagem matemática encarrega-se de suprir a eles a multiplicidade de interpretações que têm fora do campo matemático para tomá-los termos que, sem ambiguidades, significarão noções precisas em matemática.

Ao exigir da criança uma linguagem que consideramos adequada, precisa, corremos o risco de impedir que algumas tenham acesso ao "sentido" dos enunciados matemáticos, sentido este que se constrói a partir de uma linguagem aproximada, em um trabalho em que o importante é articular significações, ligar etapas de raciocínio. Preocupa-nos menos o uso espontâneo de certos termos por parte dos alunos que a banalização, em nome de uma pretensa compreensão, que por vezes detectamos no uso dos termos matemáticos por parte dos professores. Podemos tentar criar apelidos quando nos referimos a noções ou termos matemáticos e nem por isso eles se tornarão mais simples; de pouco, ou de nada, adianta o professor dizer "escorrega" ou "empresta" quando, por exemplo, refere-se ao processo de trocas de dez unidades por uma dezena se o aluno não possuir a compreensão das regras que constituem o sistema de numeração decimal. Por outro lado, podemos revestir a linguagem materna dos mais vistosos ornamentos matemáticos, que nem por isso ela se tornará "matematizada".

Contudo, faz-se necessário lembrar que enquanto a linguagem materna é usada constantemente em diferentes instâncias da vida social da criança, a linguagem matemática não o é. Melhor dizendo, a linguagem matemática e seu simbolismo não são tão fortemente explícitos e frequentes fora dos limites da sala de aula como é a linguagem materna, especialmente em sua expressão oral. Assim, é essencial que o professor seja capaz tanto de propiciar oportunidades e contextos, em diferentes momentos, para que a linguagem matemática se faça necessária e útil aos alunos, quanto de falar com precisão nas suas aulas, a fim de oferecer, sem cessar, às crianças, mesmo na escola infantil, a versão matemática de seu linguajar balbuciante, pois é precisamente esta aptidão, no que refere à linguagem matemática, que se tem como objetivo ao fim de todo o trabalho da escola básica, como efeito normal da aprendizagem.

Para as crianças, dois triângulos são "iguais", assim como dois pedaços de chocolate, duas meias ou duas coleções de figurinhas. Só existe realmente impropriedades no uso do termo igual para aquele que tem capacidade para fazer distinção entre conceitos de igualdade, de equipotência e equivalência, por tê-los manipulado durante muito tempo.

Na linguagem matemática, tudo acontece como se o sentido de um enunciado devesse ser procurado apenas em sua organização interna, na combinação dos termos, na série de transformações a que os submetemos, em suma, na maneira como se unem os elos de um raciocínio, tal qual acontece na língua materna, e as sequências operatórias, as quais não têm equivalência na língua natural. Assim, entramos naturalmente na linguagem matemática sempre que nos defrontamos com uma situação que nos permite captar até que ponto os termos e enunciados matemáticos estão relacionados e como essas relações são restritas e reguladas.

Dessa forma, parece-nos que a tarefa dos professores deve desdobrar-se em duas direções. De um lado, na direção do trabalho sobre os processos de escrita e representação, sobre a elaboração dos símbolos, sobre o esclarecimento quanto às regras que tornam certas formas de escrita legítimas e outras incorretas, certos enunciados ambíguos e outros inúteis. De outro, em direção ao trabalho sobre o raciocínio que para as crianças pequenas constitui um trabalho na linguagem oral, na educação infantil principalmente oral. Quando se trata de matemática, sempre que se pede a uma criança ou a um grupo de crianças para dizer o que fizeram e por que, para verbalizar os procedimentos que adotaram, justificando-os, para comentar o que escreveram, representaram ou esquematizaram, relatando as etapas de sua pesquisa tenha ela chegado, ou não, à solução ou a uma conclusão, estamos permitindo aos alunos que trabalhem em sua língua materna e em ruptura com ela na elaboração de uma linguagem matemática dotada de sentido. Na verdade, essa é a única coisa que interessa. Pouco importa, pois, que num primeiro momento a terminologia esteja ou não correta, que as formulações estejam incorretas aos olhos do matemático que fala como um livro; é através desse tatear que se aprende uma língua. Não que o sentido esteja em errar, em grafar a notação matemática de modo incorreto, mas o sentido se constrói na elaboração e reelaboração das noções matemáticas, na medida em que o aluno tiver voz para falar sobre o que pensa, puder ouvir o que outras pessoas pensam sobre um mesmo assunto, perceber que há muitos caminhos para se chegar a uma mesma ideia e puder sistematicamente estabelecer uma negociação entre os diferentes significados que vai atribuindo a uma ideia.

Em matemática, talvez mais do que em outras áreas, o medo de errar torna as crianças mudas, aproximar a linguagem matemática da língua materna permite emprestar à primeira a oralidade da segunda e, nesse caso, a oralidade pode significar um canal aberto de comunicação, aqui compreendida como partilha de significados.

Algumas formas de propiciar a relação matemática/língua podem ser encontradas em atividades que envolvem ler, escrever, falar e ouvir sobre matemática e cada um desses aspectos deve engendrar um esforço considerável por parte do professor que conduz o trabalho em sala de aula. Veremos mais adiante, por exemplo, que para as crianças pequenas desenvolver representações pictóricas é fundamental quando consideramos a construção tanto da linguagem materna quanto da matemática, assim como propiciar que os alunos interajam entre si para trocar impressões e opiniões sobre descobertas, procedimentos e raciocínios matemáticos.

Entretanto, dentre todas as formas pelas quais poderíamos propor um trabalho que potencializasse a relação matemática/língua (uso de jornal, escrita de poesia, resolução de problemas, elaboração de textos), optamos por usar a via da *conexão com a literatura infantil*.

Podemos iniciar nossa análise matemática/literatura infantil com uma reflexão de Roland Barthes (1989):

> *Se, por não sei que excesso de socialismo ou barbárie, todas as nossas disciplinas devessem ser expulsas do ensino, exceto uma, é a disciplina literária que devia ser salva, pois todas as ciências estão presentes no monumento literário.*

Nos últimos anos, diferentes autores vêm escrevendo sobre a importância da literatura infantil no aprendizado da língua materna, escrita e falada. Também é conhecida a riqueza do potencial literário para a alfabetização, devido ao estímulo que representa na construção do código da língua escrita.

A literatura infantil tem sido apresentada como uma prática pedagógica aberta, atual, que permite à criança conviver com uma relação não passiva entre a linguagem escrita e falada. De algum modo, a literatura aparece à criança como um jogo, uma fantasia muito próxima ao real, uma manifestação do sentir e do saber, o que permite a ela inventar, renovar e discordar.

Segundo Yunes e Pondé (1989), enquanto o ensino alimenta uma proposta distante, desarticulada e fragmentada da realidade do aluno, a literatura pode oferecer elementos dessa mesma realidade como auxílio para compreender a realidade.

Calvino (1991) afirma a literatura como criadora de imagens e capaz de desenvolver a capacidade de imaginar, fantasiar e criar a partir das imagens visíveis do texto. Para ele, a literatura pode ser vista como uma rede de significações, pois o texto literário não se fecha em si mesmo, mas coloca-se na tangência de outros textos e do próprio leitor. Sentimos assim o livro infantil como excelente oportunidade para a criança conhecer a língua escrita e a realidade que a cerca.

Góes (1991) afirma que o desenvolvimento da leitura literária entre as crianças resultará em um enriquecimento progressivo no campo dos valores morais, no campo racional, no campo da cultura e no campo da linguagem.

Tomando contato com esses estudos e considerando importante aproximar o ensino da matemática e o ensino da língua materna, percebemos que o trabalho com a matemática escolar seria enriquecido se pudesse ser feita uma conexão com a literatura infantil, isto é, acreditamos que a literatura poderia ser um modo desafiante e lúdico para as crianças pensarem sobre algumas noções matemáticas e, ainda, servir como um complemento para o material tradicionalmente utilizado nas aulas: a lousa, o giz e o livro didático.

Integrar literatura nas aulas de matemática representa uma substancial mudança no ensino tradicional da matemática, pois, em atividades desse tipo, os alunos não aprendem primeiro a matemática para depois aplicar na história, mas exploram a matemática e a história ao mesmo tempo.

Interrogado pelo texto, o leitor volta a ele muitas vezes para acrescentar outras expectativas, percepções e experiências. Dessa forma, a história contribui para que os alunos aprendam e façam matemática, assim como exploram lugares, características e acontecimentos na história, o que permite que habilidades matemáticas e de linguagem desenvolvam-se juntas, enquanto os alunos leem, escrevem e conversam sobre as ideias matemáticas que vão aparecendo ao longo da leitura. É nesse contexto que a conexão da matemática com a literatura infantil aparece.

Em termos gerais, entendemos que estabelecer conexão em matemática pode implicar em:

a) relacionar as ideias matemáticas à realidade, de forma a deixar clara e explícita sua participação, presença e utilização nos vários campos da atuação humana, valorizando, assim, o uso social e cultural da matemática;

b) relacionar as ideias matemáticas com as demais disciplinas ou temas de outras disciplinas;

c) reconhecer a relação entre diferentes tópicos da matemática relacionando várias representações de conceitos ou procedimentos umas com as outras;

d) explorar problemas e descrever resultados usando modelos ou representações gráficas, numéricas, físicas e verbais.

É nesses termos e com tais preocupações que propomos a conexão da matemática com a literatura infantil para propiciar a relação matemática/linguagem.

Consideramos que, através da conexão entre literatura e matemática, o professor pode criar situações na sala de aula que encoragem os alunos a compreenderem e se familiarizarem mais com a linguagem matemática, estabelecendo ligações cognitivas entre a linguagem materna, conceitos da vida real e a linguagem matemática formal, dando oportunidades para eles escreverem e falarem sobre o vocabulário matemático, além de desenvolverem habilidades de formulação e resolução de problemas, enquanto desenvolvem noções e conceitos matemáticos.

Discutimos ser inegável a impregnação entre a matemática e a língua materna. Ainda que a primeira possua uma simbologia própria e bastante específica, para ler em matemática e interpretar os símbolos fazemos uma "tradução" para a linguagem usual.

Machado (1990) afirma que todos os dias, nos jornais, nas revistas, na televisão e em outras situações comuns à vida das pessoas, usa-se uma linguagem mista. Parece mesmo que é a escola que se encarrega de estabelecer um distanciamento entre essas duas formas de linguagem de tal modo que cria uma barreira quase que intransponível entre elas. Parece-nos que a literatura infantil pode ser um dos recursos a ser utilizado pelo professor para diminuir tal distanciamento.

É certo que a linguagem matemática consiste de símbolos bem definidos que representam conceitos fundamentais, mas também é certo que para expressá-los oralmente tomamos emprestados termos da língua materna que podem ter diferentes significados dentro e fora da matemática e para construir a compreensão da linguagem unidimensional da matemática se faz necessário que o aluno tenha noção da diversidade de seu uso.

Ora, há indícios, segundo Lerma (1990), de que o nível ou grau de compreensão de um conceito ou ideia está intimamente ligado à possibilidade de quem aprende comunicar esse conceito ou ideia, ou seja, é importante e necessário encontrar sentido nos símbolos da ciência matemática e compreender os seus significados para poder raciocinar e expressar-se com linguagem específica da matemática. Portanto, o que consideramos como comunicação matemática não envolve apenas a aprendizagem de uma lista de termos matemáticos isolados, é muito mais que isso, para nós, a comunicação será, como afirma Kaufman (1995), um processo através do qual a mensagem elaborada por um emissor chega ao receptor; nesse sentido, comunicar-se em matemática envolve uma ativa negociação entre falantes e ouvintes que, dessa forma, revêem, clareiam e explicitam seus pensamentos acerca das ideias discutidas.

Dessa forma, as atividades que requerem interpretação e comunicação, tais como leitura, ajudarão os alunos a esclarecer, refinar e organizar seus pensamentos, melhorar na interpretação, na abordagem e na solução de problemas matemáticos e desenvolver uma melhor significação para a linguagem matemática. A leitura de peças de literatura infantil nos parece adequada a essa finalidade, uma vez que elas "convidam" o leitor a participar, a emitir opiniões e, ao mesmo tempo, encorajam-no a usar uma variedade de habilidades de pensamento — classificação, ordenação, levantamento de hipóteses, interpretação e formulação de problemas. Acreditamos que a literatura infantil, usada de modo desafiante, pode convidar a múltiplas interpretações e auxiliar a restaurar o som de diferentes vozes no discurso matemático da sala de aula.

Por fim, queremos colocar em foco o aspecto do lúdico, da fantasia como elemento importante da conexão matemática/literatura infantil. Kaufman afirma que os textos literários exigem que o leitor compartilhe do jogo da imaginação para captar o sentido de coisas não ditas, de ações inexplicáveis, de sentimentos não expressos.

Essa força, digamos, imaginativa da literatura, que traz consigo uma dose de fantasia e magia bastante forte, interessa-nos na conexão aqui proposta. Isso porque sabemos que, muitas vezes, desde muito cedo, a fantasia e a imaginação adquirem na escola, e principalmente nas atividades referentes à matemática, um sentido pejorativo, ou as ações pedagógicas ligadas a essa disciplina escolar traçam uma fronteira que não permite que fantasia e realidade se articulem como seria desejável. Isso ocorre por dois motivos: o primeiro deles diz respeito a um certo modismo que tem tomado conta do discurso sobre ensino de matemática, pregando que, para que ele seja bom, deva estar pautado na realidade de vida do aluno. Certamente é desejável que exista uma efetiva relação entre a matemática escolar e a vida cotidiana do aluno, mas isso não pode de modo algum significar uma subordinação da matemática às exigências do dia-a-dia.

O segundo motivo que deixa a fantasia fora de nossas aulas baseia-se na concepção equivocada de que ela está ligada de modo intrínseco ao irreal, ao desajustado, àquilo que não tem valor prático, fantasiar significaria estar permanentemente enganado.

Ora, Vygotsky (1990) afirma que a imaginação e a fantasia constituem a base de toda atividade criadora e se manifestam por igual em todos os aspectos da vida cultural, possibilitando a criação artística, científica e técnica. Para esse teórico, é falso contrapor fantasia e ilusão à realidade, uma vez que todos os objetos da vida diária, sem excluir os mais simples e habituais, vêm a ser algo assim como a fantasia cristalizada e que o exagero, a fantasia, a imaginação em geral são tão necessários na arte como na ciência; sem eles, poucos avanços teriam sido feitos na história da evolução científica e tecnológica. Sob essa ótica, propomos que a conexão matemática/literatura infantil seja usada para iniciar o restabelecimento do lugar de direito que a fantasia, fonte de interpretação da realidade, deve ter nas aulas de matemática.

Todo o trabalho que estamos propondo através da literatura está vinculado a uma concepção de leitura que não se resume à simples decodificação da língua escrita.

Consideramos que toda leitura é simbólica e para se efetuar depende de uma *boa* competência para decodificação, uma *transação* permanente entre quem lê e o que é lido. Isso significa que ler é um ato de construção na interação entre o leitor e o texto, um *processo* no qual o pensamento e a linguagem estão envolvidos em trocas contínuas.

Ler é uma atividade dinâmica, que abre ao sujeito que lê amplas possibilidades de relação com o mundo e compreensão da realidade que o cerca, que permite a ele se inserir no mundo cultural da sociedade em que vive.

O leitor deve levar para a leitura toda a sua experiência, sua cultura, seu conhecimento prévio, seu controle linguístico, suas atitudes e esquemas conceituais. Segundo Kleiman (1989), a compreensão de um texto *é* um processo que se caracteriza pela utilização que o leitor faz, na leitura, do conhecimento que ele adquiriu ao longo da sua vida: o conhecimento linguístico, o conhecimento textual, o conhecimento de mundo. Para chegar à compreensão do que leu e, consequentemente, para aprender algo novo a partir da leitura realizada, é necessário que os conhecimentos prévios sejam ativados durante a leitura, é preciso que o leitor indague, questione, busque e procure identificar os aspectos relevantes de um texto, encontre pistas e perceba os caminhos que o texto sugere.

Na concepção da leitura como objeto de estudo da psicolinguística, vários fatores têm sido considerados, mas, sem dúvida, a compreensão em leitura é a pedra de toque. Ainda que não esteja suficientemente esclarecida, já que se trata de um processo "encoberto", uma vez que cognitivo, alguns pontos sobre essa questão parecem ser de concordância entre os pesquisadores do tema:

a) A compreensão de um texto parece uma tarefa difícil, porque abrange muitas das possíveis dimensões do ato de compreender; entre outras coisas, podemos citar: compreensão de frases, argumentos, provas formais, informais, objetivos, intenções, ações e motivações.

b) A compreensão envolve uma multiplicidade de processos cognitivos, tais como: interpretação, decodificação, análise, síntese, seleção, antecipação e autocorreção.

c) A compreensão de um texto prevê que o leitor teça suposições, formule hipóteses e estabeleça objetivos pessoais para a leitura.

d) A compreensão do texto lido envolve ação organizada e analítica de ideias e está intimamente ligada ao interesse que o leitor terá pelo assunto do texto.

e) A compreensão é anterior a algumas outras variáveis envolvidas no processo de leitura: interesse despertado, velocidade de leitura e aprendizagem resultante da leitura.

f) Quanto mais compreensão, mais o leitor poderá aprender a partir do que lê.

Assim, podemos dizer que para ler e compreender o texto é preciso que haja uma confluência entre métodos interpretativos, maneiras de pensar e estilos de expressão entre o autor e o leitor do texto. Com base nessas considerações, é possível observar que, se há uma intenção de que o aluno aprenda através da leitura, não basta pedir para que ele leia. Também não é suficiente relegar a leitura às aulas de língua materna. Uma vez que a leitura é construtiva e, essencialmente, uma busca de significado, o simples passar de olhos, a simples decodificação não gera aprendizagem; também não a gera um trabalho baseado em meras respostas a questionários ou o completar de lacunas em frases extraídas do próprio texto.

Goodman afirma que, havendo o desejo do aprendizado efetivo e a consideração de que a leitura é um processo único, independentemente do nível de capacidade com que esse processo é utilizado, o trabalho para formar um leitor eficiente deve ser suficientemente flexível para permitir diferenças, para que o leitor estabeleça objetivos, formule hipóteses e realize atividades que pressuponham reflexão e controle consciente sobre o próprio fazer, sobre o próprio conhecimento e sobre a sua capacidade de compreender o que lê. Tais processos são individuais, mas os adultos podem propor atividades que propiciem o desenvolvimento e aprimoramento de tais estratégias metacognitivas.

Na verdade, há a necessidade de trabalhar o texto desenvolvendo a capacidade do leitor de compreender o que lê para que, muito além do passar de olhos, ele interprete as marcas formais do texto escrito, perceba suas articulações estruturais, construa uma rede de ligações ou esquemas e articulações que lhe oriente na percepção e utilização das regras escolhidas para o estabelecimento da coesão, da coerência e da elaboração da macro e da microestrutura do texto lido. Tal rede deve servir para que ele alcance as informações acima não só no texto que lê num dado momento, mas também com o objetivo de que ela seja acionada a cada nova leitura, inclusive estabelecendo relações e fazendo inferências entre os conhecimentos e ideias apresentados em diferentes textos escritos. Sobre isso, Lajolo (1994) afirma que cada leitor, na individualidade de sua vida, vai entrelaçando o significado pessoal de suas leituras com os vários significados que, ao longo da história de um texto, esse foi acumulando. Cada leitor tem a história de suas leituras, cada texto, a história das suas. Leitor maduro é aquele que, em contato com o texto novo, faz convergir para o significado deste o significado de todos os textos que já leu.

O ato de ler está fundamentado nos atos humanos de compreender e interpretar o mundo, pois deve ser uma combinatória de experiências, informações, leituras e imaginações. A escola deveria tomar para si a responsabilidade de ensinar leitura para os alunos nessa perspectiva, e isso poderia ser feito em todas as áreas, inclusive em matemática, uma vez que o discurso matemático pode ser tornado como a articulação ou a inteligibilidade possível das ideias matemáticas que o homem compreende, interpreta e comunica em uma linguagem.

A literatura infantil e a resolução de problemas em matemática

Acreditamos que, se um determinado material usado em aulas de matemática estiver adequado às necessidades do desenvolvimento da criança, as situações-problemas colocadas a ela enquanto manipula esse material fazem com que haja interesse e sentimento de desafio na busca por diferentes soluções aos problemas propostos. Consideramos a literatura infantil um material desse tipo.

Para explicitar melhor essa relação entre a literatura infantil e os problemas, julgamos necessário refletir um pouco sobre como se dá o trabalho com a resolução de problemas nas aulas de matemática.

De modo geral, os problemas que propomos aos nossos alunos são do tipo padrão. Isto é, podem ser resolvidos pela aplicação direta de um ou mais algoritmos; a tarefa básica na sua resolução é identificar que operações ou algoritmos são apropriados para mostrar a solução e transformar a linguagem usual em linguagem matemática; a solução numericamente correta é ponto fundamental; a solução sempre existe e é única; o problema é apresentado por meio de frases, diagramas ou parágrafos curtos e vem sempre após a apresentação de determinado conteúdo ou algoritmo; todos os dados de que o resolvedor necessita aparecem explicitamente no problema.

Combinadas essas características, a maioria dos problemas convencionais acaba transformando o que deveria ser um processo de investigação em uma retórica, no sentido de apenas formular e responder questões, e gera uma busca frenética por uma sentença matemática que leve a uma resposta correta.

Quando adotamos os problemas-padrão como único material para o trabalho com resolução de problemas na escola, podemos levar o aluno a uma postura de fragilidade diante de situações que exijam criatividade. Ao deparar com um problema em que não identifica a operação a ser utilizada, só lhe resta desistir e esperar a resposta do professor ou de um colega. Algumas vezes, ele resolverá o problema mecanicamente sem ter entendido o que fez e não será capaz de confiar na resposta que encontrou, ou, mesmo, de verificar se ela é adequada aos dados apresentados no enunciado.

Por envolver, entre outros aspectos, a coordenação do conhecimento, experiência anterior, intuição, confiança, análise e comparação, a resolução de problemas é uma atividade complexa que não pode ser reduzida a um algoritmo, através do qual o aluno chegue a uma solução seguindo regras preestabelecidas.

Para iniciar uma mudança nesse quadro, é preciso, em primeiro lugar, que consideremos um problema como uma situação na qual o resolvedor não tem a garantia de obter a solução com o uso direto de um algoritmo. Tudo que ele conhece tem de ser combinado de maneira nova para que ele resolva o que está sendo proposto. Desse modo, um bom problema deve ser interessante, desafiador e significativo para o aluno, permitindo que ele formule e teste hipóteses e conjecturas.

Em segundo lugar, essa mudança traz implícita uma série de habilidades em resolução de problemas que esperamos ver desenvolvidas em nossos alunos. São elas: desenvolver e aplicar estratégias para resolver uma grande variedade de problemas; formular problemas a partir de situações matemáticas ou não; verificar e interpretar resultados com respeito ao problema proposto; usar resolução de problemas para investigar e entender os conteúdos matemáticos; adquirir confiança em usar matemática.

Isso implica dizer que nossa proposta para a resolução de problemas não se restringe a uma simples instrução de como se resolver um problema ou determinados tipos de problemas. Não se trata também de considerar a resolução de problemas como um conteúdo isolado dentro do currículo. Acreditamos que a resolução de problemas é uma metodologia de trabalho, através da qual os alunos são envolvidos em "fazer" matemática, isto é, eles se tornam capazes de formular e resolver por si questões matemáticas e através da possibilidade de questionar e levantar hipóteses adquirem, relacionam e aplicam conceitos matemáticos.

Sob esse enfoque, resolver problemas é um espaço para fazer colocações, comunicar ideias, investigar relações é um momento para desenvolver noções e habilidades matemáticas.

Desenvolver a habilidade de resolver problemas pode criar conexões entre o entendimento informal que a criança traz para a escola e o conhecimento formal esboçado pelo currículo de matemática.

Essa mudança de postura exige também que busquemos outras fontes, além do livro didático, que propiciem ao aluno a aquisição de novos conceitos ou habilidades e, neste trabalho, tentamos mostrar que a literatura infantil explorada via metodologia da resolução de problemas é um recurso rico para ser utilizado com essa finalidade.

Em primeiro lugar, porque os livros infantis não exigem inicialmente do leitor outras informações, além daquelas que ele traz da sua própria vivência. Por isso, ao propormos os primeiros problemas, ainda durante a leitura da história, o aluno os resolve usando os recursos que tem e dados do próprio texto, sem preocupar-se em saber ou não a "conta" que deve usar, ou sem medo de errar a resposta.

Em segundo lugar, a literatura é facilmente acessível e proporciona contextos que trazem múltiplas possibilidades de exploração, que vão desde a formulação de questões por parte dos alunos até o desenvolvimento de múltiplas estratégias de resolução das questões colocadas.

Em terceiro lugar, a literatura infantil exige leitura e estimula a capacidade de interpretação de diferentes situações, o que também é uma habilidade essencial para um melhor desempenho dos alunos em resolução de problemas.

Em quarto lugar, essa conexão da matemática com a literatura infantil propicia um momento para aprender novos conceitos ou utilizar os já aprendidos.

Em quinto lugar, a leitura do texto necessariamente pede debate, diálogo, crítica e criação. Explorar problemas nesse contexto pode auxiliar os alunos a transferir esse processo para outras situações de resolução de problemas.

E, por fim, o uso da literatura infantil em conexão com o trabalho de resolução de problemas permite aos alunos e professores utilizarem e valorizarem, naturalmente, diferentes estratégias na busca por uma solução, tais como desenho, oralidade, dramatização, tentativa e erro, que são recursos normalmente esquecidos no trabalho tradicionalmente realizado nas aulas.

Essa conexão da matemática com a literatura infantil propicia um momento para aprender novos conceitos ou utilizar os já aprendidos. Mais que isso, apresenta um contexto que, por trazer uma multiplicidade de significações, evidencia a leitura e o conhecimento de mundo de cada leitor, suas experiências, suas perspectivas, suas preferências pessoais e sua capacidade de articular informações presentes no texto, com outras não presentes.

A seleção dos livros com vistas ao trabalho matemática/literatura infantil

O primeiro aspecto a ser considerado quando vamos pensar na conexão entre a matemática e a literatura infantil diz respeito à seleção dos livros que pretendemos utilizar.

Neste trabalho, levaremos em conta os mesmos critérios normalmente presentes no trabalho com a literatura infantil relacionado à língua materna. Assim, ao observar um livro que pretenda apresentar aos alunos, o professor deve refletir se os assuntos que ele aborda têm relação com o mundo da criança e com os interesses dela, facilitando suas descobertas e sua entrada no mundo social e cultural.

Também é importante observar que os assuntos, a linguagem, a apresentação e os valores do livro correspondam ao desenvolvimento psicológico e intelectual do leitor. Dessa forma, no entender de Abramovich e Góes, torna-se necessário, ao analisar a obra, verificar a qualidade da impressão, verificar se o livro transmite um sentimento de respeito e dignidade pela pessoa humana, refletir se o livro transmite informações objetivas e fidedignas.

No referente à matemática, mais especificamente, o professor pode selecionar um livro tanto porque ele aborda alguma noção matemática específica, quanto porque ele propicia um contexto favorável à resolução de problemas.

Muitos livros trazem a matemática inserida ao próprio texto, outros servirão para relacionar a matemática com outras áreas do currículo; há aqueles que envolvem determinadas habilidades matemáticas que se deseja desenvolver e outros, ainda, providenciam uma motivação para o uso de materiais didáticos. Um livro, às vezes, sugere uma variedade de atividades que podem guiar os alunos para tópicos matemáticos e habilidades além daquelas mencionadas no texto. Isso significa que, "garimpando" nas entrelinhas, podemos propor problemas utilizando as ideias aí implícitas. Em todos os casos, a história deverá propiciar um contexto fértil para a resolução de problemas.

Ao utilizar livros infantis, os professores podem provocar pensamentos matemáticos através de questionamentos ao longo da leitura, ao mesmo tempo em que a criança se envolve com a história. Assim, a literatura pode ser usada como um estímulo para ouvir, ler, pensar e escrever sobre matemática. É sempre bom deixar claro que uma mesma história deve ser lida e relida entre uma atividade e outra, para que as crianças possam perceber todas as suas características e, por isso, um mesmo texto pode ser utilizado em diferentes momentos do ano.

Para iniciar o trabalho, é importante, em primeiro lugar, que o professor goste de ler e tenha em mãos os livros com os quais queira trabalhar para que possa conhecer a história, visualizar as gravuras, que muitas vezes sugerem a exploração de um ou mais temas, e também para que possa elaborar atividades que sejam adequadas à classe com a qual está trabalhando. Além disso, é imprescindível ter claros os objetivos que se deseja atingir com o projeto a se elaborar para o livro escolhido. Do mesmo modo, salientamos a importância do professor ser criterioso na escolha das obras e estar atualizado com a produção de livros de literatura infantil para que tenha um leque amplo de alternativas de escolha.

Em segundo lugar, é fundamental que os alunos conheçam a história e se interessem por ela. Os alunos precisam ter direito à recreação, ao prazer da leitura gratuita e ao sonho. Para isso, o professor deve lembrar sempre de deixar o livro ser manuseado, folheado, buscado, separado, revisto até que a curiosidade seja despertada. Também é possível recorrer inicialmente aos mesmos recursos que são utilizados ao trabalhar as histórias nas aulas de língua materna, e é importante que se faça assim para que as atividades surjam naturalmente como uma extensão do que os alunos estão acostumados a fazer com os textos infantis.

Seja qual for a forma pela qual se leve a literatura infantil para as aulas de matemática, é bom lembrarmos que a impressão fundamental da história não deve ser distorcida por uma ênfase indevida em um aspecto matemático. Também não devemos esquecer que uma exploração do texto literário não deve ser colocada em segundo plano, sob pena de tomar ingênua ou falsa a interpretação e a leitura do texto literário. Após uma leitura, há muito o que discutir, o que analisar, o que fazer para a criança perceber e opinar criticamente.

Como afirma Calvino (1991), a literatura é método de conhecimento, uma teia de conexões entre fatos, pessoas e coisas do mundo. Para ele, a literatura superpõe diversos níveis de linguagem e o uso da literatura deve fazer o leitor contemplar horizontes cada vez mais vastos como se fosse desenvolver-se numa rede, em todas as direções, para abraçar o universo inteiro.

Isso ocorre se tivermos o cuidado de deixar que o leitor explore todo o potencial do texto, com todas as suas palavras, suas *nuances,* sua variedade de formas verbais, sintáticas, suas conotações e efeitos os mais variados. Nenhum trabalho escolar, tenha a finalidade que for, pode perder de vista tais considerações.

A seguir, iniciaremos um relato de experiência. Antes de começar a descrever a atividade, no entanto, gostaríamos de dizer que *todos* os relatos que forem feitos no presente trabalho são referentes a experiências desenvolvidas em duas escolas: *Colégio Emilie de Villeneuve,* na cidade de São Paulo, e *Colégio Salesiano Dom Bosco de Americana,* na cidade de Americana, estado de São Paulo.

As propostas foram elaboradas sob a nossa supervisão e desenvolvidas pelas professoras, cujo trabalho cm classe muitas vezes acompanhamos.

Um exemplo que podemos dar de uma atividade que envolve a matemática e a literatura infantil como possibilidade de trabalho com o par matemática/língua é o desenvolvido a partir da obra *"Sabe de quem era aquele rabinho?",* de Elza Cesar Sallut, editora Scipione.[9]

O livro conta a história de um elefante que vai viajar e resolve dar uma festa de despedida para os seus amigos. Durante a festa, é tirada uma foto de recordação, na qual aparece um rabinho estranho. Todos se espantam com aquele rabo que aparece na foto e tentam descobrir a qual dos convidados ele pertence.

---

[9] Trabalho desenvolvido no Colégio Emilie de Villeneuve.

No trabalho com esse livro, são abordadas noções de contagem, sequência numérica, medida de comprimento e construção de gráfico.

Este trabalho foi desenvolvido com crianças de cinco a seis anos e iniciou-se com as professoras contando a história para os alunos e verificando o interesse dos mesmos pelo texto. Uma vez que as crianças demonstraram gostar do texto, o trabalho prosseguiu com a utilização de diferentes recursos em cada classe: dramatização, fantoches, personagens feitos em dobradura, e outros. Usar essas diferentes técnicas permitiu às professoras trabalhar com transferências de linguagens, o que se constitui em um elemento importante tanto para o letramento quanto para a formação de processos de leitura. Mais que isso, mostrou à professora, como já levantamos anteriormente, que o estudo de conceitos matemáticos presentes num livro de literatura não deve jamais prescindir de uma completa análise dos recursos literários do texto, sob o risco de haver uma completa deturpação dos significados e da importância da literatura infantil.

O livro em questão não possui número nas páginas, o que permitiu que a professora tirasse proveito disso para realizar um trabalho envolvendo contagem, escrita dos números, ordenação e sequência, pedindo às crianças que numerassem as páginas ou que localizassem determinada figura à página 8, por exemplo.

O mais enriquecedor, no entanto, foi a proposta de que, antes de chegar ao final da história, a professora perguntasse aos alunos se alguém sabia de quem era aquele rabinho e quais dos animais que apareciam no texto possuíam rabos parecidos com aquele. A tarefa foi proposta num certo tom de "suspense", com a finalidade de possibilitar a elaboração de hipóteses, a análise e a observação por parte das crianças. Tais habilidades são componentes essenciais tanto na formação de noções e conceitos de modo geral quanto na formulação e resolução de problemas em matemática. Nesse sentido, trabalhar com a exploração do enigma colocado pela história permitiu simular uma situação de resolução de problemas.

A seguir, mostramos outras propostas que foram desenvolvidas e algumas das soluções apresentadas pelas crianças.

As primeiras atividades sugeridas foram pequenos problemas orais propostos tanto utilizando o recurso do texto escrito quanto a leitura das imagens do livro e envolveram contagem, observação e comparação. Alguns problemas propostos:

– Quantos animais foram à festa?

– Qual o animal mais pesado que estava presente?

– Qual o animal mais leve que esteve presente? E o mais alto? E o mais baixo?

– Quais e quantos são os animais que estão presentes na festa, mas que não estão presentes na capa do livro?

Embora possa parecer simples, as crianças ficaram bastante envolvidas em cada questão proposta e, na busca para a solução dos problemas, cada aluno voltou ao texto várias vezes, o que propiciou muitas e diversificadas "leituras" da história e, assim, um grande envolvimento com o livro.

Um outro aspecto a salientar é que problemas matemáticos geralmente são propostos na escola apenas após os alunos estarem "alfabetizados". No trabalho com a literatura infantil, temos encontrado possibilidade de nos valer da *oralidade* como meio de comunicação entre alunos-professora e alunos-alunos, na intenção de propor problemas para alunos que ainda não leem. Isso porque, como já discutimos anteriormente, a linguagem oral é uma forma conhecida de manifestação do que a criança sente, pensa e concebe, o que permite que problemas de palavra sejam propostos e resolvidos antes mesmo do processo de letramento ter sido concluído.

Ainda que a expressão oral tenha sido o meio mais utilizado para a resolução dos problemas propostos, houve crianças que manifestaram o desejo de usar desenhos para registrar as soluções encontradas pela classe em algumas das situações propostas, especialmente naquelas nas quais estavam envolvidas relações entre alturas e pesos dos animais. Pode-se observar alguns desses registros logo a seguir:

Observe-se que, no primeiro registro, o desenho mostra a solução para os problemas sobre o animal mais alto e o mais baixo que aparece na história, respectivamente a girafa e a cobra.

No segundo desenho, a criança representou a onça como sendo o maior animal da história. Isso porque, segundo ela, a onça era o mais forte dos animais e o mais forte é sempre maior. Identificar essa concepção no desenho e na expressão oral da criança enquanto trabalhava o livro de literatura infantil permitiu à professora compreender por que toda vez que ela propunha, por exemplo, a identificação do maior aluno da classe essa criança do registro insistia em apontar uma colega que não era a mais alta, mas a mais gordinha. Enquanto a professora pensava em altura, o aluno pensava em volume, afinal há muitas formas de um objeto ser "maior" que o outro.

Antes de prosseguirmos com esse relato/exemplificação, é necessário que se diga que o trabalho com o livro desenvolveu-se ao longo de aproximadamente 15 dias e não foi feito de modo a esgotar todas as formas de exploração numa única vez.

Como a ideia fundamental era desenvolver uma ação conjunta matemática/linguagem, a resolução de problemas, a escrita e a elaboração de textos, individualmente ou em grupo, foram diretamente envolvidas nas propostas feitas às crianças em diferentes situações e oportunidades.

Uma tarefa individual consistia em os alunos imaginarem o que o elefante falou quando viu o rato — que era o animal ao qual o misterioso rabo pertencia. Vejamos algumas soluções encontradas pelas crianças:

"Sai rato. Você vai acabar com a nossa festa."

"Sai rato porque se não vamos acabar com você."

"Um rato aqui? Meu Deus do céu eu acho que estou sonhando".

Após a conclusão da tarefa, cada aluno contou aos colegas como havia imaginado a reação do elefante diante da descoberta do convidado indesejado. Em seguida, os trabalhos ficaram expostos na classe permitindo a troca de informações e ideias. Um fator muito interessante veio reforçar os objetivos estabelecidos para a proposta em desenvolvimento: durante o tempo que durou a "exposição" dos problemas na classe, foi frequente flagrar as crianças "lendo" os diferentes balões comparando e discutindo as soluções encontradas pelos amigos. Observar os alunos nessa situação permitiu às professoras perceberem as hipóteses de alfabetização das crianças, a capacidade de crítica em relação aos diferentes escritos e, até, a habilidade de cada um em propor novas soluções para o mesmo problema.

Quanto ao trabalho de matemática, ele esteve presente o tempo todo, uma vez que a tarefa foi considerada como um problema e o fato de os alunos compararem, criticarem e proporem novas soluções tinha como objetivo desenvolver essa postura para posteriores tarefas de resolução de problemas mais específicos de matemática. Usamos o trabalho com o texto como rota alternativa para abordar habilidades e noções matemáticas junto às crianças.

Um outro encaminhamento envolvendo solução de problemas/escrita deu-se quando as professoras solicitaram às crianças que, em grupos de quatro, imaginassem e escrevessem um outro final para a história. Vejamos algumas das soluções propostas:

"*A onça foi ver de quem era aquele rabinho. Ela puxou e sabe de quem era? Da minhoca e o elefante fugiu.*"

"O elefante chegou e perguntou aos seus amigos: chegaram todos? Sim chegaram. De quem era aquele rabinho? Aí o urso levantou o rabinho misterioso e era da minhoca."

"Quando o elefante foi bater a foto tchan, tchan, tchan, tchan...De quem é esse rabinho? Do macaco."

"O leão puxou o rabo da onça e a onça ficou brava e os dois discutiram e ai estragou a festa e o elefante não foi viajar mais."

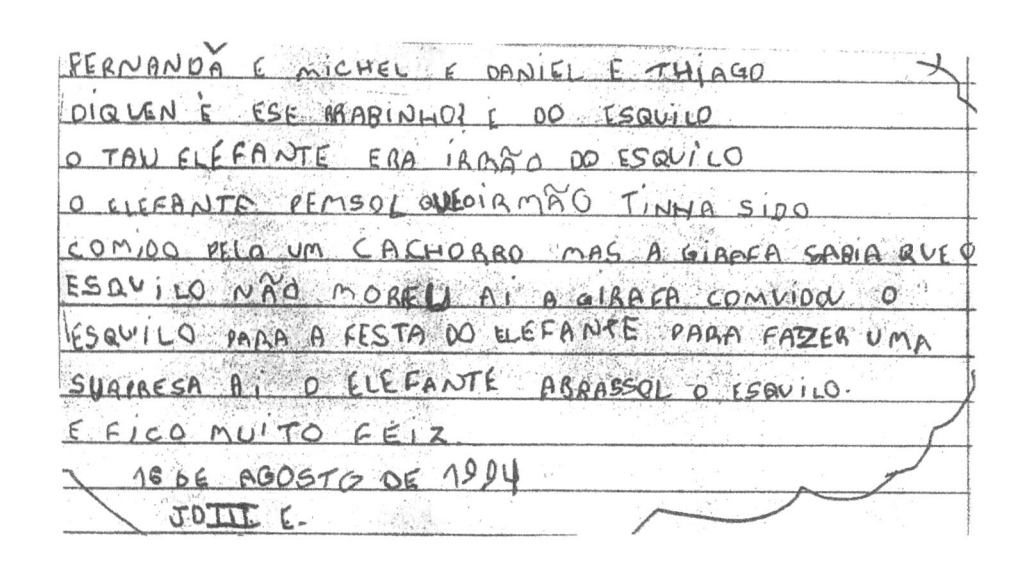

"De quem é esse rabinho? É do esquilo.
O tal elefante era irmão do esquilo. O elefante pensou que o irmão tinha sido comido pelo um cachorro mas a girafa sabia que o esquilo não morreu ai a girafa convidou o esquilo para a festa do elefante para fazer uma surpresa. Ai o elefante abraçou o esquilo e ficou muito feliz."

É interessante observar em cada um dos finais a influência do efeito "suspense" criado pela professora quando, ao iniciar o trabalho, pediu para que os alunos tentassem descobrir de quem era o misterioso rabinho. Provavelmente, nessa tarefa de reescrever o final da história, as crianças registraram as hipóteses que já haviam elaborado anteriormente. Note-se que cada ilustração, quando existe, mostra uma correspondência indiscutível com o texto escrito.

Após a idealização do novo final, cada grupo leu ou dramatizou sua produção para a classe que, então, discutiu e elegeu o final preferido. Ao longo da escolha, as professoras e as crianças anotaram os dados numa tabela e um gráfico foi organizado para expressar os resultados da votação. A seguir mostramos alguns gráficos construídos pelas crianças:

Mariana) (7 e - agosto) ♥ vara ♥

LEGENDA MAU LOBO
ESQUILO - ☐☐☐☐♡☐☐☐☐☐☐☐
MACACO - ☐☐☐☐☐☐☐
FILHOTE DE URSO - 3 ☐☐☐
LAGARTIX - 2 ■ ■

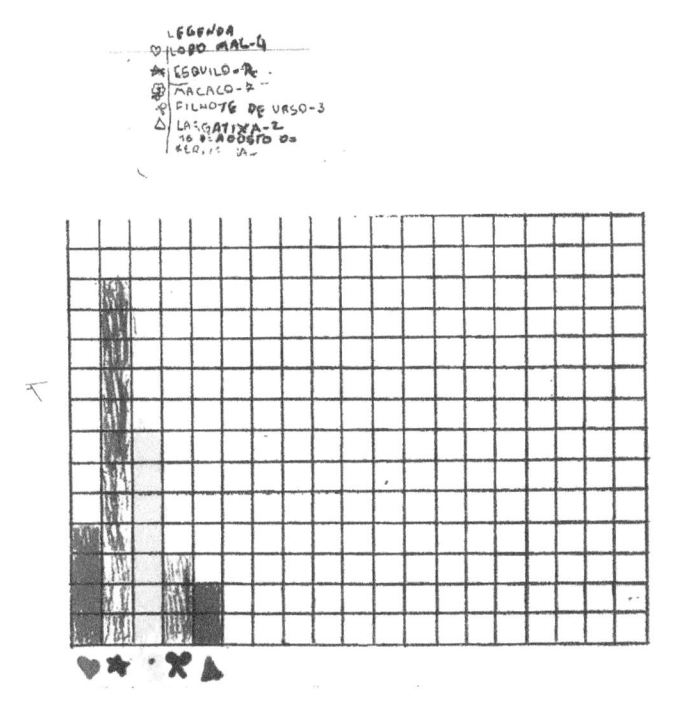

A coleta, organização e interpretação de dados é uma necessidade no processamento de informações que aparecem em jornais, revistas e pesquisas eleitorais, entre outras. Desde pequenas, as crianças devem estar envolvidas em atividades de coletar, organizar e descrever dados, pois durante a realização desse trabalho várias habilidades são desenvolvidas, como, por exemplo: exploração, investigação, conjectura e comunicação. Mais que isso, utilizar gráficos também é uma maneira de trabalhar com transferências de linguagem, otimizando, dessa forma, a relação matemática/língua.

Uma vez feitos os gráficos, algumas questões foram propostas, tais como:

— Que título podemos dar ao nosso gráfico?
— Quantos alunos votaram em cada final? Como o gráfico mostra isso?
— Qual foi o final mais votado? E o menos votado?
— Quantos votos o final que ficou em primeiro lugar teve a mais que o segundo? E a mais que o terceiro? Como podemos olhar isso no gráfico?

Alguns dos registros que mostram os gráficos expressam as soluções dadas pelas crianças para os problemas antes relacionados.

Em muitos dos registros apresentados até aqui, percebemos a interferência direta do desenho como meio de representação e comunicação de ideias por parte das crianças. Isso nos conduz à próxima parceria a ser examinada.

A Matemática na Educação Infantil 85

O matemático e o pictórico

Talvez a primeira impressão que cause a proposição dessa parceria seja de estranheza; afinal, que relação haveria entre uma competência eminentemente artística e outra tão relacionada ao racional, ao científico? Indo além, pode pairar a dúvida sobre ser ou não lícito fazer de tal aproximação um elemento relevante no trabalho com a matemática escolar. Pensar sobre isso está diretamente relacionado a uma necessidade de examinar, mesmo que brevemente, a relação ciência/arte.

Vygotsky (1984) afirma que podemos chamar de atividade criadora toda realização humana que produz algo novo, ainda que se trate de reflexos de algum objeto do mundo exterior ou de determinadas construções do cérebro ou do sentimento que vivem e se manifestam só no próprio ser humano. Para ele, o processo criativo, imaginativo, está condicionado tanto pelas causas subjetivas quanto pelas objetivas.

Nessa perspectiva, a imaginação, a sensibilidade e a capacidade criativa são tão necessárias na arte como na ciência.

Foi a civilização ocidental que se encarregou de relacionar o artístico, a imaginação, a fantasia, com o poético, o não científico. Dessa forma, estabeleceu-se uma rivalidade subliminar entre tudo o que rege uma postura científica e tudo o que rege uma postura artística.

Tal oposição, alimentada pelo pensamento ocidental racional, determinou também dois pólos conflitantes na vida psíquica, passando a dissociar o pensamento, a inteligência, o raciocínio, da imaginação, da intuição e do sensível. Em termos de ciência, tem valor o que é lógico, o que pode ser provado ou demonstrado, ficando alheio ao procedimento científico as metáforas, as intuições; os pares mente-corpo e razão-coração seriam totalmente dicotômicos. Não é preciso uma análise tão detalhada para verificar que essa dicotomia é aparente e que sensibilidade, intuição e criatividade são instrumentos para arte e para a ciência.

Ora, o desenho, expressão da competência pictórica, é pensamento visual, podendo adaptar-se a qualquer natureza do conhecimento, seja ele científico, artístico, poético ou funcional. Dessa forma, assumiremos que o desenho é linguagem tanto para a arte quanto para a ciência.

Observando tanto as diferentes formas da criança manifestar-se, desde a mais tenra idade, quanto o desenvolvimento das habilidades infantis, notamos que, desde muito cedo, a criança interessa-se por se expressar através do desenho. Toda criança desenha, basta ter um instrumento que deixe uma marca — dedo, varinha, lápis, pincel ou carvão e uma superfície para marcar — papel, vidro, parede, areia ou chão.

Olhando para essa ação natural de desenhar da criança, observaremos que ela desenha por prazer, para divertir-se. É como se o desenho fosse, para ela, um jogo.

Nesse jogo de desenhar, a criança encontra um recurso importante para a comunicação e a expressão de sentimentos, vontades e ideias. O desenho aparece à criança como uma linguagem, assim como o são o gesto ou a fala, e é sua primeira escrita. Segundo Moreira (1993), a criança desenha para dizer algo, para contar de si mesma, para fazer de conta. Nesse sentido, cada desenho teria em si uma origem para diferentes representações.

Segundo Derdyk (1989), o desenho manifesta o desejo da representação ao mesmo tempo em que é curiosidade, alegria, medo e afirmação. Nele, está sempre presente a intenção de *dizer algo*. Para essa autora:

> O desenho também é manifestação da inteligência. A criança vive a inventar explicações, hipóteses e teorias para compreender a realidade(...) Ela reconstrói suas hipóteses e desenvolve sua capacidade intelectiva e projetiva, principalmente quando existem possibilidades e condições físicas, emocionais e intelectuais para elaborar estas "teorias" sob a forma de atividades expressivas. (p.54)

O desenho é uma representação do real. Ao usar e fazer desenhos, a criança desenvolve uma forma de utilizar um substituto simbólico para o real e de extrair propriedades da realidade. A utilização de símbolos para construir representações abre à criança os domínios cada vez mais vastos da vida intelectual.

Segundo Vygotsky (1990), o desenho faz com que o aluno adquira uma nova linguagem que amplia seu horizonte, exprime seus sentimentos e lhe permite expressar imagens que de alguma forma puderam chegar à sua consciência, ou seja, enquanto desenha, a criança pensa no objeto de sua imaginação como se estivesse falando do mesmo.

A expressão pictórica associa-se naturalmente a manifestações artísticas de diversas naturezas, como a pintura, por exemplo, situando-se ainda no limite da instalação da linguagem escrita, ainda que não venha a ser substituída completamente por esta. Machado (1995) afirma que antes mesmo que a linguagem escrita seja acessível para a criança, os recursos pictóricos tornam-se elementos fundamentais na comunicação e na expressão de sentimentos, funcionando como um canal muito especial, através do qual as individualidades revelam-se, ou são construídas, expressando ainda, muitas vezes, características gerais da personalidade, ou, mesmo, sintomas dos mais variados desequilíbrios psíquicos.

Embora consideremos a importância do desenho como manifestação dos aspectos emocionais da criança, não é pretensão deste trabalho analisar os desenhos das crianças sob o enfoque psicológico e nem acreditamos que seja assim que ele deva ser pensado na escola. Nossa proposta é relacionar o matemático e o pictórico através do desenho, como uma forma de comunicação, como uma parte importante da percepção espacial, como uma possibilidade de a criança iniciar a construção de uma significação para as diferentes representações com as quais terá contato ao longo da escolaridade, inclusive aquelas relacionadas à matemática, e como uma forma de registro para as atividades realizadas.

No ato de desenhar, manifestam-se operações mentais como imaginação, lembrança, sonho, observação, associação, relação, simbolização, estando por isso implícita ao desenho uma conversa entre o pensar e o fazer.

Acreditamos que, das tais características do processo de desenho, sugerir que as crianças registrem através dele as impressões sobre as ações realizadas durante uma proposta de trabalho em matemática permite uma maior reflexão do aluno sobre o que realizou, ao mesmo tempo que dá ao professor pistas de como cada criança percebeu o que fez, como são expressas as reflexões pessoais de cada aluno e que interferências poderão ser feitas em outras situações para ampliar o conhecimento matemático envolvido numa dada atividade.

Enquanto realizam as tarefas propostas pelo professor, muitas vezes as crianças pequenas simplesmente brincam. Finda a atividade, no entanto, é possível que se use o recurso do desenho para que os alunos registrem o que fizeram, reflitam sobre as suas ações, e para que o professor perceba se o aluno observou, apreendeu e apropriou-se dos aspectos mais relevantes que foram estabelecidos como objetivo ao elaborar-se determinada tarefa. É como se estivéssemos considerando o desenho como fotografia mental, memória visível do acontecido. Vejamos alguns exemplos que ilustram as funções do desenho como foi sugerido até aqui.

Algumas vezes ao longo do ano, as crianças na educação infantil são incentivadas a realizar sequências utilizando o próprio corpo. Por envolver a busca de regularidades e a formação de padrões numa organização linear, o trabalho com formação de sequência visa tanto à abordagem de aspectos numéricos quanto geométricos.

Às crianças de cinco ano[10] foi proposto que descobrissem o "segredo" de uma sequência organizada pelo professor com alguns alunos da classe. Aquele que descobrisse qual a regra utilizada deveria levantar-se da roda e posicionar-se na fila conforme julgasse correto. Cada tentativa era discutida com a classe e, ao final da atividade, o professor sugeriu que as crianças expressassem os resultados de suas experiências através de desenhos. O trabalho de desenho não teve interferência do professor, pois a intenção era que os registros fossem feitos conforme as concepções presentes para as crianças no exato momento do registro. Observemos alguns resultados:

Regra: um *em pé, um sentado; um em pé, um sentado...*

---

[10] Trabalho realizado no Colégio Emilie de Villeneuve, S.P.

Observe-se o detalhe da cor, introduzida como elemento que fortalece a representação de diferentes posições na sequência, e das pernas, que são colocadas numa tentativa de mostrar a regra da sequência. Os bonecos em azul representam as crianças sentadas e os vermelhos são as crianças em pé. Atente-se para o detalhe do cabelo na representação das meninas.

Vejamos mais um registro:

Regra: perna aberta, perna fechada; perna aberta, perna fechada...

Observe-se a simbolização criada pela criança para diferenciar cada elemento da sequência.

Na representação pictórica que segue, a criança também se utiliza da cor para diferenciar os elementos e deixar clara a lei de formação da seqüência, no entanto, há um outro detalhe a ser observado. O cabelo de um dos bonecos talvez pareça estranho e exagerado ao adulto que olha a representação, mas o "desenhista" o colocou dessa forma para ser um elemento diferenciador dos outros bonecos, numa tentativa de representar a si mesmo.

Regra: alto, baixo, alto, baixo...

Como várias sequências foram organizadas e foi possível realizar a representação livremente, cada criança optou por representar a proposta mais significativa para si, mas os critérios utilizados como regra de formação são explicitados com clareza em cada desenho.

Ao contrário do que possa parecer através desses registros, o espaço do desenho é uma conquista progressiva e seu processo é longo. Quando a criança rabisca, ela não está concebendo o objeto e o espaço, pois nem o objeto nem o espaço estão, num primeiro momento, sendo percebidos em sua totalidade.

É apenas quando a criança desenha para contar de si mesma, para representar intencionalmente algo que viveu, que aparece a função simbólica e, então, símbolos tais como cores, traços ou sinais passam a ser utilizados para evocar, pelo desenho, objetos da sua realidade, na forma como os concebeu. De acordo com Derdyck, a criança projeta no desenho o seu esquema corporal, deseja ver a sua própria imagem refletida no espelho do papel. Os traços, os rabiscos, as garatujas estão ali, à mostra, escondendo os índices de uma realidade psíquica não imediatamente acessível, exibindo uma atividade profunda do inconsciente. Existe uma vontade de representação, assim como também existe uma necessidade de trazer à tona desejos interiores, comunicados, impulsos, emoções e sentimentos.

Isso demanda tempo, observação, paciência e interferência por parte de quem está envolvido com o desenvolvimento da criança.

O desenho como expressão do pensamento tende a conquistar novas formas com o crescimento da criança e, como linguagem, precisa conquistar um vocabulário cada vez mais amplo, sem perder a intensidade e a certeza de seu traço. Nesse sentido, a criança que tem muitas oportunidades para desenhar certamente irá explorar uma maior quantidade de tipos variados de grafismos.

Isso significa que, para alcançar um conjunto de ideias que darão suporte à ação no desenho, é necessário que a criança atinja certo grau de desenvolvimento cognitivo, mas, conforme Iavelberg (1995), tal desenvolvimento não garante, porém, que a criança alcance o nível que lhe poderia ser correspondente em relação às representações sobre desenho, pois a construção das representações sobre o objeto desenho, que guiarão a ação do sujeito desenhista, dependem, por um lado, de oportunidades de interação no meio sociocultural, e, por outro, de sua ação sobre desenhos.

Analisando dessa forma, podemos trazer o seguinte exemplo envolvendo o conhecido jogo de amarelinha.

Logo no início do ano letivo de 1993, as professoras da escola infantil[11] iniciaram o jogo de amarelinha com crianças de quatro a cinco anos. Esse jogo foi escolhido por envolver muitas habilidades relacionadas à construção das noções espaciais e numéricas pelas crianças. Após a primeira vez que a tarefa foi realizada, a professora solicitou que as crianças contassem algo sobre a brincadeira através de um desenho. Observe-se o registro que segue, produzido por um aluno em fevereiro.

---

[11] Trabalho realizado no Colégio Ernilie de Villeneuve, S.P.

A semelhança que ele guarda com o jogo pode ser percebida apenas na cor. Provavelmente o mais significativo na atividade foi "amarelinha" como cor.

A atividade foi repetida algumas vezes ao longo do semestre e a cada finalização a solicitação de registro foi a mesma. Observemos os registros da mesma criança feitos, respectivamente, em fevereiro, abril, maio e junho:

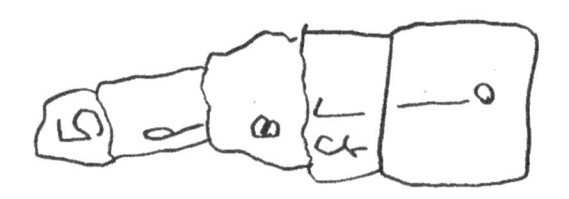

MAI/93

VAMOS PULAR
AMARELINHA

AMARELINHA

CASSIO

EU

JUN/93

A evolução nas formas de representação da amarelinha pela criança é notória, seja com relação a questões espaciais ou através da inserção de elementos mais próximos ao que se vê no tabuleiro de uma amarelinha. Derdyck afirma que a diferenciação e a identificação de formas demonstram a existência de memória, de seleção de interesses, de ganho de habilidade motora. Surge também na observação da evolução dos registros a certeza de uma intenção manifesta, o ato deliberado de representar o que se queria dizer sobre a amarelinha. O que antes acontecia por acaso, agora é um ato deliberado; desenho para contar o que vi e vivi. Atribuímos essa evolução a dois fatores simultâneos e complementares.

O primeiro fator baseia-se no conhecimento de que uma *evolução* surge no amadurecimento da própria criança, que passa a ser capaz de estabelecer um compromisso com o real, o que permite não apenas a manipulação de símbolos que representam o ambiente, mas também uma busca crescente de que o objeto desenhado se assemelhe ao objeto representado. A fantasia envolvida no desenho, que se manifestava pelo descompromisso com o real, passa a manifestar-se ao nível da ideia representada, da necessidade de ser fiel ao que vê, ao que observa em seu redor.

O segundo fator desvela-se no princípio da *comunicação*. A professora da criança em questão apoiou-se na concepção de que cada desenho possui um potencial comunicativo natural, além de propiciar uma organização da experiência vivida. O respeito às concepções espontâneas da criança ao representar graficamente relações criadas em sua mente enquanto brincava garantiu que ela se apropriasse, progressivamente, de diferentes sinais que lhe permitiram expressar com mais clareza suas interpretações, sensações e pensamentos.

Aliado a esse respeito pela representação espontânea, a professora propiciou momentos de reflexão sobre os registros produzidos, incentivando a discussão na classe sobre os diferentes desenhos, promovendo a troca de representações entre as crianças para que fosse possível elas conversarem e intercambiarem impressões, sensações e interpretações e expondo os trabalhos realizados em lugar acessível para que, durante algum tempo, todos os alunos pudessem "visitar" e "ler" seu próprio desenho e o dos amigos. Os desenhos receberam de seus autores uma interpretação, aliada a comentários verbais, como se os registros fossem o prolongamento das ações realizadas na brincadeira.

A interpretação verbal que a criança realiza ao ver ou fazer o seu desenho muitas vezes se transforma numa história, podendo ser pura constatação ou atribuição de valor. Isso ocorre, de acordo com Moreira, porque o signo visual é aberto e contém um feixe grande de possíveis significações. Há vezes em que a interpretação verbal feita pela criança é mais rica e criativa do que o próprio desenho, que, então, passa a funcionar como suporte da fala, da narração verbal.

Ao realizar esse trabalho, criou-se junto à classe a figura do interlocutor, isto é, cada criança percebeu que seu desenho teria um leitor que não era em primeira instância a professora e que, em certos momentos, a principal função do desenho era comunicar um pensamento a outras pessoas. Isso fez com que os alunos captassem que um registro da atividade realizada tinha como uma das funções a de se fazer entender pelos que o liam e, nesse sentido, a evolução da representação também aconteceu porque cada criança buscou aprimorar sua representação pelas trocas com os colegas, visando a expressar suas ideias de forma cada vez mais objetiva.

Cada aluno pôde, dessa forma, exercer um juízo a respeito de seu próprio trabalho, manifestando índices de uma intenção inicial, de um projeto, de um pensamento em exercício que pode corresponder ou não ao resultado mas que propiciou o confronto entre a imagem interna e externa da situação representada.

Derdyck (1989) afirma que a palavra é poderosa e, tal como o olho, possui o poder de percorrer grandes distâncias, aproximar e afastar. A palavra possui o poder da evocação, de modo que resgata fatos esquecidos, projeta ideias para o futuro, podendo tomar-se também um instrumento de visão. Ainda, segundo a autora, a aquisição verbal redimensiona a relação que a criança mantém com o desenho e com o ato de desenhar. Nomear desencadeia ações, a ação gráfica no papel sugere figuras, a palavra representa o objeto, a pessoa ou um fato. Nesse sentido, é lícito considerar que desenhar e falar são duas linguagens que interagem, são duas naturezas representativas que se confrontam, exigindo novas operações de correspondência.

Vygotsky (1984) também aponta a importância do papel da fala no desenvolvimento do grafismo. Ele observou que, quando a criança começa a desenhar esquemas ou outras coisas que podem ser reconhecidas por outras pessoas, sua linguagem falada já atingiu grande progresso, e como a linguagem tem uma relação importante com o pensamento, consequentemente influencia sua atividade de desenhar. Para o pesquisador, isso é bem visível no momento da passagem dos rabiscos simples para o desenho de sinais que identificam ou significam algo. Por exemplo, quando faz um rabisco mais arredondado e alguém lhe diz "você fez uma bola?", a criança nota que seu desenho pode significar alguma coisa. A partir daí, poderemos notar rápido avanço nos desenhos dessa criança, bem como a influência da fala nesse processo. Isso pode ser demonstrado pelo fato de a criança ir deslocando cada vez mais a fala para o início do ato de desenhar. Ela primeiramente nomeia seu desenho quando acaba de fazê-lo, depois passa a falar enquanto desenha e, finalmente, utiliza a fala para planejar o que deseja desenhar.

A despeito do grande valor que vemos na relação matemático/pictórico/linguagem, é preciso alertar para alguns cuidados que, se ignorados, poderão deturpar o caráter pictórico das representações propostas às crianças.

Primeiramente, devemos lembrar que, a despeito da proximidade, a linguagem verbal e a linguagem pictórica participam ambas de uma natureza mental de comunicação e expressão, mas cada uma com sua especificidade, sua maneira particular de comunicar e intepretar uma imagem, uma ideia, um conceito. Portanto, verbal e pictórico se aproximam sem, no entanto, um suplantar o outro.

Faz-se necessário alertar também para o fato de que, ao ouvir as falas espontâneas das crianças sobre seus desenhos, temos de cuidar para não subjugar o desenho a sua explicação. Derdyck afirma que muitas vezes existe, por parte do adulto, uma exigência implícita em querer saber o que é aquilo que ele não sabe, o que significam as garatujas. Essa atitude, se exagerada, pode inibir o processo de desenvolvimento gráfico da criança.

Se a criança passar a figurar precocemente para atender aos apelos do adulto, a expressão pictórica perde sua função como manifestação de inteligência.

Outro cuidado é dizer que os desenhos a serem feitos devem ser da criança e não uma mera cópia de algum modelo fornecido pelo professor. Fornecer apenas modelos prontos exclui a possibilidade de a criança selecionar e expressar naturalmente seus interesses, necessidades e percepções acerca daquilo que pretendeu representar.

Considerando todos esses aspectos, pareceu-nos que ver, analisar, realizar trocas de impressão e ter contato sistemático com diferentes produções são formas eficientes de garantir à criança o pleno desenvolvimento de sua expressão pictórica no trabalho com a matemática. Também percebemos que o desenho não é mera cópia de um objeto, pois a percepção de cada sujeito se encarrega de reinterpretar, reconstruir e reapresentar o objeto e as observações sobre ele, podendo isso ser encarado como resultado de uma complexa leitura e elaboração das percepções iniciais.

O desenho e a resolução de problemas para crianças não leitoras

Ao falarmos do par matemática/linguagem, expressamos o que consideramos importante no trabalho com a resolução de problemas na escola e, de certo modo, deixamos implícito que basta a criança dominar a linguagem oral para que possa resolver problemas que a ela se apresentem.

Sabemos que não é comum o trabalho com resolução de problemas com crianças que não leem, uma vez que se considera o aluno apto a resolver problemas apenas quando tem algum controle sobre sua leitura, identifica algumas operações e sinais matemáticos. Sabemos ser forte a crença em que antes de ingressar na escola a criança não desenvolveu nenhuma forma de raciocínio matemático, sendo poucas e ineficientes as habilidades que possui para resolver problemas. Nessa perspectiva, a escola seria o lugar onde o raciocínio matemático toma lugar pela primeira vez para a criança.

Essa percepção parece-nos equivocada. Inicialmente, porque, sendo o trabalho com a resolução de problemas central ao desenvolvimento das noções matemáticas, excluí-lo por antecipação da matemática na educação infantil é comprometer em parte o desenvolvimento das noções e ideias matemáticas. De acordo com Ponte (1987), uma das forças vitais para fazer a matemática avançar é a formulação e a resolução de problemas, e todos os processos essenciais da matemática — descoberta de regularidades, formulação de conjecturas, refinamento de ideias e procedimentos — são atravessados por essa atividade da resolução de problemas.

O equívoco da exclusão do trabalho com problemas também aparece se considerarmos que problemas não são apenas os do livro didático, que envolvem treinamento de uma certa operação aritmética, e que as crianças resolvem diariamente muitos problemas fora da escola. Fora desta, antes mesmo da instrução formal, as crianças adotam certos procedimentos orais para a resolução de problemas matemáticos.

Finalmente, não saber ler ou escrever não é sinônimo de incapacidade para ouvir e pensar, e há outros recursos que podem ser utilizados na busca pela solução de um problema proposto, como o desenho e a expressão pictórica.

O próprio ato de desenhar muitas vezes é considerado como solução de um problema, por ser um processo que depende de tentativa e erro, de pesquisa, de investigação, de experimentação e de comparação da solução final com o projeto inicial. Edwards (1984) afirma textualmente que desenhar é um modo de resolver problemas, e muitas das operações mentais envolvidas no ato de desenhar mencionadas anteriormente são também centrais ao processo de solução de problemas em matemática.

O desenho é importante não apenas para o aluno expressar a solução que encontrou para a situação proposta, mas funciona como um meio para que a criança reconheça e interprete os dados do enunciado. Teberosky (1994) afirma que, para uma criança que ainda não é leitora, o desenho pode servir para sustentar os significados do texto. Nesse sentido, o desenho na resolução de problemas seria tanto o processo de solução como uma reescrita das condições propostas no enunciado.

Vejamos, por exemplo, como crianças de seis anos[12] responderam ao problema:

Dia três de junho foi a festa junina da escola. Nesse dia, mamãe aprontou minha roupa e pendurou-a num cabide. Quase na hora da festa, fui tomar banho e quando já estava ensaboado a água do chuveiro acabou. O que posso fazer?

---

[12] Trabalho realizado no Instituto Salesiano Dom Bosco de Americana, S.P.

No desenho anterior, fica clara a intenção da criança. Ao que tudo indica, ela tentaria chamar alguém, que estaria bravo, para consertar o chuveiro. Observe-se a criança no chuveiro, provavelmente um box, e a outra pessoa com expressão furiosa e martelo e chave na mão. O que ficou forte nessa representação foi que a criança compreendeu perfeitamente qual era o problema. Quando pedimos que falasse sobre sua solução, a criança disse que desenhou o pai, muito bravo, vindo consertar o chuveiro e, quando os colegas perguntaram o que eram aqueles "monstros" no desenho, a criança disse: *"E que quando eu chamo meu pai, ele fica bravo e solta os cachorros (sic)"*.

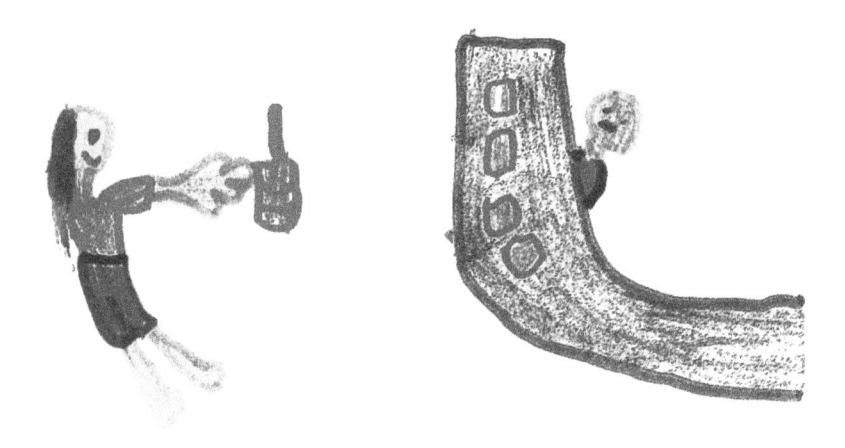

A solução anterior mostra um registro, no qual a oralidade da criança disse mais que o próprio desenho, já que a solução proposta era *"Eu comprava uma garrafa de água e jogava em mim"*. Podemos interpretar que houve uma tentativa não muito clara de mostrar isso através da menina com a garrafa na mão e um possível vendedor atrás de um balcão. Percebemos que não houve necessidade de traduzir na representação pictórica dados do enunciado.

Nessa representação da solução, aparecem claramente as duas funções que propusemos para o desenho na resolução de problemas: interpretação dos dados e apresentação da solução. Reparemos que há a mesma menina em duas situações consecutivas, na primeira ela está ensaboada embaixo do chuveiro e na segunda aparece de toalha na mão. A solução que ela propôs foi rapidamente percebida pela classe que disse *"ela enxuga com a toalha para tirar o sabão"*. Achamos interessante também o modo como o sabão foi representado pelos pontinhos azuis em torno de todo o corpo da primeira figura.

Vejamos outros dois registros do mesmo problema.

"Pegava água no bebedouro."

"Eu tomo banho na minha casa, na piscina da minha casa."

Esses dois últimos registros mostram uma preocupação em determinar o espaço onde o problema é vivido e aparecem as tentativas de escrita para evitar ter de complementar o desenho com explicações verbais e para ampliar a compreensão da solução gráfica. Observe-se que, no desenho do bebedouro, a menina aparece ensaboada na banheira, representando a questão inicial, a interpretação dos dados e, ao lado da banheira, ela propõe a solução desenhando o bebedouro.

É preciso dizer que, inicialmente, o problema foi colocado oralmente para as crianças e que percebemos que houve um grande interesse por levantar alternativas para resolver a questão. A maioria das crianças envolveu-se muito com o problema, principalmente por ele trazer uma certa situação ao mesmo tempo embaraçosa e engraçada.

Outro detalhe que nos impressionou foi que, embora o problema apresentasse dados desnecessários, tais como: pendurou a roupa no cabide, mãe, festa na escola, em nenhum momento isso se constitui num obstáculo para a resolução. Simplesmente as crianças selecionaram as informações que eram absolutamente relevantes para o problema, ignorando o que era supérfluo, o que é fundamental para a capacidade de resolver problemas em matemática.

Também queremos justificar que, ao apresentar problemas para as crianças, tivemos o cuidado de alternar situações numéricas com outras não numéricas, para que possamos ir mostrando aos alunos que problemas não necessariamente envolvem quantidades, como é o caso da situação apresentada aqui.

Numa outra situação, entregamos uma folha para crianças de seis anos,[13] na qual aparecia o seguinte problema:

Um menino trouxe 10 carrinhos para a escola. Levou-os ao parque e perdeu três na areia. Com quantos carrinhos ficou?

Observe-se que este não apenas é um problema tradicional na aritmética, como envolve subtração. Normalmente, o problema é proposto com a intenção de exercitar a técnica inicial da subtração, no segundo bimestre da primeira série.

Pode causar estranheza apresentarmos por escrito um problema para crianças não leitoras, mas, como afirma Teberosky, muito antes da criança, o professor já é um leitor.

Ao propor essa situação, tínhamos como objetivo trabalhar relações numéricas, é claro, mas, sobretudo, estávamos interessados em saber como as crianças iriam resolver o problema, uma vez que não conheciam nenhuma representação aritmética para a situação e, embora em momentos diferentes já houvéssemos trazido a ideia de subtração, esse termo não era familiar para as crianças.

Após entregar a folha a cada criança, a professora leu o texto, procuran-

---

[13] Trabalho realizado no Instituto Salesiano Dom Bosco de Americana, S.P.

do usar de isenção total na leitura para não dar nenhuma pista que pudesse interferir na solução. A proposta era que cada um procurasse usar a folha para mostrar como resolver a situação que nela aparecia. Observemos algumas das soluções propostas:

(1)

(2)

(3)

(4)

INDIYAR 12 13 19 51

(5)

A Matemática na Educação Infantil 101

(6)

Ao observar os registros feitos pelas crianças, é importante dizer que em nenhum momento foi imposta a forma pela qual elas deveriam representar a solução. Nenhuma exigência foi feita quanto a aparecer número, ou fazer desenho ou mesmo escrever a solução. No entanto, percebemos que o desenho foi opção primeira e natural.

Também observamos que, enquanto pensavam, discutiam, falavam sobre o problema, as crianças tiveram de fazer descobertas originais e inventar uma maneira apropriada de fazer a representação.

Observemos como nos desenhos aparecem tanto os dados do problema— o menino, os dez carrinhos, a areia — quanto dados da imaginação das crianças — o choro de tristeza por ter perdido os carrinhos — e ainda elementos que não estão no problema mas que todo parque tem, como escorregador, tanque de areia.

Há crianças, como no caso do segundo desenho, que se valeram da cor para dar a solução, outras utilizam representações mais esquemáticas, como no quinto e sexto desenhos, e há um que muito se aproxima da solução através da equação 7=10-3.

Isso parece confirmar que os desenhos, como afirma Vygotsky, passam por um processo de mudança evolutiva e das marcas ao desenho de figuras a criança compreende que é possível desenhar não somente objetos, mas também a fala. Essa compreensão já indica que a criança possui capacidade de lidar com símbolos.

Parece mesmo que a criança começa a perceber a dificuldade de desenhar todas as palavras e isso a leva a caminhar em direção a sinais simbólicos mais sofisticados e menos pictográficos. Esse processo de tentar encontrar uma maneira mais prática e precisa de representação é decisivo para a construção das representações da linguagem matemática e constitui parte da negociação de significados que contribui para a elaboração e compreensão da matemática como sistema de representações. Finalizando a discussão sobre a resolução de problemas e o desenho, desejamos apresentar algumas observações gerais que fizemos enquanto as crianças resolviam e discutiam suas soluções através do desenho.

Primeira observação

Como em nenhum momento do trabalho fizemos menção a respeito do problema envolver essa ou aquela ideia ou operação matemática, as crianças precisaram usar muita criatividade em analisar, sintetizar e avaliar dados para então expressar sua solução através do desenho. Esse não é um processo rápido e demandou tempo e paciência para que todos tivessem a oportunidade de pensar, propor e discutir suas soluções.

Com o passar do tempo, pudemos observar algumas crianças utilizando diferentes representações —escrita, pictórica e até numérica — na solução de problemas. Isso, aliado ao fato de que sempre os alunos tinham muito prazer em descobrir como resolver as questões propostas, fez com que observássemos um desenvolvimento sensível de formas mais elaboradas de raciocínio, aumento do poder de análise de cada situação, maior capacidade de avaliação dos resultados e muita confiança nas próprias soluções.

Segunda observação

Como os problemas eram colocados na forma de perguntas que as crianças tinham que responder por si mesmas, utilizando para isso os recursos que desejassem, esperávamos que a oralidade fosse o principal instrumento da resolução de problemas, o que não ocorreu. Percebemos que a grande maioria das crianças optou por fazer a representação pictórica seguida da exposição oral. Isso confirmou nossa convicção da competência pictórica ser uma manifestação da inteligência e nos fez acreditar que a criança só não recorre ao desenho como linguagem para resolver problemas se a escola inibir essa manifestação ou se houver uma exigência precoce do uso dos sinais aritméticos.

Terceira observação

O uso dos desenhos na resolução de problemas nos permitiu ver como cada criança pensava ou organizava seu raciocínio na busca por uma solução. Pudemos observar crianças cujas expressões pictográficas estavam bem próximas de uma representação aritmética, crianças cujo desenho foi utilizado mais como estratégia para interpretar o problema proposto, crianças cuja explicação oral das representações pictóricas eram mais significativas do que o próprio desenho e crianças que, além da representação confusa mostrar uma tentativa frustrada de resolver o problema, não conseguiam utilizar a linguagem oral para conversar sobre o que pensaram e dizer a que conclusão chegaram sobre a questão proposta.

Ao pararmos para refletir sobre essas observações, lembramos de um dos motivos que nos fez optar pelo modelo das inteligências múltiplas, que é a visibilidade da manifestação das competências e a possibilidade de, diante das observações, organizar ações docentes para equilibrar o espectro. Dessa forma, acreditamos que a expressão pictográfica pode servir como um meio de o professor ler o raciocínio das crianças e buscar estratégias de interferência para auxiliar cada uma delas a avançar em seus próprios conhecimentos.

Poderíamos encerrar aqui a discussão do par matemático/pictórico, porém há mais algumas considerações que desejamos fazer porque consideramos que elas encaminham a necessidade de olharmos para o próximo par a ser formado pela matemática no espectro de competências.

Desenhar exige, como já dissemos, que se percebam detalhes, registrando o máximo de informações possível. Tais informações são de natureza diversa, mas, em sua maioria, conceitos como proximidade, separação, vizinhança, manifestam-se e organizam-se.

Nos desenhos que vimos anteriormente, semelhante/diferente, dentro/fora, pequeno/grande, longe/perto são manifestações de que a criança está, através do desenho, configurando e construindo seu espaço de acordo com uma percepção topológica de mundo. De modo análogo, quanto maior a percepção do espaço, quanto mais estruturada estiver a percepção espacial, mais o desenho passa a ser a projeção, no espaço do papel, do espaço vivido pela criança e a expressão pictórica evolui. Podemos observar isso com clareza se voltarmos aos registros da amarelinha que apresentamos anteriormente. Neles, a evolução da representação do espaço pela criança é significativa e acreditamos que isso tenha ocorrido porque o desenho é uma parte importante do desenvolvimento da percepção espacial, visto que, pela via do desenho, a criança estabelece relações com o espaço. Essa forte ligação desenho/espaço nos permite não apenas legitimar uma das conexões possíveis no espectro de competências, além dos quatro eixos primeiramente estabelecidos, mas também encaminha a presente reflexão para o próximo par a ser examinado.

O matemático e o espacial

"Para um sujeito imóvel não há espaço nem geometria."
Henri Poincaré

A frase em epígrafe indica, ao que nos parece, a forma mais natural de explorar as relações entre a matemática e a inteligência espacial: a via da geometria.

O trabalho com a matemática na escola infantil tende a ser dominado pela preocupação com as noções numéricas. Apenas uma parte diminuta deste trabalho é dedicada à geometria e, ainda assim, sua abordagem está basicamente relacionada ao reconhecimento de formas geométricas, tais como o quadrado, o círculo, o retângulo e o triângulo.

Talvez esse enfoque se deva à imagem que foi cultivada pelo professor, mesmo o da escola infantil, da geometria como um corpo organizado de conhecimentos cuja estruturação e grau de formalização não permitiriam um tratamento que ultrapassasse os limites dos nomes de algumas das formas geométricas. Queremos analisar essa questão sob um outro prisma.

A criança vive inserida num contexto social que se encarrega de emitir a ela muitas informações que, em sua maioria, são geradas e percebidas pela criança, enquanto explora o espaço ao seu redor.

Quando chega à escola, a criança traz muitas noções de espaço, porque suas primeiras experiências no inundo são, em grande parte, de caráter espacial.

Podemos talvez dizer, sem correr o risco de cometermos um exagero, que o desenvolvimento infantil é, em um determinado período da infância, essencialmente espacial. A criança primeiro encontra com o mundo e dele faz explorações para, posterior e progressivamente, ir criando formas de representação desse mundo: imagens, desenhos, linguagem verbal.

As crianças estão naturalmente envolvidas em tarefas de exploração do espaço e se beneficiam matemática e psicologicamente de atividades de manipular objetos desse espaço no qual vivem, pois, enquanto se movem sobre ele e interagem com objetos nele contidos, adquirem muitas noções intuitivas que constituirão as bases da sua competência espacial.

Assim, a geometria, o estudo de formas e as relações espaciais oferecem uma das melhores oportunidades para relacionar a matemática à dimensão espacial da inteligência. Como afirma Freudenthal:

> *A geometria é espaço ávido(...) aquele espaço no qual a criança vive, respira e se move. O espaço que a criança deve aprender a conhecer, explorar, conquistar e ordenar para viver, respirar e nele mover-se melhor. (Apud, Clements p. 434, 1992)*

O conhecimento do seu próprio espaço e a capacidade de ler esse espaço podem servir a um indivíduo para uma variedade de finalidades científicas e, também, constituir-se numa ferramenta útil ao pensamento tanto para captar informações quanto para formular e resolver problemas.

Isso porque uma competência espacial, no sentido proposto por Gardner (1994), focaliza a capacidade do indivíduo transformar objetos dentro do seu meio e orientar-se em meio a um mundo de objetos no espaço. Ligadas a essa competência de ser, ler e estar no espaço, temos as capacidades de perceber o mundo visual com precisão, efetuar transformações e modificações sobre as percepções iniciais e ser capaz de recriar aspectos da experiência visual mesmo na ausência de estímulos físicos relevantes.

Há uma questão a se considerar quando tratamos da questão geometria/construção do espaço.

Diversos estudos indicam que a construção da noção de espaço pela criança se dá de forma progressiva e percorre um caminho que se inicia na percepção de si mesma, passa pela percepção dela no mundo e no espaço ao seu redor para, então, chegar ao espaço representado em forma de mapas, croquis, maquetes, representações planas e outros. Sobre isso, Hannoum (1977) afirma que a percepção do espaço na criança não escapa à regra fundamental de sua evolução geral, que avança em uma direção marcada por três etapas essenciais: a do *vivido*, a do *percebido* e a do *concebido*.

Essa construção não é rápida nem ao menos simples como as palavras podem enganosamente deixar transparecer. De acordo com Minsky (1989), para uma criança, aprender a respeito do mundo espacial existente além da pele é uma jornada que se estende por vários anos.

Baseada em estudos de Piaget, que também dedicou parte de seu trabalho a estudar a estruturação das noções de espaço nas crianças, Passini (1994) descreve que, para a criança, a primeira ideia é do "eu estou aqui e as outras coisas não estão". Passar a reconhecer-se como parte de um espaço mais amplo é um salto grande e daí a perceber diferentes concepções e representações desse mesmo espaço vai um salto maior ainda. Acreditamos que relações e noções geométricas possam contribuir no processo de organização e na tessitura da rede de relações espacias que a criança desenvolverá ao longo da vida escolar.

Princípios norteadores do trabalho com a geometria

Se, como dissemos anteriormente, a abordagem da geometria na escola infantil não deveria estar restrita a tarefas de nomear figuras, mas fundamentalmente voltada para o desenvolvimento das competências espaciais das crianças, devemos agora deixar pelo menos algumas pistas de que tipo de geometria podemos desenvolver nessa faixa etária para atingir tal finalidade.

Em primeiro lugar, se o desenvolvimento das noções de espaço é um processo, é desejável que um trabalho a ser desenvolvido em geometria não aconteça esporadicamente. A geometria deve estar presente ao longo do ano todo e toda semana.

Em segundo lugar, para desenvolver suas potencialidades espaciais uma pessoa tem que viver o e no espaço, mover-se nele e organizá-lo. Minsky (1989) afirma que a configuração de espaço só faz sentido quando percebemos a necessidade de estabelecer comparações.

Pensar a organização do espaço como uma necessidade que nasce de dentro para fora no sentido sugerido nos dá uma indicação de que a geometria a ser desenvolvida na educação infantil não pode ser uma geometria estática do lápis e papel apenas, nem ao menos estar restrita à identificação de nomes de figuras. É necessário pensar uma proposta que contemple, simultaneamente, três aspectos para seu pleno desenvolvimento: *a organização do esquema corporal, a orientação e percepção espacial e o desenvolvimento de noções geométricas propriamente ditas.*

Os dois primeiros aspectos caracterizam o favorecimento no aluno da evolução de seu esquema corporal — lateralidade, coordenação viso-motora e de sua capacidade de orientar-se e mover-se no espaço em que vive. A terceira componente seria a responsável por apresentar objetos espaciais que foram construídos e representados matematicamente.

A união das três componentes resultaria num processo cognitivo pelo qual a representação mental dos objetos espaciais, as relações entre eles e as transformações por eles sofridas seriam construídas e manipuladas.

Esse pensamento desenvolveria habilidades tais como discriminação visual, memória visual, percepção de relações espaciais que são importantes não apenas para desenvolver as capacidades espaciais e geométricas das crianças, mas também para auxiliá-las em tarefas relacionadas à arte, à música, à matemática mesmo, à leitura de mapas e ao desenvolvimento da leitura e da escrita.

A geometria e as componentes corporal e espacial às quais estamos nos referindo deveriam prover ainda o desenvolvimento nas crianças de uma linguagem simbólica, do desenvolvimento de uma capacidade de representação e de uma capacidade de operar com os símbolos e as representações. Como afirma O'Daffer (1987), a compreensão espacial é necessária para interpretar, compreender e apreciar nosso mundo, que é intrinsecamente geométrico.

Para que isso ocorra, é preciso que aos alunos sejam dadas oportunidades para explorar relações de tamanho, direção e posição no espaço; analisar e comparar objetos, incluindo aí as figuras geométricas planas e espaciais; classificar e organizar objetos de acordo com diferentes propriedades que eles tenham ou não em comum; construir modelos e representações de diferentes situações que envolvem relações espaciais usando recursos, como fabricação de maquetes, desenhos, dobraduras e outros.

Ainda é preciso dizer que o trabalho com a geometria na educação infantil inicia-se num ponto em que a criança é capaz de identificar uma figura por sua aparência geral. Assim, é comum observarmos um aluno chamar de círculo tudo o que é redondo ou arredondado e não raro notamos as confusões que fazem entre quadrados e retângulos, especialmente se esses últimos têm as medidas de seus lados muito próximas de serem iguais. Essa afirmação está baseada nas pesquisas de Dina e Pierre van Hiele.

O casal van Hiele ocupou-se de estudar o desenvolvimento da aprendizagem da geometria e percebeu que os alunos, na sua grande maioria, desenvolvem seus conhecimentos geométricos através de níveis de complexidade diferentes, indo desde a simples capacidade de reconhecer visualmente uma figura até um ponto no qual são capazes de lidar com a axiomatização das noções geométricas.

As crianças da escola infantil estariam no nível mais elementar do modelo elaborado pelos van Hiele, que seria o nível da visualização. De acordo com Crowley (1995), nesse estágio inicial, os alunos percebem o espaço apenas como algo que existe em torno deles. Os conceitos geométricos são vistos como entidades totais, e não como entidades que têm componentes ou atributos. As figuras geométricas, por exemplo, são reconhecidas por sua forma como um todo, isto é, por sua aparência física, não por suas partes ou propriedades.

Nesse nível de reconhecimento visual, as crianças necessitam estar envolvidas na manipulação de modelos de figuras geométricas diversas, fazendo observações e explorações diretas, táteis e visuais, nas quais elas percebem, desenham, constroem, copiam, ampliam, combinam ou modificam objetos físicos. Isso para que possam desenvolver suas primeiras noções geométricas, um primeiro vocabulário referente a essas noções, identificar e construir as formas geométricas e as primeiras noções espaciais.

Hoffer (1981) afirma, no entanto, que a tarefa da escola é fazer o aluno progredir dentro dos níveis van Hiele e, portanto, aliado a um trabalho de investigar, explorar, comparar e manipular situações corporais e geométricas. Deve haver um constante processo de discussão e registro das observações feitas, das conclusões tiradas e das formas que são transformadas, imaginadas e construídas. Para isso, o professor pode usar recursos como desenhos, textos coletivos, a construção de livros de formas, modelagem usando massa, entre outros. As tarefas que solicitam das crianças a visualização, o desenho e a comparação de resultados obtidos ao longo da resolução dos problemas propostos permitem que, progressivamente, os alunos passem a analisar algumas características próprias de algumas figuras. Isto é, espera-se que os alunos deixem a escola infantil começando a usar expressões que deem indícios de que eles percebem um pouco mais do que a aparência das figuras. Queremos que, por exemplo, eles saibam que um círculo é uma figura redonda, mas que há outras figuras redondas que não são necessariamente circulares. Pensar desse modo prepara também as crianças para caminhar em geometria de modo a poder compreender c analisar cada vez mais as relações geométricas.

Também é verdade que nesse processo os alunos passam a observar melhor o mundo geométrico que os rodeia, a se locomover e situar nesse mundo. Além disso, alguns sistemas de representação, como o desenho, sofrem mudanças significativas com o desenvolvimento geométrico da criança. Dcrdyck afirma que, mais conceitualmente, as principais formas geométricas elementares — o círculo, o quadrado e o triângulo — permitem à criança conjugar novos espaços, novas figuras, novas construções. Jogos de equilíbrio ocorrem entre as formas em busca de configurações e representações do percebido, do real e do imaginário.

Por fim, faz-se necessário que sejam propiciadas condições para que os alunos comecem a desenvolver, talvez em um certo sentido ampliar, uma "linguagem do espaço" e uma "linguagem geométrica". As crianças da escola infantil já possuem um vocabulário sobre o espaço que, embora reduzido, constitui-se num ponto de apoio significativo para a construção da sua linguagem espacial e a partir do qual as ações que realizam fazem sentido. A tarefa da geometria nessa fase escolar é ampliar tanto quanto possível essa linguagem, através de experiências e atividades que permitam ao aluno tanto relacionar cada palavra a seu sentido, quanto perceber e descrever seus deslocamentos no espaço. É apenas com atividades de deslocamentos, orientações e localização espacial que as crianças vão adquirindo noções espaciais e desenvolvendo um vocabulário correspondente a elas: direita, esquerda, em frente, acima, abaixo.

A linguagem geométrica, que diz respeito a nomes de formas e termos geométricos mais específicos, desenvolve-se e é assimilada na ação. É comum que os alunos criem nomes para o que não conhecem ou que troquem nomes de figuras uns pelos outros. Atarefa da geometria nesse caso é fazer a criança ter acesso a sua linguagem específica, o que se consegue não pela supressão dos termos criados e utilizados pela criança, mas através de um falar correto do professor enquanto discute, ou expõe, uma proposta para os alunos. Assim, a criança diz balãozinho, quando se refere ao losango; o professor respeita esse dizer, mas, ao referir-se à figura, diz losango. Acreditamos que o problema com o vocabulário matemático em geral e o geométrico, mais especificamente, não é a dificuldade de a criança pronunciá-lo, uma vez que temos notado um certo encantamento dos alunos por palavras mais sofisticadas; nossa crença é que o problema fica estabelecido quando esse vocabulário apresenta-se à criança desconectado de qualquer significação, transformando-se em um palavrório incompreensível. Se, aliado a um trabalho com as noções e conceitos, o professor vincula uma pronúncia adequada, cada termo irá constituindo-se ao aluno alicerçado em sua representação e significação.

Para exemplificar uma possibilidade de trabalho com a geometria dentro da proposta aqui apresentada e com vistas a sempre contemplar a harmonia entre as diferentes componentes do espectro, selecionamos uma sequência de ações organizadas a partir da leitura do livro *Clact...clact...clact...*, de Liliana e Michele Iacocca. A proposta é usar a conexão com um livro de literatura infantil para organizar um livro de formas geométricas. Sem dúvida, o primeiro trabalho a ser realizado é a exploração do texto literário e tentar, através do trabalho com o texto, perceber o interesse ou não das crianças pela história.

Analisar a capa, fazer a leitura intuitiva, levar o aluno a colocar suas expectativas para com o texto a ser descoberto, procurar discutir as palavras novas, os sons onomatopaicos fortemente presentes na história, escutar e perceber as críticas e opiniões dos alunos sobre a história, são algumas possibilidades para abordar o texto do ponto de vista da linguagem.

É interessante também que o professor pare a leitura do livro num determinado momento e discuta com a classe o que será que vai acontecer em seguida, como eles acham que a história continua, podendo mesmo registrar em forma de texto coletivo a continuação imaginada pelas crianças. Depois disso, o professor e seus alunos podem comparar a versão dada pela classe com a originalmente proposta no livro.

Vale ressaltar que esse é um livro sem final definido, pois, após organizar todos os papéis, a tesoura espirra e tudo fica como ela encontrou no início. O professor pode discutir esse fato com os alunos e propor a eles que elaborem um final para a história.

O livro *Clact...clact...clact* é bastante especial, pois permite que, simultaneamente à leitura, sejam explorados aspectos matemáticos referentes a formas geométricas.

Desse modo, é possível, como próprio texto, propor alguns questionamentos, ao longo do trabalho, sobre as formas que o livro vai mostrando: círculo, quadrado, triângulo, trapézio, paralelogramo e pentágono. O professor pode, antes de ler a página que mostra o quadrado, perguntar:

• Quem já viu uma figura como esta?
• Quem sabe o nome dela?
• Há na classe algum lugar onde essa figura aparece?

Quando terminar o questionamento, o professor lê o texto e as crianças discutem suas respostas. O mesmo procedimento, ou outros semelhantes, podem ser utilizados para as outras figuras geométricas e é bem interessante observar os nomes que as crianças inventam para as formas que não conhecem.

O trabalho que vamos relatar foi realizado com crianças de cinco anos.[14]

---

[14] Este trabalho foi realizado no Colégio Emilie de Villeneuve, S.P., e no Instituto Salesiano Dom Bosco de Americana, S_P.

Numa das classes, enquanto lia com os alunos a história, a professora parou na seguinte página:

Fonte: *Iacocca, L. Iacocca, M. Clact—clact_clact... Editora Ática.*

Mostrando a página aos alunos, a professora perguntou: "quem sabe o nome desta figura verde?", ao que algumas crianças responderam:
- *retângulo amassado*
- *retângulo de ponta* torta
- *retângulo bicudo*

Observe-se que, embora não conhecendo o paralelogramo, as crianças foram capazes de perceber que há entre o paralelogramo e o retângulo alguma semelhança e, conhecendo a última figura, foram capazes de usá-la como referência para falar sobre a figura nova que a elas foi apresentada. As crianças foram capazes de estabelecer relações entre suas percepções iniciais, um conhecimento que já possuíam e a nova situação proposta pela prófessora. Também é possível observarmos como a expressão oral das crianças foi importante para que a professora percebesse como elas estavam vendo a figura que lhes era apresentada.

O mesmo ocorreu, num outro momento, para a figura preta, que pode ser entendida como um trapézio. Quando perguntou às crianças que figura era aquela, a mesma professora ouviu de seus alunos:
- *triângulo cortado no meio*
- *triângulo sem ponta*

Em nenhum momento a professora corrigiu seus alunos ou impôs qualquer vocabulário como o correto. Apenas informou que havia um outro nome que se dava ao "triângulo cortado no meio": trapézio. A partir daí, a professora passou a usar a palavra trapézio sempre que a figura aparecia e as crianças estavam livres para "tatear" a sua linguagem geométrica, usando os nomes que tinham criado ou novos que surgissem na classe.

Após algum tempo de trabalho com as formas do livro — recorte, colagem, procura pela escola, construção de bonecos com formas — uma das crianças chamou a professora e disse:

"agora eu não preciso mais chamar o trapézio de triângulo cortado no meio".

Entendemos esse progresso, essa aquisição, como um fortalecimento da crença de que a linguagem imprecisa impregna o trabalho dos alunos em geometria e é um fator crítico no progresso da criança de um nível de compreensão geométrica para outro. Como afirma Clements (1992), quando a linguagem matemática é usada com frequência desde cedo e não apenas como uma referência esporádica, é aprendida concomitantemente com a compreensão matemática das ideias às quais ela se refere. Em contrapartida, se a linguagem correta for uma exigência precoce e o professor não utilizar a linguagem materna como um ponto de referência, a linguagem matemática será ouvida, algumas vezes memorizada, mas descolada de qualquer significado. Também acreditamos que, como afirma Clements, as formas começam a ser reconhecidas quando certos padrões entre características tomam-se ligados e estabelecidos, capacitando a criança a responder a uma classe de estímulos visuais.

Segundo Clements, quando um número suficiente de características visuais de uma figura torna-se reconhecível e se interconectam em padrões que correspondem a formas comuns, a criança progride ao nível visual e, com instrução apropriada, unidades de reconhecimento de propriedades tomam forma, isto é, características visuais das figuras tomam-se conscientes e são ligadas a uma designação verbal. Os alunos tornam-se capazes de refletir sobre as características visuais e então reconhecer as propriedades das formas.

Para o autor, esse processo só é possível se os alunos tiverem muitas e frequentes oportunidades de lidar com geometria em situações diversas, manipulando materiais, situações que envolvam atividades corporais, problemas — de tal modo que sejam propiciadas condições para que se forme uma rede de significações e representações em torno de cada ideia geométrica.

Mostraremos, a seguir, alguns registros de trabalhos, elaborados com a finalidade descrita, realizados por crianças em cujas classes o projeto com o livro *Clact...clact...clact...* aconteceu.

O primeiro registro foi feito enquanto as crianças acompanhavam a leitura do livro por um processo de dramatização, no qual elas eram a tesoura que colocava ordem nos papéis. Na página original do livro, o registro, a seguir, corresponde ao momento no qual a tesoura organiza os papéis amarelos em forma de círculo:

Esse mesmo processo aparece para o quadrado, o retângulo, o trapézio, o paralelogramo e o losango. Foi interessante observar as crianças enquanto colavam os papéis para construir cada forma, comentarem:
- *O círculo não pode ter pontas porque é redondo.*
- *O quadrado tem quatro pontinhas que nem o retângulo.*
- *O quadrado tem que ter esses quatro lados assim ó,* (referindo-se ao tamanho numa percepção da congruência).
- *O triângulo do livro parece o dos blocos lógicos* (numa referência ao fato de ambos serem equiláteros).

Através desses e de outros diálogos, pudemos perceber que as crianças iam observando alguns aspectos das figuras geométricas e passavam a expressar pequenas conclusões, ou observações que denotavam um conhecimento sobre cada forma apresentada no livro que não era apenas visual. Muitas vezes as professoras anotaram essas observações em grandes quadros, que foram colocados na parede sob o título "Descobertas sobre as formas".

Como a proposta do trabalho não era esgotar rapidamente todas as possibilidades de uso do livro de literatura infantil, mas propiciar diversas leituras do mesmo em diferentes momentos, uma outra sugestão de trabalho foi pedir aos alunos que, em duplas ou grupos, saíssem pela escola procurando alguns lugares onde aparecesse uma determinada forma. Por exemplo, quando a tesoura organizou os papéis em quadrados, os alunos saíram e descobriram alguns lugares ou objetos nos quais essa forma é utilizada. Quando encontrassem o que procuravam, deviam parar, observar e desenhar numa folha em branco o que viam. Todos os grupos fizeram seu desenho e, de volta à classe, a professora estimulou que cada grupo mostrasse aos demais o desenho que fizera, dissesse onde encontrou a forma na escola e o que os fez decidir se aquilo era mesmo um quadrado ou uma outra forma que estivesse sendo investigada. Nesse processo, foram desenvolvidos aspectos referentes à localização espacial, ao desenvolvimento da organização corporal e noções geométricas, pois os alunos precisaram criar um sistema de referência para localizar as figuras na escola e inclusive em relação ao seu próprio deslocamento.

O registro que segue mostra os desenhos feitos por uma criança enquanto procurava o retângulo na escola.

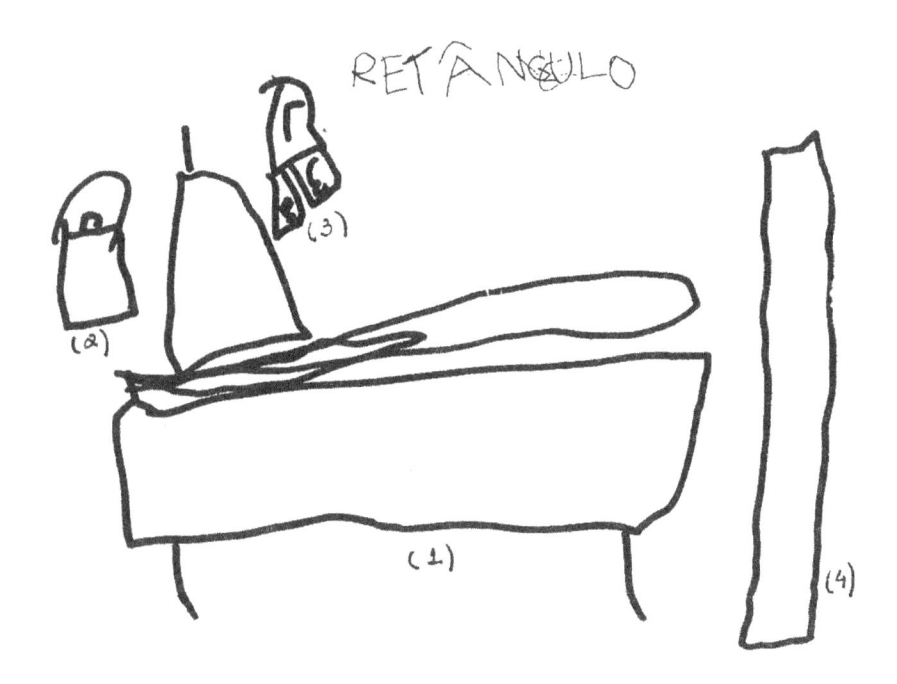

Minsky (1989) afirma que talvez os desenhos da criança não satisfaçam as expectativas do adulto, mas que quase sempre eles solucionam e mostram as versões próprias da criança para os problemas a ela propostos. Segundo ele, a criança que desenha provavelmente elabora um esquema mental do que deseja e em seguida faz um esquema-desenho para representar o que deseja. Na representação que mostramos da criança que procurava retângulos pela escola, o esquema nos mostra: (1) banco; (2) bebedouro; (3) amarelinha; (4) lousa.

Ao propor a atividade, a professora pôde perceber que não apenas o envolvimento das crianças foi grande, como o senso de observação e análise acabou extremamente favorecido. Um aspecto considerado surpreendente para a professora foi a quantidade de lugares nos quais as crianças puderam reconhecer as formas. Alguns deles nem mesmo a professora havia percebido.

Também podemos fazer uma leitura simbólica dos desenhos, ou seja, o que cada objeto escolhido representa para a criança: o banco é o pátio; a amarelinha, o jogo; a lousa, a sala de aula; e o bebedouro mostra uma necessidade, a de beber água. Podemos observar que a criança descreveu o que para ela era mais relevante na escola.

Ainda falando sobre as possibilidades de propor tarefas enquanto a leitura do livro está sendo realizada, é possível que uma das formas organizadas pela tesoura seja desenhada no chão, para que as crianças andem sobre ela. Essa atividade utiliza-se do corpo como elemento para a criança perceber na figura plana propriedades relativas a lados e ângulos e para abordar noções de posição e sentido. Os registros que seguem foram feitos por crianças que realizaram uma atividade como essa:

ANDANDO SOBRE O RETÂNGULO

Repetindo a atividade algumas vezes, pudemos perceber como as crianças vão destacando propriedades das figuras oral e graficamente, como quando uma criança disse: "Andar no círculo é diferente de andar no quadrado. No quadrado você anda e vira, anda e vira anda e vira e anda e no círculo você só vira, vira, vira".

Nessa atividade, também contemplamos a organização do esquema corporal, a orientação espacial e o desenvolvimento de noções geométricas.

De acordo com Hannoum, o espaço vivido, primeira aquisição da criança, só pode ser um espaço físico com o qual a criança tenha contato frequente. Mais que isso, ele afirma que a criança vivencia esse espaço mediante o movimento. Para o autor, a criança vive o espaço do pátio percorrendo-o, aprendendo a apreciar a diferença entre as distâncias que o separam de outros espaços, percebendo os objetos que nele estão contidos. A criança da escola infantil e do curso preparatório vive seu espaço, essencialmente por meio de sua locomoção.

O autor considera que é a partir dessa exploração tátil, corporal, cinestésica, que a criança chega à segunda etapa de apreensão do espaço: a do espaço percebido. Nessa etapa a criança chega a ser capaz de perceber o espaço sem tê-lo experimentado fisicamente. Sé ensinar à criança a analisar o espaço só era possível fazendo-lhe viver distâncias e posições, agora será suficiente fazê-la perceber.

Hannoun considera esse progresso um passo considerável, pois permite à criança ampliar sua percepção do espaço, analisar o espaço ao seu redor, compreender um panorama geográfico, entender representações do tipo mapa e fotografia.

De certa forma, essa evolução da apreensão do espaço pela criança corresponderia em geometria à evolução de um nível no qual a criança reconhece visualmente as figuras para outro no qual ela consegue analisar suas características.

Tanto a apreensão do espaço quanto a evolução da percepção geométrica são um processo longo e não terminam na escola infantil, mas atividades como essas de procurar formas pela escola são adequadas para auxiliar o progresso da criança.

Cada um dos registros feitos pelos alunos ao longo de um trabalho como esse pode ir sendo arquivado e, ao final, os alunos fazem um projeto de capa:

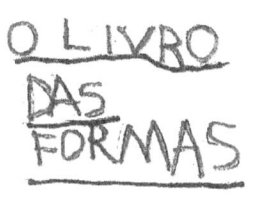

O professor, então, organiza com a classe um texto coletivo que registre como o livro foi construído...

O LIVRO DAS FORMAS

PRIMEIRO NÓS ANDAMOS EM CIMA, FORA E DENTRO DO CÍRCULO, DO RETÂNGULO, DO TRIÂNGULO E DO QUADRADO, QUE FICAVAM DESENHADOS COM DUREX COLORIDO NO CHÃO DA SALA E DO PÁTIO.

O RENATO QUER SABER SE NÓS NÃO VAMOS ANDAR SOBRE O LOSANGO, O PARALELOGRAMO E O TRAPÉZIO.

NÓS PROCURAMOS O RETÂNGULO, O CÍRCULO, O TRIÂNGULO E O QUADRADO.

NÓS LEMOS O LIVRO CLACT...,CLACT...CLACT E FIZEMOS OS PERSONAGENS QUE ERAM A TESOURA E OS PAPÉIS PICADOS E MISTURADOS.

NÓS SEPARAMOS OS AMARELOS PARA O LADO ESQUERDO E OS AZUIS PARA O LADO DIREITO.

OS VERMELHOS FICARAM NO MEIO, OS VERDES FICARAM NO LADO, OS PRETOS NO MEIO E OS ALARANJADOS NO CANTO.

NÓS FIZEMOS COM OS PAPÉIS PICADOS O PARALELOGRAMO, O TRIÂNGULO, O CÍRCULO, O RETÂNGULO, O QUADRADO E O TRAPÉZIO.

DEPOIS ACABAMOS A HISTÓRIA DO CLACT...- CLACT... CLACT... NA PÁGINA TREZE.[15]

FIM

A classe pode elaborar um final para a história...

A TESOURA CHEGOU NUM LABIRINTO DE PAPÉIS COLORIDOS E FAZENDO CLACT...CLACT...CLACT... ELA SEPAROU OS PAPÉIS.

FEZ CÍRCULOS, QUADRADO, RETÂNGULO, PARALELOGRAMO E TRAPÉZIO.

DEPOIS PEGOU COLA E COLOU TODAS ESSAS FORMAS NAS FOLHAS. COMO AS FORMAS ESTAVAM COLADAS, A TESOURA PODIA ESPIRRAR QUE OS PAPÉIS NÃO IRIAM VOAR.

ENTÃO ELA FEZ CLAC...CLACT...CALCTCHIM.[16]

---

[15] Note-se o uso de termos geométricos, que foram incorporados ao vocabulário da classe através do próprio texto do livro.

[16] Essa classe desejou elaborar um novo final para a história porque não aceitou que após tanto esforço a tesoura perdesse seu todo o seu trabalho ao espirrar. Por outro lado, eles mantiveram o espirro porque o *Clactchim*, no texto original, caracterizava o som do espirro da tesoura e eles gostaram muito de fazer esse som enquanto ouviam a história.

Dissemos anteriormente que, muito antes da criança poder escrever, o professor já possui essa habilidade. Portanto, na produção do texto coletivo que mostramos, coube à professora o papel de escriba, mas isso não significa que ela tenha sido a autora. Os autores foram os alunos que, coletivamente, criaram o texto que o professor foi registrando por escrito na lousa.

O texto que aparece produzido pelas crianças é um relatório. Segundo Jolibert (1994b), o relatório é um escrito que tem como funções dominantes a referencial e a informativa. Esse tipo de texto pressupõe que se determine uma realidade precisa e permite relatar fatos, operações e eventos encadeados de uma forma rigorosa.

Ainda de acordo com Jolibert, o relatório permite que se aprenda a registrar e a comunicar um conjunto estruturado de informações e apresentar claramente essas informações.

No caso da experiência que estamos relatando, para organizar a escrita do relatório, a professora fez uma lista das principais ideias referentes ao trabalho que foi realizado e discutiu como elas apareceriam no relatório que seria escrito, e depois convidou as crianças para auxiliá-la a fazer o texto sobre a atividade.

Enquanto as crianças falavam o texto, a professora escrevia, discutia a escrita das palavras e a pontuação com os alunos, mas a negociação sobre o que estava sendo escrito no texto foi feita coletivamente.

Teberosky (1994) afirma que, para ganhar um discurso extenso e coerente, o falante ou escritor deve construir progressivamente algo em cima do texto já produzido e que, por isso, é importante a leitura do que se escreveu. Considerando isso, uma cópia do texto produzido coletivamente foi dada a cada criança da classe, realizou-se uma leitura com os alunos e, finalmente, anexou-se o texto ao livro de formas, organizado com todos os registros — colagens, desenhos, textos — que a professora foi guardando da produção das crianças ao longo das tarefas desenvolvidas.

Um trabalho como esse que relatamos permite não apenas abordar aspectos da geometria sob o enfoque até aqui apresentado, como favorece a integração, a conexão e a troca entre diversas componentes do espectro: *o lógico--matemático, o espacial, o pictórico, o linguístico e o corporal-cinestésico.*

Sobre as quatro primeiras, dissertou-se anteriormente e, do quinteto acima mencionado, apenas a dimensão corporal-cinestésica carece ter desvelada sua parceria com a matemática. Como todas as pesquisas sobre desenvolvimento da noção de espaço na criança tendem a afirmar que não se constrói uma imagem mental correta do espaço se não se adquire uma imagem mental do próprio corpo, é premente que examinemos o par matemático/corporal.

O matemático e o corporal

"Esse homem vive num corpo. Um corpo que se relaciona, que cria, que se expressa, que sofre expressões, que vibra, que se movimenta."
Heloísa T. Bruhns

Pensar o corpo como uma forma de manifestação da inteligência pode soar estranho, uma vez que nossa tradição cultural recente tratou de separar as atividades de raciocínio de um lado e as atividades de manifestação corporal de outro. Segundo Gardner (1993), o divórcio entre o "mental" e o "físico" não raro esteve aliado à noção de que o que fazemos com nosso corpo é um tanto menos privilegiado, menos especial do que as rotinas de resolução de problemas desempenhadas principalmente através do uso da linguagem, da lógica ou de algum sistema simbólico relativamente abstrato.

João B. Freire (1994), em seu livro *Educação de corpo inteiro*, afirma que quase não se atenta para o fato de que a inteligência não é um elemento exclusivamente racional, pois antes que surjam no indivíduo as primeiras representações mentais, já se manifesta nele um nível elevado de inteligência corporal, que prossegue mesmo após estruturar-se o pensamento.

A escola vem privilegiando ao longo dos anos as chamadas atividades intelectuais e, em geral, apela somente ao cérebro e age como se as crianças devessem permanecer com braços cruzados e atados a si mesmas.

Em se tratando de matemática, então, a proposta de olhar o corpo como elemento de manifestação da inteligência foi praticamente expurgada das ações docentes e a imagem mais frequente é a de crianças presas aos bancos escolares a quem não é permitido expandir-se, incluir todos os aspectos corporais nas novas aprendizagens, deixando apenas o cérebro em funcionamento.

Talvez a imagem apresentada anteriormente pareça drástica, mas a quem não é familiar a cena de alunos, desde a escola infantil, sentados num mesmo lugar por longo tempo a escrever lições de matemática determinadas pelo professor, sem poder levantar-se ou trocar ideias com amigos, sob pena de ser considerado indisciplinado?

Não vai muito tempo, estávamos observando uma aula em uma sala de crianças de seis anos numa escola infantil de um colégio tradicional de São Paulo, durante a qual os alunos estavam executando, individualmente, uma tarefa de matemática proposta pela professora. A certa altura da aula, alguns alunos chegaram a uma resposta ao problema proposto, e a professora não permitiu que eles se levantassem da cadeira para mostrar o que haviam feito. Mais que isso, pediu a eles que permanecessem em silêncio e que deitassem a cabeça sobre a mesa para não atrapalhar ou influenciar quem ainda não havia terminado.

Embora o quadro geral de consideração do corpo como manifestação da inteligência seja esse apontado anteriormente, há diversas propostas pedagógicas e estudos de diferentes pesquisadores que indicam a importância dos aspectos corporais-cinestésicos como agentes indispensáveis nas ações docentes, na construção do conhecimento e na elaboração das representações pela criança.

Nas escolas Waldorf, por exemplo, a criança é pensada como um organismo inteiro, no qual o corpo desempenha um papel fundamental na construção do conhecimento. Idealizador dessa pedagogia, Steiner (1992) afirma que toda educação é, no caso da criança, educação física. Para ele, não se pode educar o aspecto físico em separado do intelectual e do espiritual.

Celestin Freinet, na sua Pedagogia da Livre-Expressão, incluiu os aspectos corporais nos seus trabalhos com alunos através das chamadas "aulas-passeio". Segundo Whitaker (I 989), Freinet considerava produtivo fazer caminhadas diárias com os alunos para que eles observassem o espaço que os cercava e, na volta de cada "passeio", a classe trabalhava na discussão do que havia observado e produzia materiais — textos, desenhos, pinturas, maquetes — sobre as suas experiências.

Wallon (1966) considerava que o pensamento da criança se constitui em paralelo à organização de seu esquema corporal e que na criança pequena o pensamento só existe na interação de suas ações físicas com o ambiente. Segundo Wallon, antes do aparecimento da fala, a criança se comunica com o ambiente através de uma linguagem corporal e utiliza o corpo como uma ferramenta *operacional e relacional,* seja qual for o nível evolutivo ou o domínio linguístico em que se encontre.

O movimento, para Wallon, não depende de circunstâncias espaciais nem de capacidades motoras do indivíduo, ele traduz um simbolismo e se refere ao plano da representação e do conhecimento. Essa condição de movimento só pertence ao homem e é uma das características principais que o diferenciam do animal, ao mesmo tempo que lhe produz uma maturação de atitudes de grande significado para o seu desenvolvimento psicológico.

Em Wallon, é impossível dissociar a ação da representação, na medida em que esta não é mais do que o estado superior de inteligência das situações. A evolução, ação, simbolização e representação dão lugar ao aparecimento da linguagem, isto é, a relação da interdependência, da fusão, entre o movimento e o pensamento. O movimento é o pensamento em ato e o pensamento é o movimento sem ato. Para Wallon, movimento, pensamento e linguagem são uma unidade inseparável.

Piaget (1981) também apresentou unia análise da questão entre corpo e aprendizagem e estudou amplamente as inter-relações entre a motricidade e a percepção. Para Piaget, o movimento constrói um sistema de esquemas de assimilação, e organiza o real a partir de estruturas espaço-temporais. Em Piaget, encontramos que as percepções e os movimentos, ao estabelecerem relação com o meio exterior, elaboram a função simbólica que gera a linguagem, e esta dá origem à representação e ao pensamento.

Piaget realça ainda a importância dos aspectos corporais na formação da imagem mental e na representação imagética. Segundo ele, o vivido, integrado pelo movimento e, portanto, introjetado no corpo do indivíduo, reflete todo um cinético com o meio, que, valorizando as representações psicológicas do mundo, dá lugar à linguagem.

Nesse sentido, poderíamos dizer que a constante interação que o indivíduo estabelece com o mundo através do movimento permite-lhe alcançar controle e intencionalidade progressivos, possibilitando maior conhecimento e consciência sobre as suas ações. Dessa forma, não é possível considerar os movimentos do corpo como puras contrações musculares ou como simples deslocamentos no espaço.

A psicopedagogia também vem ocupando-se em analisar o corpo como elemento decisivo no desenvolvimento e na expressão da inteligência. Fernández (1991) afirma que o organismo transversalizado pelo desejo e pela inteligência conforma uma corporeidade, um corpo que aprende, goza, pensa, sofre ou age.

Nesse texto em que estuda o lugar do corpo no aprender/expressar, a autora defende que a aprendizagem, do começo ao fim, passa pelo corpo, porque uma aprendizagem nova integra uma anterior e, na concepção defendida pela psicopedagoga, o corpo detém a instrumentação da apropriação das possibilidades de ação, o que confere a ele um poder de síntese ao ser e ao saber do aprendente.

Dois outros aspectos sobre o lugar do corpo na aprendizagem apresentados por Fernández são o *registro,* ou memória, e o *prazer.* Segundo a autora, não há aprendizagem que não esteja registrada no corpo, e uma ressonância agradável auxiliará o sujeito a incorporar uma experiência. Por outro lado, há um sinal inconfundível de manifestação do prazer do aluno quando consegue uma resposta a um problema proposto, e esse sinal é corporal, uma vez que o prazer está no corpo. Segundo Fernández, o corpo coordena, e a coordenação resulta em prazer, prazer de domínio.

Autores como Fonseca (1988) atribuem ainda aos aspectos corporais uma função de comunicação. Para esse autor, a corporalidade encerrada na sua totalidade aparece imediatamente como a abertura para o mundo. O corpo é o eixo de percepção existencial, é o agente do sujeito na percepção do mundo que o envolve. Nesse sentido, dois seres humanos em conversa não são mais do que dois corpos em comunicação. Rector e Trinta (1993) parecem concordar com essa afirmação, ao considerarem que os gestos corporais são signos elementares em um processo de comunicação do corpo e que a movimentação intencional do corpo é modalidade de linguagem não verbal.

Para esses autores, os movimentos comunicativos dos gestos, postura e expressões faciais são linguagens de sinais que as crianças aprendem a interpretar já nos primeiros anos de vida e que podem aprimorar com o passar do tempo, se não forem inibidas pelas imposições da linguagem oral.

Essas reflexões sobre a função corporal na formação do conhecimento e da expressão corporal como linguagem nos permitem afirmar que não há lugar na matemática para um aluno "sem corpo", especialmente na escola infantil, onde estão as gêneses de todas as representações, de todas as noções, pré-conceitos e conceitos que mais tarde trarão a possibilidade da criança apreender a beleza da matemática como ciência. É preciso que a capacidade corporal-cinestésica seja estimulada e utilizada nas crianças para que elas possam conhecer e manifestar-se sobre o que conhecem. Dessa forma, para as aulas de matemática a valorização da inteligência corporal-cinestésica significa a conquista de um forte aliado nos processos de construção e expressão do conhecimento, e permite ao observador atento interpretar as sensações, os avanços e as dificuldades que cada criança tem na construção/expressão do seu saber.

Gardner (1994b) afirma que a inteligência corporal-cinestésica forma com a inteligência lógico-matemática e a espacial um trio de inteligências relacionadas a objetos, sendo que a primeira focaliza o exercício do próprio corpo e acarreta ações físicas sobre os objetos do mundo, a segunda cresce a partir da estruturação e da padronização de objetos do mundo e a terceira focaliza a capacidade de transformar objetos do mundo e orientar-se no mundo.

Voltemos, por um momento, às questões do espaço. Ora, já dissemos anteriormente que o corpo é o primeiro espaço que a criança conhece e reconhece e que as explorações do espaço externo à própria pele são primeiramente feitas a partir do corpo.

Noções como proximidade, separação, vizinhança, continuidade estão numa série de qualidades que se organizam numa relação de pares de oposição, tais como parecido/diferente; parte/todo; dentro/fora; pequeno/grande. O espaço para a criança vai conformando-se e sendo elaborado de acordo com as explorações táteis e cinestésicas e a partir de uma percepção topológica do mundo. A geometria, num primeiro momento, pode ser vista como imagens que se percebem através dos movimentos; portanto, a primeira geometria é constituída pelo corpo.

A criança organiza a relação corpo-espaço, verbaliza-a e chega assim a um corpo orientado que lhe servirá de padrão para situar os objetos colocados no espaço circundante. Le Boulche (1988) afirma que a orientação dos objetos faz-se, então, em função da posição atual do corpo da criança. Essa primeira estabilização perceptiva é o trampolim indispensável sem o qual a estruturação do espaço não pode efetuar-se.

Le Boulche também considera que a ampliação da noção de espaço faz com que a orientação corporal da criança evolua e a possibilidade de estabelecer uma coerência entre os objetos e de poder efetuar operação com eles — movimentar, situar, percebê-los espacialmente — passa pela orientação do próprio corpo, continuado por um sistema de eixos, vertical e horizontal. Esses eixos servem de base para a constituição de um universo estável e exterior, no qual o sujeito se situa como um termo especial entre todos os outros objetos.

Nesse sentido, poderíamos afirmar que não há espaço que se configure sem envolvimento do esquema corporal, assim como não há corpo que não seja espaço e que não ocupe um espaço. O espaço é o meio pelo qual o corpo pode mover-se. O corpo é o ponto em torno do qual se organiza o espaço.

A imagem que a criança vai fazendo de seu próprio corpo configura-se pouco a pouco e é o resultado e a condição da existência de relações entre o indivíduo e seu meio. A análise do espaço a criança faz primeiro com seu corpo, antes de fazê-la com os olhos, para acabar por fazê-la com a mente.

Fonseca afirma que a consciência do corpo sofre evolução simultânea à evolução da aquisição do espaço. Ambas se encontram abertas uma na outra; conceber uma sem a outra é cair numa justaposição superficial.

Por esse prisma, a grande beneficiária da relação matemático/corporal seria a geometria e uma forma de viabilizar essa relação em exame seria novamente trazer o trabalho com as noções geométricas. No entanto, consideramos uma visão estreita imaginar, apressadamente, que apenas a geometria usufrui de benefícios com a consideração da corporiedade no trabalho com a matemática, especialmente na escola infantil. Fonseca (1988) afirma que, ao trazer a educação escolar, devemos lembrar que o movimento deve sensibilizar as capacidades individuais de escolha e influenciar positivamente os poderes de invenção e criação originais de cada criança. Para ele, a relação humana a ser construída terá como finalidade facilitar o mais possível o desenvolvimento da criatividade pessoal, e a criança deve ser encarada como ser criador, sendo possibilitado a ela, pelas situações vividas, o máximo de satisfação das suas necessidades.

De acordo com tal concepção, as atividades corporais desenvolvidas com as crianças devem se orientar, entre outros aspectos, para favorecer a evolução da personalidade, pretender colocar a criança em situação de melhorar a apreensão do real, explorar a inovação e a criatividade pessoal, dar a possibilidade da própria criança analisar o seu processo de aprendizagem e promover a intercomunicabilidade interpessoal.

Para Freire, ao pensar em valorizar a corporiedade na educação escolar é necessário falar em educação corporal ou educação do movimento, pois o homem pode apresentar movimentos mais bem coordenados, e isso é possível de conseguir tanto pelas necessidades impostas pelo meio como por educação sistemática, orientada na escola.

No sentido apontado, as atividades corporais devem realmente ser um modo de resolver problema, uma manifestação de inteligência, como proposto por Gardner.

Por isso, pensamos que, ao sugerir formas de trabalho que viabilizem o par matemático/corporal, mais que pensar em ações geométricas, deveríamos dar preferência a algum tipo de atividade que fosse mais abrangente, tanto do ponto de vista da matemática, quanto da educação do movimento. Seria necessário dar preferência àquelas formas de trabalho que privilegiassem o desenvolvimento do sujeito por inteiro, por isso nossa opção foi pelas brincadeiras infantis.

Imagine-se a incorporação de jogos infantis tradicionais como os de amarelinha, corda, bola, pegador e esconder. É possível vislumbrar muitas formas de utilização desses recursos para desenvolver noções de números, de medidas e de geometria, além de orientação e percepção espacial.

Por outro lado, como afirma Freire, talvez na escola ainda não tenhamos atentado para o fato de que brincadeiras e jogos, como amarelinha, pegador, corda, têm exercido, ao longo da história, importante papel no desenvolvimento das crianças e por isso eles ainda estão tão distantes de todas as aulas.

Kishimoto (1994) afirma que os jogos tradicionais infantis podem propiciar a descentração da criança, a aquisição de regras, a expressão do imaginário e a apropriação do conhecimento.

Ao brincar a criança pensa, reflete e organiza-se internamente para aprender aquilo que ela quer, que precisa, que necessita e que está no momento de aprender.

Vygotsky (1984) afirma que brincando a criança aprende a linguagem dos símbolos e entra no espaço original de todas as atividades sociocriativo-culturais.

De nossa parte, acreditamos também que brincar é raciocinar, descobrir, persistir e perseverar; aprender a perder percebendo que haverá novas oportunidades para ganhar; esforçar-se, ter paciência, não desistindo facilmente.

Quando brinca, a criança é colocada diante de desafios e problemas, devendo constantemente buscar soluções para as situações a ela colocadas. Portanto, brincar também é uma forma de resolver problemas e o instrumento utilizado é o corpo. Para perceber como a criança soluciona, ou vence, o desafio, é preciso lembrar que há uma linguagem que se expressa nos gestos, é fundamental observar a manifestação corporal da criança e tentar "ler" o que a criança está expressando com seus gestos.

Enquanto a criança brinca, o professor pode observar como ela se expressa corporal e verbalmente e avaliar o prazer que ela sente, ou não, na realização dos desafios propostos, que noções ou ideias ela está formando enquanto age e interage com os outros e com a tarefa a ser executada no jogo. Dessa forma, o corpo da criança em ação poderá, através do gesto, do olhar, das modulações de voz, mostrar o interesse e a paixão que um determinado "conhecimento" significa ou não para a criança. Esse recurso de interpretação das expressões corporais pode servir como um indicador dos processos de avaliação do desenvolvimento cognitivo da criança na escola infantil.

A seguir, descreveremos alguns relatos de atividades desenvolvidas com crianças. Antes, porém, é preciso deixar claro o que estamos adotando como brincadeiras, ou jogos, tradicionais infantis.

Estaremos adotando como brincadeiras, ou jogos, tradicionais infantis aquelas atividades que pertencem ao folclore e à cultura infantil, que têm caráter histórico oral, tais como amarelinha, jogos de imitação, jogos de pegador, barra manteiga, brincadeiras de saltar, brincadeiras de corda, e jogos de bolinha de gude. Também consideraremos necessário que essas brincadeiras permitam que, como afirma Kamii (1991), as crianças joguem juntas de acordo com uma regra estabelecida que especifique um objetivo máximo a ser alcançado e o que cada jogador deve tentar fazer em papéis que são interdependentes, opostos e cooperativos. Vamos aos relatos.

A crianças de seis anos foi proposto um jogo de nome *Os caminhos do Rei*,[17] que consiste no seguinte. A professora dividiu a classe em dois grupos e o pátio em duas regiões, com giz ou corda, e colocou cada grupo de crianças em um dos lados do pátio, umas em frente às outras. Em seguida, contou uma história: *Era uma vez um rei, que ia visitar uma cidade; ele ia passar por uma estrada (o risco no chão) e queria que os dois lados da cidade estivessem arrumados do mesmo modo, ou seja, tudo que tivesse de um lado deveria ter do outro. Como as pessoas da cidade podem satisfazer o rei?*

Após as crianças conversarem e dramatizarem a situação para resolver

---

[17] Atividade realizada no Colégio Emilie de Villeneuve, S.P.

o problema proposto, a professora disse: *Mas o rei era tão exigente que não ficou satisfeito, ele resolveu que tudo que estivesse de um lado deveria estar do outro, mas como se um lado fosse a imagem no espelho do outro. Como as pessoas da cidade atenderão os desejos do tão exigente rei?*

Essa atividade é bastante rica, pois envolve a resolução de problemas, noções numéricas, noções espaciais e simetria de reflexão.

Kamii classificaria a brincadeira como sendo um jogo de imitação e de ordens verbais. Para ela, esse tipo de jogo é bom para auxiliar a criança a ouvir' instruções verbais com atenção, para estimular a descentração, confrontar pontos de vista e desenvolver a linguagem oral.

No caso do jogo do espelho, notamos esses fatores claramente, pois é exigido de cada criança que olhe simultaneamente para si e para o outro, sua solução depende do que será feito por quem está à sua frente e ao seu lado. Essa atividade é pura sensibilização, pois abre espaço à gestualidade da criança, fazendo ao mesmo tempo que ela entre em sintonia, que ela harmonize seus gestos com a gestualidade do outro.

Mas como buscamos entrelaçar, como numa teia, todas as componentes do espectro, procuramos organizar cada proposta feita às crianças de tal modo a favorecer as diferentes manifestações das competências. Por isso, e por desejar ver como as crianças registravam suas percepções a partir da atividade, a professora pediu a elas que desenhassem a brincadeira realizada.

Moreira (1993) afirma que a criança desenha e cria, porque brinca. Para ela, a mesma concentração de corpo inteiro exigida no brincar aparece no desenhar. Nesse sentido, o corpo inteiro está presente na ação "concentrado na pontinha do lápis", e a ponta do lápis funciona como uma ponte de comunicação entre o corpo e o papel. Observemos alguns registros feitos pelos alunos após o término do jogo:

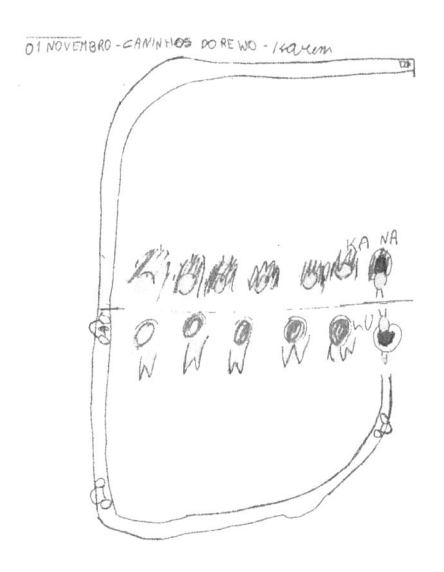

CAMINHO DE 01 NOVEMBRO

01 NOVEMBRO
AMINHOS
DO
REWO

126 *Kátia Cristina Stocco Smole*

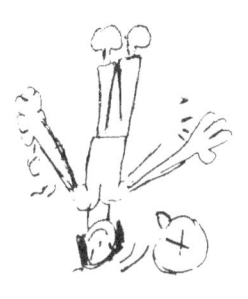

Em cada representação pictórica, aparece nitidamente que aspecto do jogo cada aluno-desenhista percebeu com mais força. Note-se que a relação de reflexão está claramente explicitada em pelo menos dois dos registros. Também houve uma preocupação de algumas crianças em tentar deixar claro o número de crianças no seu grupo e quantas estavam de cada lado da linha.

Em dois dos registros, é clara a explicitação da necessidade da organização em pares e, em todas as representações, há a colocação de uma organização espacial sem a qual o jogo se desorganizaria, basta que notemos a linha e a disposição das figuras humanas em todos os registros.

Uma outra atividade que podemos relatar é uma variação do jogo de pegador, conhecida como *Caçadores de tartarugas.*[18]

Às crianças de cinco anos foi proposta a seguinte brincadeira: elas seriam divididas em grupos e alguns seriam os caçadores. As demais se dispersariam pelo pátio e, iniciado o jogo, os caçadores deveriam sair correndo para tentar pegá-las. Para evitar serem apanhados, os fugitivos deveriam imitar uma tartaruga, isto é, se o caçador se aproximasse, deveriam deitar de costas no chão e encolher

---

[18] Atividade realizada no Colégio Emilie de Villeneuve, S.P.

braços e pernas, simulando a tartaruga que se esconde no casco. Enquanto estivessem nessa posição não poderiam ser caçados. O caçador que pegasse uma tartaruga a prenderia numa gaiola (local combinado entre os caçadores). O jogo acabou quando todas as crianças foram pegas e venceu o caçador com o maior número de presas.

O problema começou quando as crianças tiveram que decidir quem seria caçador, quem seria tartaruga e quantos caçadores haveria. Resolver isso não foi tão simples, uma vez que muitos queriam perseguir, mas poucos queriam ser perseguidos. A professora então interveio, dizendo que esse jogo seria repetido outras vezes e que eles deveriam pensar nisso para decidir seus papéis. Após muita conversa, chegaram à conclusão de que, se houvesse mais caçadores que tartarugas, o jogo perderia a graça e, finalmente, decidiram ficar com quatro caçadores.

Pensamos que a brincadeira, para ser útil às crianças, deve propor alguma coisa interessante e desafiadora para elas resolverem, permitir que todos os jogadores possam participar ativamente, permitir o desencadeamento de processos de pensamento nas crianças e permitir que as crianças possam se autoavaliar quanto a seu desempenho. Acreditamos que esse jogo atende a tais critérios.

Segundo Kamii, os jogos de perseguição do tipo pegador estimulam o processo de descentração de pensamento e a elaboração de estratégias para fugir do perseguidor ou para perseguir; essas estratégias exercitam o raciocínio espacial, pois levam as crianças a tentarem descobrir, por exemplo, o caminho mais curto ou inverter a direção para fugir do perseguidor ou para pegar alguém de surpresa. Tomar consciência desses elementos equivale, segundo Freire, a adquirir simultaneamente consciência de seus próprios recursos corporais, ou seja, do próprio corpo.

Do ponto de vista da relação com a matemática, além dos aspectos tomados à análise de que para nós são soluções de problemas, consideramos que através desse jogo é possível que as crianças desenvolvam relações temporais, numéricas e avaliação de distâncias.

Também foi interessante observar como eles resolveram algumas questões surgidas ao longo do jogo. Não foi fácil, por exemplo, coordenar ações de deitar, encolher pernas e braços, deitar devagar ou, ainda, como fugir de dois caçadores muito próximos, pois isso exigia reações bastante rápidas. Muitas crianças, na primeira vez que o jogo foi realizado, não conseguiram vencer esses obstáculos e foram logo presas. Ao final do jogo, quando conversaram sobre ele, cada aluno avaliou seu desempenho, reinterpretou as regras e comentou sobre como melhorar suas atitudes para demorar a ser pego.

Observamos que, durante os desafios surgidos na atividade, o que decide o ato a ser realizado é predominantemente a inteligência corporal, isto é, as ações corporais motoras que devem ser rapidamente selecionadas para esse fim. Também surge uma forma de raciocinar sobre problemas, diferente de outra utilizada em situações de caráter menos urgente, os caminhos do rei, por exemplo.

Foi interessante perceber a naturalidade com que os erros foram analisados, e atribuímos isso ao fato de que, quando existe uma atmosfera relacional verdadeira, a criança não se sente numa situação de erro. O não êxito de uma dada situação tem uma importância relativa; é um comportamento que se aceita e compreende. O interesse está situado no nível da experiência e da vivência, não do êxito ou não êxito.

Outro ponto importante de salientar é que, durante o jogo, muitas "tartarugas" só queriam ficar deitadas. Isso gerou um protesto por parte de alguns e a professora conduziu uma discussão sobre os papéis que cada um deveria desempenhar na caçada. A discussão foi levada justamente para a oposição de ações presente na atividade: se há um perseguidor, deve haver um fugitivo, e as crianças concluíram que não tem graça para o perseguidor apanhar alguém que não foge e vice-versa. A professora, na verdade, trouxe a questão da necessidade da cooperação, ou seja, se alguma das crianças não entender sua função no jogo, este se interrompe ou não tem condições de começar.

Durante a realização das atividades, pudemos observar que as crianças se envolviam com muito prazer. Também observamos claramente, ainda que sem nenhuma justificativa neurológica, que quanto mais podiam falar e refletir sobre suas ações, melhor as crianças expressavam-se corporalmente.

Observamos mesmo que o fato de estar trabalhando simultaneamente com a linguagem, com aspectos geométricos, numéricos, trouxe uma melhoria na capacidade de observação, da percepção e da discriminação visual.

Como na outra experiência, pedimos às crianças que registrassem, através do desenho, como foi feito o jogo. Vejamos alguns registros.

20/03/95

Observemos a criança de cabelo azul, ela representa o caçador vencedor.

Os quadradinhos empilhados à esquerda no desenho representam o números de "tartarugas" que esse caçador capturou.

A utilização desses dois recursos foi opção do desenhista.

31/05/95

O desenho é da mesma criança que fez o registro anterior.

Nessa nova representação, observe-se que o aspecto mais relevante para a criança foi a ação de deitar como tartaruga, provavelmente uma aquisição própria.

A criança vermelha é o próprio desenhista que se registrou em pé e deitado em situação de fuga.

Notemos também que há linhas separando o desenho em cenas. Isso indica uma tentativa das crianças em demarcar o espaço e o tempo das ações vivenciadas.

Observe-se, finalmente, a evolução na representação das figuras humanas que surgem bem mais completas do que no registro anterior. Isso ocorre pelo ganho de maior consciência sobre o próprio corpo.

Ao observar as crianças durante as brincadeiras e, posteriormente, ouvi--las falar sobre as diferentes situações ou analisando seus registros pictográficos, pudemos fazer três importantes observações:

Primeira observação

Os registros gráficos das crianças evoluem conforme elas aumentam sua capacidade de usar o corpo em ações conscientes. Quanto maior consciência do corpo, mais ricas são as representações pictóricas que elas conseguem fazer.

Segunda observação

As situações propostas devem confrontar os dados perceptivos motores, as relações corporais, espaço-temporais e materiais, na medida em que só a partir desses confrontos se pode aprender a controlar o corpo, beneficiando todo o suporte motor que está na origem da satisfação dos desejos intencionalmente concebidos. É através desse processo complexo que a competência corporal-cinestésica não será sufocada pela competência linguística.

Terceira observação

A parceria matemática/corpo não prescinde de outras ligações com componentes do espectro como é o caso das dimensões linguística, pictórica e espacial, e a viabilização dessa parceria na escola infantil pode acontecer por meio de jogos tradicionais do universo infantil.

Finalmente, é essencial destacar a importância da relação com o outro nas atividades de brincadeira infantil, visando à parceria matemático/corporal--cinestésico. A consciência de si se constrói na criança pouco a pouco e se amplia, à medida que ela percebe o outro que com ela se relaciona. Fonseca afirma que a ação de um indivíduo é antes de tudo a ação do outro e com o outro.

Essa constatação nos reporta a necessidade das trocas entre as pessoas que participam de cada proposta, portanto é premente a reflexão sobre um outro par de relações no espectro, qual seja, o matemático e as inteligências pessoais.

A competência lógico-matemática e as inteligências pessoais

"Ninguém constrói nenhum conhecimento sozinho, sem contato com o próprio objeto de conhecimento e a possibilidade de discussão com o outro".
Yves Chevallard

A frase de Chevallard nos lembra que o ser humano é um ser social que se faz indivíduo ao mesmo tempo que incorpora formas maduras de atividade de sua cultura. Nesse incorporar, nessa troca, o ser individualiza-se e se socializa.

Ao falar das competências que compõem o espectro, Gardner distingue duas delas como sendo as responsáveis pelas questões sociais e afetivas da natureza humana. A essas inteligências ele deu o nome de intra e interpessoal.

Gardner (1994b) afirma que de um lado há o desenvolvimento dos aspectos internos, intrapessoais de uma pessoa, e a capacidade central em funcionamento, nesse aspecto, seria o acesso à nossa própria vida sentimental, nossa gama de afetos e emoções, a capacidade de efetuar instantaneamente discriminações entre sentimentos e rotulá-los, envolvê-los em códigos simbólicos, basear-se neles como um meio de entender e orientar nosso comportamento.

De um outro lado, estaria uma capacidade de voltar-se para fora, para outros indivíduos. Central a essa competência estaria a capacidade de observar e fazer a distinção entre outros indivíduos, perceber seus humores, temperamentos, motivações e intenções.

Trazer essas competências para o âmbito das ações docentes significaria observar a capacidade de cada criança em sentir-se bem diante do conhecimento que a escola apresenta a ela, não ser temerosa, insegura e passiva ante os desafios e problemas que a ela se apresentam, ser capaz de regular-se emocionalmente para buscar saídas, soluções, alternativas, posicionando-se autonomamente frente às suas conquistas e buscando segurança para superar eventuais obstáculos.

O que desejamos, em conjunto, é ver manifesto nos alunos a capacidade de trabalhar com o outro, de realizar ações coletivas, cooperativas. A manifestação da inteligência interpessoal na escola seria assim observada na capacidade de coordenar pontos de vista, falar sobre conquistas e dificuldades, defender impressões pessoais e refutá-las se convencido de sua incoveniência. Do ponto de vista do conhecimento, essa competência seria manifesta pela capacidade de resolver problemas, criar ideias através de um processo de negociação de significados em um grupo.

Segundo Kamii (1991), as crianças que confiam na sua capacidade de tirar conclusões próprias, quando chegam a uma resposta para um desafio proposto, ou quando formulam um pensamento sobre um tema em discussão, não têm medo de se expressar sobre isso e, se suas opiniões se mostram diferentes das dos outros, tentam convencer o outro ou admitem estar erradas. Estas seriam, em nosso entender, manifestações das inteligências pessoais.

Por essa ótica, delinear uma proposta que promova a parceria matemática/inteligências pessoais significa focalizar, num primeiro momento, a importância das interações que possam ocorrer entre os participantes das ações desenvolvidas no contexto da sala de aula; significa perceber a relação entre o nível da capacidade do sujeito e as ações entre sujeitos que podem afetar seus conhecimentos e estratégias para resolver as situações-problema que se colocam frente a eles.

Identificar como emergem e se manifestam tais interações entre os alunos e tentar ver como se dá o processo de negociação entre as diferentes ideias por eles discutidas permite discernir entre os aspectos das ações de sala de aula aqueles necessários ao traçado de estratégias que possibilitem ao aluno elaborar formas cada vez mais sofisticadas de argumentação e conhecimento.

Para isso, os processos de comunicação em sala de aula devem ter atenção especial e a oralidade da criança deve ser valorizada. Segundo Vygotsky (1989),

> (...)a relação entre o pensamento e a palavra é um processo vivo; o pensamento nasce através das palavras. Uma palavra desprovida de pensamento é uma coisa morta, e um pensamento não expresso por palavras permanece uma sombra. (p.131)

O ato de comunicar define a situação que vai dar sentido às mensagens trocadas entre os sujeitos. Acreditamos mesmo que a comunicação é o veículo através do qual professor e aluno podem apreciar a matemática e os processos de pensamento relacionados a ela.

A comunicação pode ocorrer de modo natural quando os alunos são estimulados a falar sobre seus procedimentos, trocar ideias sobre propostas e problemas apresentados, quando se utilizam de várias formas de linguagem — corporal, pictórica, musical — para expressar o que concebem, percebem e acreditam. Para a criança, especialmente, a descoberta de que todo o seu corpo faz parte de um sistema expressivo-emocional faz com que ela descubra que o sistema de comunicação não é apenas pessoal, mas também ligado a outras pessoas. Essas descobertas incorporam o sentido do diálogo e da relação entre o eu e o não-eu.

Outro aspecto a ser considerado na elaboração de estratégias que viabilizem a parceria em exame é que a dimensão intrapessoal da inteligência corresponde ao desenvolvimento dos aspectos internos de uma pessoa, ou seja, aqueles relacionados aos sentimentos.

A criança da escola infantil vive uma fase conflitante do seu "eu", pois os sentimentos que lhe brotam são fortes e, frequentemente, a impelem a focalizar-se como um indivíduo separado, ela é o que costumamos chamar de egocêntrica. Por outro lado, a criança não se desenvolve em isolamento, ela é um membro da comunidade e, portanto, tem uma noção de como os outros sujeitos da comunidade são.

Kamii (1991) afirma que, ao longo do seu desenvolvimento, a criança vai dando lugar à descentração e pode evoluir na busca de um convívio interpessoal harmonioso e firme para sua vida em sociedade. Se esse processo de descentração for percebido e controlado pela criança e trouxer-lhe autonomia de atos e pensamentos, então seu desenvolvimento intrapessoal também será harmônico.

Diferentes fatores podem interferir para que o sujeito se estruture como um indivíduo social, afetivo e autônomo, pela superação de seus medos e anseios. O processo de constituição do *eu* inclui a aprendizagem escolar, cuja base esteve sempre situada ao lado da inteligência e apoiada no eixo lógico-matemático/ linguístico.

Ao trazermos a ideia da inteligência como um espectro de competências, vimos que outros elementos ampliarão a base de sustentação da inteligência e, consequentemente, da aprendizagem, e os produtos, os atos, os pensamentos ou afetos a partir dessa concepção serão elaborados através de processos objetivos e subjetivos. Essa perspectiva incorpora dados que eram quase ignorados na sublimação do linguístico/lógico-matemático como eixo principal da aprendizagem, entre eles, o *desejo*.

Fernandez (1991) afirma que se, por um lado, o cognitivo se propõe a apropriar-se de um objeto conhecendo-o, generalizando-o, incluindo-o em uma classificação, o desejo se propõe a apropriar-se do objeto representando-o, atribuindo-lhe significação.

Aliado à satisfação e ao prazer que a conquista do objeto propicia, aparece o desprazer e a necessidade de buscar um novo objeto. Aparentemente, ao mesmo tempo em que se apreende o objeto do conhecimento, surge um novo desconhecimento trazendo novas perguntas, novos interesses, e o desejo de buscar novas informações, novos conhecimentos.

O desejo é equilibrante e desequilibrante, pois traz ao mesmo tempo a satisfação por ter atingido o objeto almejado e a vontade de responder a novas questões que se colocam, propiciando um movimento contínuo entre o prazer da certeza e o desconforto da dúvida.

Ortega y Gasset (1987) afirma que o desejo é uma função interna e é útil como regulador da vontade e de outras funções anímicas. Para o autor, quanto maior for nosso repertório de desejos, maior será a superfície oferecida à seleção, na qual se vai desenvolvendo o querer. A possibilidade do sujeito controlar esse movimento interno prazer-desprazer, desejo-dúvida-insatisfação, contribui para um bem-estar do *eu* e um estar-bem com o *eu*.

Parece-nos que, no trabalho com a matemática, devemos cuidar para que o mesmo desejo que traz novas perguntas, novos interesses e a necessidade de novas informações não se transforme em frustração, medo e ansiedade.

Frustração por não encontrar nunca um caminho que permita solucionar as questões propostas, medo de fracassar e ansiedade por não controlar e não ver saída ao próprio fracasso.

O objetivo do trabalho com a matemática desde a escola infantil é colocar os alunos numa situação de confiança em relação ao seu trabalho e ao seu conhecimento. Dessa forma, a meta prioritária é conseguir que os alunos se convençam de que possuem capacidade suficiente para utilizar matemática, tendo controle próprio sobre os êxitos ou fracassos desse uso. A isso chamamos autonomia.

Essa autonomia se desenvolve se não permitirmos que o aluno se intimide diante do adulto que traz as informações, diante da matemática a ser conquistada e diante do desejo de descobrir, de ampliar seu conhecimento.

Kamii afirma que a autonomia se desenvolve e se consolida à medida que o sujeito adquire confiança em sua capacidade de raciocinar e justificar sua forma de pensar e amplia-se quando o indivíduo chega a convicção de que a matemática e seus problemas têm sentido, são lógicos e, até, divertidos.

Diante desse quadro, entrevemos a possibilidade de utilizar dois recursos para a abordagem do par matemático/inteligências pessoais: o trabalho em grupo e os jogos em grupo.

A importância das interações sociais

Sabemos que o ser humano é um ser essencialmente social e sua identidade constrói-se na interação social. Segundo Vygotsky (1989), não há oposição entre o plano social e o individual, visto que a ação do sujeito é considerada ação entre sujeitos e o desenvolvimento é, assim, alicerçado sobre o plano das interações. O sujeito faz sua uma ação que tem inicialmente um significado partilhado.

Em Suchodolscki (1968), encontramos que a interação social mobiliza atitudes e interesses cognitivos, traz perspectivas de futuro, auxilia a formação do caráter, de opiniões e comportamentos.

Para esses dois autores, todo pensamento está ligado à convivência e à atividade social dos indivíduos. Vygotsky chega mesmo a afirmar que o aprendizado desperta vários processos internos de desenvolvimento, que são capazes de operar somente quando a criança interage com pessoas em seu ambiente e quando em cooperação com seus companheiros. Uma vez internalizados, esses processos tornam-se parte das aquisições do desenvolvimento, independente da criança.

Do nosso ponto de vista, concordamos que, na discussão com o colega, a criança pode desenvolver seu potencial de participação, cooperação, respeito mútuo e crítica. Como afirma Kamii (1992), no desenvolvimento da criança as ideias dos outros são importantes porque promovem situações que levam a criança a pensar criticamente sobre suas próprias ideias em relação às dos outros.

Ainda de acordo com Kamii, é por meio da troca de pontos de vista com outras pessoas que a criança vai descentrando-se, isto é, ela vai podendo pensar por uma outra perspectiva e, gradualmente, passa a coordenar seu próprio modo de ver com outras opiniões.

Podemos mesmo afirmar que, sem a interação social, a lógica da criança não se desenvolveria plenamente, porque é nas situações interpessoais que a criança se sente obrigada a ser coerente. Sozinha, a criança poderá dizer e fazer o que quiser pelo prazer e contingência do momento, mas em grupo, diante de outras pessoas, ela sentirá a necessidade de pensar naquilo que vai dizer, que vai fazer, para que possa ser compreendida.

A relação com o outro, portanto, permite que haja um avanço maior na organização do pensamento do que se cada indivíduo estivesse só. Isso ocorre, de acordo com Vygotsky, porque a interação interpessoal permite a formação de uma zona de desenvolvimento proximal. Essa zona seria a distância entre aquilo que uma pessoa já conhece e aquilo que ela pode vir a saber em colaboração e cooperação com outras pessoas. Cooperação aqui entendida como "co-operar", operar junto, negociar para chegar a algum acordo que pareça adequado a todos os envolvidos.

Essa *cooperação* prevê colaboração no trabalho, discussão objetivamente encaminhada, intercâmbio de ideias. Na cooperação, a obrigação é considerar todos os pontos de vista, ser coerente, racional, justificar as próprias conclusões e ouvir o outro. É nesse processo que se dá a negociação de significados e que se estabelece a zona de desenvolvimento proximal.

Ao analisar as situações cooperativas entre os indivíduos, César Coll Salvador (1994) afirma:

> (...) as relações entre alunos (..) incidem de forma decisiva sobre aspectos tais como o processo de socialização em geral, a aquisição de aptidões e habilidades, o controle de impulsos agressivos, a relativização progressiva do ponto de vista próprio, o nível de aspiração e inclusive o rendimento escolar. (p. 78)

Em situações de grupo cooperativo, há, portanto, o favorecimento simultâneo do estabelecimento de relações entre os alunos e do rendimento do conhecimento.

Com relação ao trabalho com a matemática, temos procurado defender a ideia de que há um ambiente a ser criado na sala de aula que se caracterize pela proposição, investigação e exploração de diferentes situações-problema por parte dos alunos. Também temos afirmado que a interação entre os alunos, a socialização de procedimentos encontrados para solucionar uma questão e a troca de informações são elementos indispensáveis numa proposta que se constrói sob a ótica das inteligências múltiplas.

No trabalho de sala de aula de matemática, deve haver, desde a escola infantil, o desenvolvimento do respeito pelas ideias de todos, a valorização e discussão do raciocínio, das soluções e dos questionamentos dos alunos. Isso gera elementos para a construção de uma comunidade social e intelectual na classe e coloca a necessidade de muitas oportunidades para o trabalho em grupo, seja em duplas, trios, quartetos ou mesmo a classe toda.

A ação pedagógica em matemática que se organiza pelo trabalho em grupos propicia não apenas troca de informações, mas cria situações que favorecem o desenvolvimento da sociabilidade, da cooperação e do respeito mútuo entre os alunos, possibilitando aprendizagens significativas.

Organizar um trabalho em grupo em sala de aula não se restringe apenas a pedir aos alunos que reúnam as carteiras, nem tampouco dispor a classe em arranjos visuais que lembrem grupos.

Um grupo apenas pode ser considerado assim quando, como afirma Madalena Freire (1993), um conjunto de pessoas movidas por necessidades semelhantes se reúne em torno de uma tarefa específica; no desenvolvimento dessa tarefa deixam de ser um amontoado de indivíduos para cada um assumir-se enquanto participante do grupo que tem um objetivo comum a todos.

No trabalho em grupo, ainda segundo Madalena Freire, cada participante exercita sua fala, sua opinião, seu silêncio, defendendo seu ponto de vista. Para ela:

> Neste exercício de diferenciação —construindo sua identidade — cada indivíduo vai introjetando o outro dentro de si (...) Este fato assinala o início da construção do grupo enquanto composição de indivíduos diferenciados. (p.59)

Ao organizar o trabalho de grupo na classe é preciso ter bem claros os objetivos que se deseja alcançar em cada situação. Por isso, a escolha dos parceiros de grupo pode ser feita pelos alunos ou pelo professor.

Ao realizar a tarefa proposta, os alunos devem ser estimulados a fazer uma discussão, levantar o problema central da atividade e elaborar um plano, um projeto para executar o que foi solicitado, buscando formas conjuntas de realizar as ações planejadas.

A atividade apresentada aos grupos precisa ser sempre desafiadora, provocadora, para que cada participante contribua e valorize as contribuições dos colegas. Ao aprender a escutar e discutir as diferentes ideias que se colocam durante a realização da tarefa, são desenvolvidos processos de comunicação através da linguagem oral e escrita e é possível a cada componente do grupo explorar e desenvolver suas habilidades de descrever, explicar e questionar.

Ao mesmo tempo, *é* necessário que o desafio da proposta seja acessível para que o grupo tenha confiança e previsão de sucesso. Se tem confiança, seu prazer em idealizar e realizar um projeto permite o desenvolvimento da autonomia.

De acordo com Madalena Freire, ao longo das várias fases por que passa o trabalho em grupo, os participantes podem desempenhar e assumir diferentes papéis. Nesse processo, o grupo caminha, há possibilidade de descobrir preferências, negociar soluções, diluir as dificuldades, são evidenciadas diferentes formas de pensamento sobre as ideias surgidas nas discussões, o que permite o desenvolvimento de habilidades de raciocínio como investigação, inferência, reflexão e argumentação.

Também é importante no trabalho em grupo que os grupos possam conversar, trocar impressões, cooperarem. Promover essa interação favorece o debate amplo e a construção de novas ideias, novos conhecimentos, além de auxiliar os alunos a desenvolver um senso de comunidade.

Para que o trabalho em grupo possa acontecer no sentido que discutimos aqui, a natureza das atividades a serem desenvolvidas terá enorme importância. Jogos, por exemplo, podem ser um bom tipo de atividade em grupo.

Jogos em grupo

Muitos são os estudos que têm mostrado as finalidades dos jogos no ensino. Kishimoto (1994) afirma que o jogo é importante para o desenvolvimento infantil, porque propicia a descentração, a aquisição de regras, a expressão do imaginário e a apropriação do conhecimento.

Segundo Kishimoto, o jogo estimula a exploração e a solução de problemas e, por ser livre de pressões e avaliações, cria um clima adequado para a investigação e a busca de soluções. Em seu livro, a autora cita estudos indicativos de que existem quatro valores determinantes da qualidade de um jogo para sua utilização com crianças. São eles: o valor *experimental,* que permite a exploração e a manipulação; o valor da *estruturação,* que dá suporte à construção da personalidade infantil; o valor de *relação,* que coloca a criança em contato com o outro; e o valor *lúdico,* que estimula o aparecimento da ação lúdica.

Fernández (1991) defende que o jogo descentra, porque outorga possibilidade de uso. Para ela, o espaço do jogo é um espaço transacional, de confiança e de criatividade, porque transita entre o crer e o não crer, entre o interior e o exterior. Ortega y Gasset (1987) afirma que a cultura pode ser considerada mais como filha do jogo do que do trabalho.

Ao explicitar os seus objetivos para o uso de jogos com crianças pequenas, Kamii (1991) afirma:

> *Em relação ao aprendizado, gostaríamos que as crianças fossem alertas, curiosas, críticas e confiantes na sua capacidade de imaginar coisas e dizer o que realmente pensam. Gostaríamos também que elas tivessem iniciativa, elaborassem ideias, perguntas e problemas interessantes (...) (p. 15)*

Kamii também afirma que as crianças pequenas ficam muito interessadas em jogar e que, por isso, os jogos constituem uma situação natural em que as crianças são motivadas a cooperar para estabelecer regras e segui-las, isto porque um jogo não pode começar a não ser que os jogadores concordem com as regras e, uma vez começado, não pode continuar, a não ser que os jogadores concordem com a interpretação das regras.

Podemos dizer que o jogo serve como meio de exploração e invenção, reduz a consequência dos erros e dos fracassos da criança, permitindo que ela desenvolva sua iniciativa, sua autoconfiança, sua autonomia. No fundo, o jogo é uma atividade séria que não tem consequências frustrantes para a criança.

De acordo com Bruner (1976), na educação infantil o jogo também tem a função de desenvolver a linguagem materna. Segundo ele, há algo no jogo que estimula a atividade linguística e que intervém na elaboração de expressões mais complicadas da linguagem. Durante o jogo, a criança exercita e desenvolve sua linguagem como instrumento de pensamento, comunicação e ação, simultaneamente.

Azevedo (1993) afirma que os jogos permitem a colocação de problemas, favorecem a criatividade e a elaboração de estratégias de solução. Para ela, os problemas colocados pelos jogos se constituem num fator de desafio e desequilibração, que instigam a criança à ação, à busca pela superação dos desafios.

Azevedo afirma ainda que os jogos criam uma relação descompromissada com resultados rápidos e que isso permite um espaço maior para o indivíduo constituir seu autoconceito positivamente.

Acreditamos que no jogo é possível que os erros possam ser revistos de forma natural na ação das jogadas, sem deixar marcas negativas, mas propiciando novas tentativas, estimulando previsões e checagem.

Por essas características é que consideramos que o jogo propicia situações que, podendo ser comparadas a problemas, exigem soluções vivas, originais, rápidas. Nesse processo, o planejamento, a busca por melhores jogadas, a utilização de conhecimentos adquiridos anteriormente propiciam a aquisição de novas ideias, novos conhecimentos. Se o "pano de fundo" de alguns jogos for matemático, então a cada vez que eles se realizarem teremos um bom recurso para propiciar o desenvolvimento de habilidades de resolução de problemas e de noções em matemática.

Tipos de jogos

Existem diferentes concepções sobre o que seja jogo e também sobre a distinção entre o que é jogo, brinquedo ou brincadeira.

Em nosso caso, assumiremos que o termo jogo terá os significados propostos em Kamii (1991) e Krulik e Rudnik (1993), quais sejam:

– o jogo deve ser para dois ou mais jogadores, sendo, portanto, uma atividade que as crianças realizam juntas;

– o jogo deverá ter um objetivo a ser alcançado pelos jogadores, ou seja, ao final, deverá haver um vencedor;

– o jogo deverá permitir que os alunos assumam papéis interdependentes, opostos e cooperativos, isto é, os jogadores devem perceber a importância de cada um na realização dos objetivos do jogo, na execução das jogadas, e observar que um jogo não se realiza a menos que cada jogador concorde com as regras estabelecidas e coopere seguindo-as e aceitando suas consequências;

– o jogo deve ter regras preestabelecidas que não podem ser modificadas no decorrer de uma jogada, isto é, cada jogador deve perceber que as regras são um contrato aceito pelo grupo e sua violação representa uma falta; havendo o desejo de fazer alterações, isso deve ser discutido com todo o grupo e, no caso de concordância geral, podem ser impostas ao jogo daí por diante;

– no jogo, deve haver a possibilidade de usar estratégias, estabelecer planos, executar jogadas e avaliar a eficácia desses elementos nos resultados obtidos, isto é, o jogo não deve ser mecânico e sem significado para os jogadores.

A existência de todas as características mencionadas, especialmente as referentes às regras, caracteriza os jogos em grupo, ou sociais, e é a forma mais avançada e complexa de jogo. Segundo Piaget, esse tipo de jogo simula as características principais das relações dos indivíduos em sociedade.

Os jogos, sengundo Kamii, devem trazer situações interessantes e desafiadoras, permitindo que as crianças se auto-avaliem quanto a seu desempenho e participem ativamente do jogo o tempo todo.

É preciso também acrescentar que, embora preveja um vencedor, a situação de jogo não deve privilegiar a competição, mas levar ao desenvolvimento da cooperação e do respeito entre os jogadores, que são aspectos que julgamos importantes no desenvolvimento das inteligências intra e interpessoal.

Kamii afirma que, após os cinco anos, é natural e saudável o surgimento da habilidade de comparação entre os jogadores e o aparecimento de tentativas de vencer o adversário.

Crianças que até então admitiam que todos do grupo pudessem ser vencedores passam a elaborar previsões de como vencer. De acordo com Kamii, essa mudança favorece os processos de descentração, pois faz com que as crianças comecem a comparar suas performances e a coordenar as intenções dos diferentes jogadores. É aí que surge propriamente o jogo no sentido que apresentamos anteriormente.

Porém, quando a competição aparece, ela não deve ser estimulada no sentido de ganhar a qualquer preço, mas as crianças devem cooperar para chegar a algum acordo e resolver seus conflitos.

Os jogos em grupo oferecem muitas oportunidades para elaboração de regras, discussão de procedimentos e condutas, observação dos efeitos de tais elementos e modificações de atitudes. Assim, se uma criança quer ganhar sempre e por isso transgride regras, sua conduta deve ser discutida e analisada com ela e com os demais componentes do grupo para permitir uma reflexão e posterior mudança de atitude.

Entretanto, se não houver o estímulo do adulto para a supervalorização do vencedor, poucos serão os casos nos quais as crianças tentarão deliberadamente vencer a qualquer preço.

A seguir, faremos um relato de uma atividade de jogo para ilustrar como concebemos esse recurso na proposta que estamos elaborando.

O jogo que descreveremos é conhecido como *jogo dos cincos* e tem as seguintes regras:

– usam-se cartas numeradas de 1 a 4, sendo oito cartas de cada tipo;
– o jogo é feito por dois ou quatro jogadores;
– todas as cartas são distribuídas entre os jogadores que as organizam em pilhas;
– as pilhas de cartas de cada jogador ficam viradas para baixo, de modo que ele não veja suas próprias cartas nem as do companheiro;
– os jogadores decidem quem será o primeiro a jogar;
quando chega sua vez, o jogador vira a carta superior sobre a mesa e tenta completar um total de cinco com apenas uma outra carta que estiver sobre a mesa;
– o jogador com o maior número de cartas ao final do jogo será o vencedor;
– o jogo acaba quando nenhum "cinco" puder mais ser formado.

Esse jogo foi proposto a crianças de seis anos, e a primeira formação dos grupos foi livre para que a professora pudesse avaliar, por observação, como cada aluno perceberia e agiria diante das regras do jogo.[19]

A apresentação do jogo foi feita, inicialmente, com as crianças todas em círculo sentadas no chão. A professora falou sobre o jogo e foi jogando alternadamente com algumas crianças para que toda a classe pudesse observar e se familiarizar com o jogo. Como os alunos estão muito acostumados a situações coletivas, essa forma de encaminhamento não gerou nenhum problema. Mas há outras formas de apresentar um jogo: jogar com pequenos grupos antes da classe toda; dividir a classe em dois grupos e orientar sobre as regras; ter metade da classe realizando uma tarefa combinada e jogar com a outra metade invertendo

---

[19] Jogo realizado por alunos do Colégio Emilie de Velleneuve, S.P.

posteriormente as atividades ou, ainda, deixar a classe fazendo alguma outra atividade e jogar com um grupo por vez.

De qualquer modo, sabemos que, por mais que tenha sido apresentado com cuidado, a primeira vez que as crianças jogam em pequenos grupos surge na classe um certo tumulto, porque elas têm dúvidas, não se familiarizaram totalmente com as regras, não conseguem realizar o que o jogo propõe. Isso exige que o professor tenha paciência e consciência de que o barulho vem de um interesse das crianças em jogar, em executar e discutir o que foi proposto. É um "tumulto produtivo".

As crianças da classe relatada tiveram tempo para pensar e se familiarizar com o jogo, e a professora incentivou que as dúvidas fossem discutidas entre os jogadores.

Durante o tempo em que as crianças jogavam, a professora foi observando cada aluno para perceber aqueles que jogavam com facilidade, os que compreenderam as regras, mas não conseguiram realizar a tarefa matemática nele envolvida e aqueles que não haviam sequer percebido como iniciar o jogo.

Embora tenha tirado muitas dúvidas das crianças, a professora não teve a pretensão de esgotar o jogo num único dia, especialmente porque sabia que é apenas a partir da segunda ou terceira vez que o jogo se realiza que as crianças avançam em direção aos conhecimentos e reflexão sobre as regras e as noções matemáticas envolvidas que, no caso desse jogo, são: noções de contagem, pares, multiplicação, comparação de quantidades e noções de adição.

Ao final da primeira vez que a classe realizou o jogo, a professora discutiu com eles como foi jogar, o que eles acharam do jogo, como são as regras. Após a discussão, a professora propôs que juntos eles construíssem um texto coletivo para falar das regras do jogo. Vejamos como ficou o texto:

Regras do Jogo dos Cincos
1. Embaralhar as cartas e dividi-las
2. Não pode ver as cartas
3. Jogar uma carta na mesa
4. Precisa formar o número 5 com as cartas 2 e 3, 4 e 1
5. Quem tiver mais cartas ganha o jogo.

Como a percepção da professora foi de que as crianças gostaram e se envolveram com o jogo, uma cópia do texto foi dada a cada criança e combinaram que deveriam guardar para lerem quando fossem jogar novamente.

Aproximadamente uma semana depois, a classe lembrou do jogo e a professora então deu os baralhos para que eles jogassem. Antes, porém, eles leram juntos o texto que haviam feito para relembrar as regras.

A professora, dessa vez, formou os grupos de trabalho de acordo com suas observações da primeira jogada, procurando colocar em cada grupo uma criança cuja performance tanto em relação às regras quanto às noções matemáticas fosse suficiente para dar suporte às dúvidas dos colegas e, assim, aumentar a interação entre os jogadores e diminuir sua própria interferência junto às crianças.

Quando terminou o jogo, nova discussão foi realizada, e a professora distribuiu o texto coletivo novamente para que, se as crianças desejassem, acrescentassem mais detalhes sobre o jogo, dessa vez usando desenhos. Interessante observar que houve criança que não acrescentou nada, mas outras que destacaram aspectos a serem observados:

REGRAS DO JOGO DOS CINCOS

1. EMBARALHAR AS CARTAS E DIVIDI-LAS
2. NÃO PODE VER AS CARTAS
3. JOGAR UMA CARTA NA MESA
4. PRECISA FORMAR O NUMERO 5 COM AS CARTAS 2 E 3, 4 E 1.
5. QUEM TIVER MAIS CARTAS GANHA O JOGO.

JARDIM III - D

Nesse desenho, a criança representa seu grupo, o prazer de quem vence e o desprazer de quem perde. Podemos observar isso pelo detalhe das expressões das bocas.

REGRAS DO JOGO DOS CINCOS

THAISA 131 DE MAIO J

1. EMBARALHAR AS CARTAS E DIVIDI-LAS
2. NÃO PODE VER AS CARTAS
3. JOGAR UMA CARTA NA MESA
4. PRECISA FORMAR O NUMERO 5 COM AS CARTAS 2 E 3, 4 E 1.
5. QUEM TIVER MAIS CARTAS GANHA O JOGO.

JARDIM III - D

Nesse desenho, a criança preocupou-se em mostrar as jogadas de cada companheiro do grupo, e em incluir registros de algumas possibilidades de obter cinco com duas cartas: 4 e 1, 1 e 4, 3 e 2.

Analisando os registros, a professora pôde notar aquelas crianças que avançaram ou não em suas percepções sobre o jogo, identificar algumas noções matemáticas que já haviam emergido a partir do jogo e que direção a proposta poderia tomar para que cada criança, segundo suas condições e interesses, aproveitasse melhor as situações de jogo.

Para algumas crianças com dificuldades iniciais, a professora percebeu que a troca com os amigos foi suficiente para resolver alguns problemas; para outras crianças, foi preciso que a professora jogasse com elas mais vezes, mais pausadamente; outras crianças tomaram consciência do que poderiam realizar ouvindo a discussão da classe sobre o jogo ou desenhando o jogo.

Poderíamos arriscar dizer que essa gama de recursos de registro e comunicação utilizadas pela professora permitiu a criação das *rotas alternativas* para levar às crianças as noções matemáticas pretendidas.

O trabalho com o jogo durou aproximadamente quatro semanas, após o que começou a ficar muito simples. Nesse momento, a professora iria propor um outro jogo, mas muitas crianças sugeriram mudar uma regra do jogo para ele ficar "mais difícil". A sugestão que a classe mais gostou foi a de tentar formar setes com duas cartas.

Houve uma intensa discussão sobre como deveria ser o baralho, quantas cartas para cada um, como iam ficar as regras, etc. A professora conduziu o grupo para a organização do jogo que eles haviam inventado e durante alguns dias eles continuaram jogando. Quando finalmente trouxe outra sugestão de jogo para a classe, o jogo dos sete foi deixado num canto da sala à disposição das crianças que desejassem jogá-lo. Era comum durante algum tempo que as crianças, no início do período ou outros momentos livres, organizassem-se para jogar, mesmo aquelas que ainda erravam muito na contagem e na adição.

Acreditamos que todo esse processo ocorreu porque a professora atuou de modo a desenvolver a autoconfiança dos alunos e não teve medo de propor e aceitar os desafios do jogo. As conclusões que as crianças tiraram foram muito interessantes e entre elas destacamos:

– para dar cinco, só pode ser 1 e 4, 4 e 1, 3 e 2 e 2 e 3;
– para dar sete, tem que ter até o 6;
– sete, você faz assim 1 e 6, 4 e 3, 5 e 2, depois troca que fica tudo igual;
– tem que ser 12 cartas para todo mundo.

Algumas dessas conclusões foram anotadas num cartaz que ficou na classe e que as crianças chamaram de "descobertas do jogo".

Quando propusemos o jogo, tínhamos como intenção entender como as crianças estavam pensando sobre números e suas relações, observar suas habilidades de contar, de quantificar, de realizar cálculos mentais, organizar informações numéricas. Também queríamos ver como as crianças usavam estratégias para lidar com problemas, com regras e com a competição. Acreditamos que ter trabalhado com uma multiplicidade de recursos junto ao jogo nos permitiu atingir todos esses objetivos e auxiliou a planejar as ações que deveríamos realizar para dar sequência ao trabalho.

Percebemos também que muitas crianças envoluíram nas habilidades mencionadas, bem como ganharam confiança na troca de opiniões em classe.

Isso nos permitiu inferir que, ao mesmo tempo que desenvolveram seus conhecimentos matemáticos e sua capacidade de resolver problemas, as crianças tornaram-se confiantes, criativas e capazes de discutir sobre seu conhecimento e suas ideias. Por outro lado, notamos que o trabalho em matemática, especialmente através dos jogos, permite à criança construir o autoconhecimento sobre suas habilidades, seu sistema de raciocínio, suas preferências por esse ou aquele assunto, bem como a capacidade de estabelecer relações entre noções e significados matemáticos.

Nesse ponto do trabalho, também confirmávamos a ideia de que a exteriorização das competências, observadas enquanto as propostas de trabalho se desenvolvem, permite ao professor avaliar as necessidades locais de cada aluno e elaborar estratégias de ação que possibilitem atender a tais necessidades.

No entanto, ainda que desejássemos, não poderíamos afirmar que bastam o trabalho em grupo e os jogos para desenvolver as inteligências pessoais dos alunos. Sabemos que há outros recursos e outras competências intelectuais que também servem de *rota* para as competências intra e interpessoais, como a componente musical. Por isso, encaminhamos a discussão para o último par a ser examinado nesse projeto de trabalho, qual seja, o lógico-matemático/musical.

O matemático e o musical

"Se em cada ser há algo de novo, não haveria algo de novo sob o sol que merecesse ser experimentado? É isso que a música nos promete".
Georges Snyders

Desde cedo, a criança demonstra interesse por ritmos e sons musicais. Parece mesmo que a receptividade à música é um fenômeno corporal e que a relação da criança com a música começa quando ela entra em contato com o universo sonoro que a cerca, a partir de seu nascimento.

Com o passar do tempo, a criança experimenta sons que pode produzir com a boca e é capaz de perceber e reproduzir sons repetitivos, acompanhando-os com movimentos corporais. Essa movimentação desempenha papel importante em todos os meios de comunicação e expressão que se utilizam do ritmo, tais como a música, a linguagem verbal e a dança.

Snyders (1994) afirma que o homem entra, através da música, na posse unificada de seus recursos e que, desenvolvendo sua audição e sensibilidade musical, chega a um momento em que a sensibilidade e a inteligência, o afetivo e o racional, não podem mais constituir-se em ordens opostas. Para ele, através da música,

(...) a sensibilidade não se confunde mais com a desordem de um sentimentalismo vago; a inteligência, mesmo e sobretudo sob sua forma ao que parece mais abstrata, a matemática, abre-se à admiração emotiva. (p. 120)

Weigel (1988) parece concordar com Snyders ao apresentar seu ponto de vista de que a música representa uma importante fonte de estímulos, equilíbrio e felicidade ao ser humano, especialmente no referente às crianças.

Snyders afirma também que desenvolver um sentido musical é ter uma oportunidade fascinante de comunicar-se com o mundo de modo qualitativamente diferente. Para ele, como a música traz em si o elemento coletivo muito forte, estruturas e regras se criam pouco a pouco e forma-se uma diversividade que tende à unidade, na qual cada participante acha apoio nos outros, fortalece-se no outro.

Friedenreich (1990) afirma que o ensino de música, em conjunto com todas as outras disciplinas, deve estar a serviço da formação humana. Para ele, na melodia, na harmonia, no ritmo, a música encarna os elementos do pensar, do sentir e do querer. Numa observação acurada, é possível constatar que a música não é captada apenas pelos ouvidos, mas por toda a organização corporal. Dessa forma, o desenvolvimento da musicalidade na escola deve prever ações que envolvam movimento corporal.

Também é preciso lembrar que som, ritmo e melodia são elementos básicos, essenciais da música e que podem, na plenitude da expressão musical, despertar e reforçar a sensibilidade da criança, provocar nela reações de cordialidade e entusiasmo, prender sua atenção e estimular sua vontade.

Para Weigel, ao se envolverem em atividades musicais, as crianças melhoram sua acuidade auditiva, aprimoram e ampliam a coordenação viso-motora, suas capacidades de compreensão, interpretação e raciocínio, descobrem sua relação com o meio em que vivem, desenvolvem a expressão corporal e a linguagem oral. Quanto mais elas têm oportunidade de comparar as ações executadas e as sensações obtidas através da música, mais a sua inteligência, o seu conhecimento vão se desenvolvendo.

As atividades musicais podem oferecer inúmeras oportunidades para a criança aprimorar sua habilidade motora, controlar os seus músculos e mover-se com desenvoltura.

Para Steiner (1992), na música a criança vivencia, a princípio, apenas o fator volitivo, expresso no ritmo. Nessa idade, a música rítmica atua plasticamente sobre os órgãos. Por essa razão, é muito importante, na primeira infância, que meios pedagógicos, como, por exemplo, canções infantis, causem uma bela impressão rítmica aos sentidos. Deve-se dar menos valor ao conteúdo e mais valor à bela sonância. Quanto mais estimulante for a atuação sobre a audição e a visão, tanto melhor.

Nesse sentido, podemos dizer que as brincadeiras musicais contribuem para reforçar todas as áreas do desenvolvimento infantil, representando um inestimável benefício para a formação e o equilíbrio da personalidade da criança e, como afirma Weigel, a riqueza de estímulos que a criança recebe por meio das diversas experiências musicais contribui para o seu desenvolvimento intelectual.

Os argumentos citados nos deixam entrever a importância do trabalho com a musicalização na escola. Sem dúvida, por tratarmos de educação infantil, é necessário estabelecer alguns parâmetros para esse trabalho, uma vez que não desejamos propor que sejam dadas aulas de treino musical, mas que a preocupação com a sensibilidade, com a expressão através da música, esteja presente nas atividades desenvolvidas com os alunos.

Nesse trabalho, como afirma Friedenreich, a música deve apresentar-se principalmente como ritmo, mas perpassada por belas e sonoras harmonias, das quais se destaque sutilmente o elemento melódico, para que se possa estabelecer o momento certo para a abordagem de canções a partir do ritmo.

As crianças gostam de acompanhar as músicas com movimentos, tais como palmas, sapateados, danças, e essa relação entre o gesto e o som mostra um aspecto central da música, o *ritmo,* que é, segundo Jeandot (1989), o elemento mais essencial da música, pois determina seu movimento, sua palpitação, e representa, em última análise, o contraste entre o som e o silêncio. Kügelgen [36] afirma que a música apela diretamente à sensibilidade e ao sentimento rítmico das crianças.

De acordo com Rudolf Steiner (1992), até na organização física a criança é permeada pelo musical. É a música inerente à criança que a leva a fazer estrela, dar cambalhotas, correr e saltar. Bater palmas e pular em sequência rítmica são movimentações das manifestações vitais do musical dentro do corpo físico. Por seu poder criador, socializador e psicomotor, a música torna-se um poderoso recurso educativo a ser utilizado na educação infantil.

É preciso que a criança seja habituada a expressar-se musicalmente desde os primeiros anos de sua vida, para que a música venha a se constituir numa competência permanente de seu ser.

Weigel afirma que o trabalho com a música na escola deve encontrar um meio de, através do ritmo, do timbre musical e da melodia, fazer com que as crianças saiam de si mesmas, provocando o contato e o intercâmbio delas com os outros, despertando a sua relação com o mundo.

O ritmo está presente no mundo, na vida e na música, indicando uma espécie de ordenação do universo, e a psicologia tem destacado a importância e a estreita relação existente entre o desenvolvimento das noções gerais de espaço e tempo e o desenvolvimento harmonioso da criança em seu crescente domínio do movimento ritmado. No ritmo, expressa-se a vida, pois toda vida se desenrola em constante ritmo. Se a música se manifesta preponderantemente por intermédio do ritmo, age nela uma vida muito forte.

Mas, como afirma Friedenreich (1990), se o elemento rítmico permanecesse exageradamente entregue a si mesmo, o resultado seria negativo, uma vez que a música não é apenas ritmo, mas também melodia, harmonia, som.

Nattiez afirma que a música é a relação entre os sons e não o próprio som, qualquer que seja o grau de artifício e de complexidade de sua sucessão. Compreender e fazer música é primeiro ser dotado da faculdade de perceber intervalos e de estabelecer relações entre eles, isto é, de perceber tonalidades, harmonia, ritmos.

Também é necessário que ao trabalharmos com a música na escola as crianças sejam incentivadas a descobrir, experimentar e criar sons, ritmos e movimentos e tenham oportunidade de integrar a música a outras formas de expressão, tais como: a dramatização, o desenho, a literatura. Por exemplo, podemos estimular as crianças a desenharem a história do que cantaram; a cantarem uma cantiga sobre algum desenho feito antes; a dramatizarem a história da música que acabaram de cantar; a fazer sons da história que acabaram de ouvir.

A expressão musical da criança deverá ser vivenciada através da voz e do movimento, da prática e da audição, em situações de inventividade com a utilização de material sonoro e de obras clássicas.

Estimular que, desde pequenos, os alunos criem sons e ritmos não significa que a composição dos alunos deve ser considerada como uma realização acabada, mas como etapas em direção a uma audição mais bem preparada dos grandes textos musicais. É como se faz em ciências, quando se confronta o que os alunos encontram, inventam e experimentam por si mesmos com as descobertas dos cientistas.

Snyders afirma que múltiplos são os caminhos da educação musical, seus recursos, seus meios, e difícil se torna estudá-los em detalhes; ele afirma defender a ideia de que tais recursos só atingem seu pleno valor na medida em que o professor saiba tornar presente, real, o elemento de beleza contido no interior de cada técnica e em cada tipo de atividade.

Apesar disso, ele acredita que o trabalho com a musicalização na escola deve prever tanto o desenvolvimento da atividade gestual, auxiliada pela mímica, destinada a fazer os alunos distinguirem, reconhecerem e reproduzirem as relações de altura, de duração e de ritmo entre sons, quanto a apresentação de instrumentos para que eles aprendam a identificar ativamente os timbres desses instrumentos. Para ele, isso contribui para a transmissão de uma emoção estética.

Finalmente, Snyders afirma que, na escola, a música pode ser um tema integrador que o professor poderá explorar e aprofundar a partir do interesse da criança, pesquisando atividades variadas dentro de todas as áreas, inclusive matemática.

Para alguns alunos é a partir talvez da beleza da música, de alegria proporcionada da beleza musical, tão frequentemente presente em suas vidas de uma outra forma, que chegarão a sentir a beleza na literatura, o misto de beleza e verdade existente na matemática, o misto de beleza e eficácia que há nas ciências e nas técnicas. (p.135)

Para nós, fica claro que, por tudo que foi dito anteriormente, no trabalho com a música estão presentes muitas habilidades úteis para o desenvolvimento de noções matemáticas e de processos de resolução de problemas: noção de espaço, tempo, regularidades e padrões, capacidade de interpretação e compreensão. Por isso, acreditamos que um trabalho com aspectos matemáticos que envolvam algumas dessas habilidades permitiria uma melhor apreensão e um maior desenvolvimento da competência musical.

Sem dúvida, é possível estabelecer a parceria matemático/musical, porém pensar nisso não significa nos remetermos ao estabelecimento da escala de notas musicais por Pitágoras, matemático grego que viveu aproximadamente ente 580-500 a.C. A música não nasceu das reflexões de Pitágoras, nem do estudo das cordas ou lâminas que vibram, e não é por esse caminho que se encaixaria uma proposta de trabalho para a escola infantil. A música é o resultado de longas e incontáveis vivências individuais e deve ser entendida como arte e conhecimento sócio-cultural, além de um poderoso instrumento de comunicação.

Também os conhecimentos matemáticos normalmente exigidos quando se relaciona matemática e música — frações, trigonometria — não estão ao alcance das crianças da escola infantil. Por isso, nosso grande desafio foi descobrir um outro caminho para estabelecer uma proposta de ações docentes para a matemática e a música com essa faixa etária. E esse caminho é o desenvolvimento de propostas com sequência rítmicas, cantigas de roda e parlendas.

Atividades com palmas e outros objetos sonoros, parlendas numéricas e cantigas podem permitir simultaneamente o desenvolvimento da musicalidade através de ritmo, harmonia e melodia ao mesmo tempo em que permitem que sejam abordadas as noções de tempo, números, padrões e percepção espacial.

De acordo com os musicólogos, o tempo na música tem papel fundamental no estabelecimento de tonalidades, na existência de harmonia musical. Isso porque o sentido da harmonia e os efeitos harmônicos dependem do tempo, da duração das notas.

Também o tempo, as alturas, os intervalos, as articulações rítmicas estão ligados à melodia. Nattiez afirma que traço comum às noções de ritmo e harmonia é a existência de um espaço de tempo entre dois sons. Por isso, no trabalho que se inicia com a música na escola infantil, deve ser dada atenção para atividades que objetivem explorar o movimento rítmico e o desenvolvimento de noções de tempo e de duração do som.

Além disso, sendo a música essencialmente movimento no tempo, a apreensão desse movimento depende de estética, e tal apreensão, segundo Nattiez, só pode ser explícita se pudermos descrever e localizar as configurações e entidades que constituem esse movimento. Isso significa que o trabalho com a música na escola infantil deverá também prever o desenvolvimento da percepção e orientação espacial, dois elementos essenciais para as competências lógico-matemática e espacial.

É assim que percebemos a possibilidade de viabilizar a parceria matemático-musical: explorar ritmos, regularidades, tempo, espacialidade, visto que esses elementos são igualmente reponsáveis por desenvolver habilidades musicais e matemáticas.

A seguir, mostraremos uma atividade realizada com crianças de seis anos com a música *Dona Aranha.*[20]

Introdução: Sol, Mi-, Lá-, Ré-Sol, Ré7.

    Sol   Ré
Dona aranha subiu pela parede

    Mi- Lá   Ré7   Sol
Veio a chuva fina e a derrubou

    Mi-   Lá- Ré7   Sol
A chuva já passou e o sol já vem surgindo

    Dó   Ré7   Sol Do-
E a Dona aranha novamente vai subindo

A professora iniciou o trabalho contando a eles a história da aranha. Em seguida, disse que iria tocar uma música ao piano e que eles deveriam ficar quietinhos e de olhos fechados para ouvir a música. Nesse momento, ela apenas tocou, não houve canto.

Quando acabou, a professora discutiu com a classe a música: se foi agradável, se eles gostaram, sobre o que eles achavam que a música falava.

A classe demonstrou muito interesse e disse que o som era "levinho", não tinha nenhum "fortão". Além disso, muitos deles disseram que era a música da aranha, porque já a conheciam.

A professora então pediu que eles cantassem a música à boca "quiuza", primeiro com o que lembravam, depois acompanhando o piano —seguindo a professora no ritmo do piano e com ele.

Finalmente, a professora juntou a letra à melodia e as crianças cantaram dramatizando e fazendo gestos com as mãos.

Ao concluir a atividade, a professora pediu que cada um fizesse o desenho da música.

Quando propusemos essa atividade, além do trabalho com a música propriamente dito, estávamos interessados em abordar as noções de espaço, tempo e sequência lógica com as crianças.

Observando os desenhos que as crianças fizeram após explorarem a música, pudemos notar que, em quase todos, esses elementos ficaram fortemente determinados.

---

[20] Trabalho realizado no Instituto Salesiano Dom Bosco de Americana, S.P., com crianças de seis anos.

Vejamos:

Ao observar as crianças desenhando, notamos que para muitas delas as ações da música, o espaço da música e seu tempo estavam determinados. É o caso dos desenhos em que as duas crianças dividem o tempo em Dona Aranha subindo, veio a chuva fina e o sol já vem surgindo (antes, durante e depois da chuva). Observe-se que, em cada representação, o espaço da música é marcado por cenas diferentes, o que determina o tempo; em um deles a criança usou traços e números para marcar o tempo e o espaço. Vejamos outros desenhos.

A Matemática na Educação Infantil 151

152 Kátia Cristina Stocco Smole

Continuando a observar as crianças desenhando, notamos que após representarem a letra, a "história" da música, muitas crianças de uma forma ou de outra começaram a colocar notas musicais no desenho. Esse fato nos intrigou, pois em nenhum momento do trabalho desenvolvido com música nessa escola são abordadas notas musicais.

Perguntamos então às crianças o que eram aqueles sinais e elas falaram que era "a música". Como assim a música, quisemos saber. Elas então disseram que a professora olhava na folha quando tocava piano e que tinha umas marquinhas para tocar.

Fomos pegas de surpresa, porque não havíamos pensado que as crianças estivessem tão atentas a esse detalhe e muito menos que haviam associado o ritmo do piano ao fato de a professora seguir uma sequência de "desenhos". Mais surpresa tivemos após as crianças acabarem seus registros e observarmos que quase todas haviam tentado mostrar uma sequência de sons através das "notas" que fizeram. Temos certeza de que elas puderam associar o desenho da sequência à música não apenas pela música, mas também porque o trabalho de matemática contribuiu para isso.

Observando o trabalho das crianças, ficamos mais convencidos de que a música e o desenho formam um par complementar no espectro. Também vimos o valor da música como expressão, como meio de se compreender a criança e o que ela percebe e pensa.

Finalmente, reforçamos nossa convicção de que o par matemático/musical é viável, necessário e fundamental numa proposta para matemática escolar a partir da teoria das inteligências múltiplas.

Concluído o último par que nos propusemos a examinar, cria-se uma necessidade de pensar em questões referentes à organização do trabalho docente, tais como avaliação, o uso de materiais, a organização do espaço da sala de aula, entre outras. É disso que cuidaremos agora. No entanto, antes de prosseguirmos, gostaríamos de fazer algumas observações.

Gardner (1994) afirma que todas as inteligências são parte da herança humana genética e que, pelo menos em algum nível básico, cada inteligência se manifesta universalmente, independentemente da educação, cultura ou espaço no qual o indivíduo está imerso. Nesse sentido, a menos que esteja presente alguma anomalia, todos os seres humanos possuem capacidade em cada uma das inteligências. Para ele, a trajetória natural de cada inteligência começa a se manifestar muito cedo, de maneira sutil:

> *A trajetória natural de desenvolvimento em cada inteligência começa com a capacidade pura de padronizar, por exemplo, a capacidade de diferenciar tons na inteligência musical ou de apreciar arranjos tridimensionais na inteligência espacial. (p.28)*

Ainda segundo Gardner, as inteligências

> *(...) são percebidas através de lentes diferentes nos pontos subsequentes do desenvolvimento. No estágio seguinte, a inteligência é encontrada através de um sistema simbólico: a linguagem é encontrada através de frases e histórias,*

a música através das canções, entendimento espacial através de desenhos, a corporal-cinestésica através dos gestos ou danças e assim por diante. (p. 28)

Para ele, nesse momento, as crianças demonstram suas capacidades nas várias inteligências por meio de sua compreensão dos vários sistemas simbólicos. Esses sistemas em nossa cultura são tipicamente dominados por notações e desenvolvidos num ambiente formal de educação.

O que podemos derivar para a escola das considerações mencionadas é que devemos por princípio assumir que todas as crianças têm potencial para ser desenvolvido em cada inteligência; identificar esses potenciais e elaborar estratégias de ação que permitam ao espectro de cada criança se desenvolver harmonicamente é tarefa da escola.

Desse modo, a desgastada frase "devemos iniciar o trabalho a partir dos conhecimentos da criança" deixaria de ser um *slogan* para transformar-se na ideia de que devemos acreditar no espectro de inteligências de cada aluno e trabalhar no sentido de deixar que ele se amplie, se mobilize e auxilie a criança a ser inteligente, no sentido proposto por Gardner: *ser capaz de resolver problemas, elaborar produtos que são importantes para a vida social e cultural, ter habilidade para elaborar e realizar projetos.*

3
Uma organização para as atividades didáticas

A concepção de conhecimento como rede e a concepção de inteligências múltiplas

A mudança de enfoque na concepção de inteligência indica aspectos específicos a serem considerados nas ações docentes, uma vez que desvela um outro centro para o trabalho pedagógico do professor. Machado (1995) afirma que toda ação docente extrai sua consistência de uma articulação simbiótica com o discurso pedagógico e que o par ação/discurso torna-se tributário de uma concepção de conhecimento. Em diversos momentos do trabalho no segmento precedente, utilizamos termos como teia de relações, feixe de significados, rede de relações.

Ao iniciar este novo capítulo, faz-se necessário esclarecer que tais referências estão fundamentadas numa concepção de conhecimento que, acreditamos, está diretamente associada à reflexão sobre uma proposta de ações docentes para as aulas de matemática baseada na concepção das inteligências múltiplas, qual seja, a metáfora do conhecimento como rede.

A propósito de tal metáfora, Machado (1995) fez um importante e profundo estudo, do qual nos valeremos para o breve exame que faremos. Em tal estudo, o autor afirma que os debates sobre a concepção de conhecimento limitam-se, muitas vezes, a uma polêmica estéril, do ponto de vista da educação escolar, envolvendo o construtivismo e o inatismo. Para Machado, da referida polêmica resulta, quase sempre, que todos são construtivistas, seja qual for o significado que tal termo assuma para quem assim se rotula.

> *Quanto à construção propriamente dita, permanece-se, no mais das vezes, atrelado ao referencial cartesiano, com suas cadeias cognitivas, tão diretamente associadas à ordenação lógica da exposição, bem como a ideias como as de hierarquia ou de pré-requisitos, responsáveis em grande parte pelos excessos de retenções no labirinto das seriações escolares. (p.p. 295-296)*

Na visão desse autor, é tempo de o debate acerca do conhecimento incorporar concepções mais fecundas e abrangentes, como as de redes cognitivas, onde o conhecimento é representado por uma teia de significações. É esta concepção que assumiremos para sustentar o projeto de ações docentes do trabalho que estamos apresentando.

Em seus estudos, Machado afirma que algumas considerações mais desenvolvidas sobre a dinâmica dos processos cognitivos, especialmente no que se refere à construção dos significados e sua relação com a construção do conhecimento, já foram alinhavadas. De tais reflexões, podemos destacar:

– compreender é apreender o significado;

– apreender o significado de um projeto ou de um acontecimento é vê-lo em relação com outros objetos ou acontecimentos;

– os significados constituem feixes de relações;

– as relações entretecem-se, articulam-se em teias, em redes construídas, social e individualmente, e em permanente estado de atualização;

– tanto em nível social quanto em nível individual a ideia de conhecer assemelha-se à de enredar.

Para Machado, a rede que se vai formando no enredamento dos significados subsiste em um espaço de representações, constituindo uma teia de significações. Essa teia de significações será o conhecimento.

Os pontos, ou nós, surgidos na tessitura da rede seriam os significados e os fios, que unem nós, as ligações entre os significados. Portanto, nenhum fio de ligação subsiste isoladamente, mas apenas enquanto elos, pontes entre os pontos.

O autor acima referido também afirma:

Desenha-se, assim, desde o início, "uma reciprocidade profunda", uma dualidade entre nós e ligações, entre intersecções e caminhos, entre temas ou objetos e relações ou propriedades: os nós são feixes de relações; as relações são ligações entre dois nós. Ressalte-se ainda que tais relações englobam tanto as de natureza dedutiva, as dependências funcionais, as implicações causais, quanto as analogias ou certas influências e interações sincrônicas que não podem ser situadas no âmbito da causalidade em sentido estrito. (p.140)

Mais adiante, para complementar essa ideia, registra que a metáfora da rede contrapõe-se diretamente à ideia de linearidade, cadeia, encadeamento lógico na construção do conhecimento, com todas as implicações pedagógicas que isso possa ter para a organização do trabalho pedagógico: elaboração de planejamentos, avaliação, exigência de pré-requisitos, etc. Analisando tais considerações, chegamos à conclusão de que, mesmo a imagem da espiral, tão presente nas conversas que se ouvem sobre a construção do conhecimento, não parece inteiramente adequada, uma vez que também a espiral é linear.

Seguindo as reflexões de Machado, encontramos uma delas sobre a inexistência de uma hierarquia na rede. Para ele, na rede nenhum nó é privilegiado, não há a necessidade de percorrer a rede de nó em nó, por um caminho previamente determinado, pois diversos percursos são possíveis, uma vez que nenhum nó é privilegiado nem univocamente subordinado a outro. Lembremos que essa característica assemelha-se muito ao modo como também é dado o entrelaçamento, as interfaces entre as inteligências no espectro.

Das colocações anteriores e de outras feitas pelo autor, apreendemos que a rede de conhecimentos está em permanente processo de construção, assim como os significados em permanente processo de negociação e atualização. Esses processos acrescentam, alteram ou modificam as relações existentes na rede.

Também há na rede uma multiplicidade de conexões que ocorrem sob diferentes tipos e possibilidades de associações. Finalmente, a rede não tem um centro, mas, talvez, muitos centros que dão origens a novas ligações, novos feixes, novos nós e, por conseguinte, a novas redes.

Michel Serres (s.d.) usa uma metáfora para dar significado a esse permanente processo de transformação da rede. O autor, referindo-se "à própria rede", diz que tudo se passa como se a rede fosse um conjunto complicado e em constante evolução, representando uma situação instável de poder, distribuindo perfeitamente as suas armas ou argumentos, num espaço de trama irregular.

Sobre as implicações pedagógicas da metáfora do conhecimento como rede, Machado afirma que, especialmente no que se refere ao planejamento das atividades para as aulas, a concepção de conhecimento como uma teia de nós e relações significativas sem um centro específico, em permanente transformação e atualização, conduz a uma mudança radical de perspectivas e expectativas.

Para o autor, planejar as atividades a serem desenvolvidas, por exemplo, em um bimestre letivo, estaria muito mais próximo da escolha, em cada disciplina, de alguns poucos temas — talvez um, no máximo três ou quatro —, que funcionariam como *"germes da rede de significados a ser tecida"*. Os temas escolhidos seriam pretextos e não conteúdos a serem esmiuçados e desenvolvidos analiticamente e o valor de cada um seria estimado a partir de suas possibilidades de agregação e de articulação.

Sobre a concepção da organização do currículo em disciplinas sob o enfoque de rede, Machado diz que, embora as fronteiras disciplinares se flexibilizem, as disciplinas não são dispensáveis na escola. Para ele:

São demais os perigos desta rede de significações, com sua multiplicidade de nós e de vias de interligação, sobretudo para aqueles que nela "navegam" com entusiasmo e paixão; são inúmeras as possibilidades de vagar à toa, de se perder. Para enfrentar tais perigos, sempre será necessário um mapeamento que oriente e articule os caminhos a seguir, que apresente um espectro não-hierárquico e acentrado de opções. O quadro de disciplinas fornece naturalmente um tal mapeamento. (p. 155)

Como já mencionamos, os nós são significados que constituem um feixe de relações. Tais relações, representando ideias, comparações, interferências, constroem-se a partir de múltiplas interações entre os objetos de aprendizagem.

De fato, ao examinar a construção de significados no conhecimento, Cesar Coll Salvador (1994) diz que construímos significados cada vez que somos capazes de estabelecer relações entre o que aprendemos e o que já conhecemos. A maior ou menor riqueza de significados que será conseguida nesse processo dependerá da maior ou menor riqueza e complexidade das relações que formos capazes de estabelecer.

Acreditamos que, no processo da sala de aula, a tessitura da rede seria estimulada por uma série de ações que desencadeariam as relações entre os objetos da aprendizagem. Sem um planejamento cuidadoso e sem o balizamento dos flexíveis, mas existentes, limites das disciplinas, tal processo poderia constituir em atividades tão inócuas quanto aquelas que partem do pressuposto da linearidade do conhecimento.

Há muito mais o que falar sobre redes, mas julgamos que, para o nosso projeto, trazer a ideia do conhecimento como rede e da rede tecida a partir das múltiplas interações entre significados nos basta para justificar não apenas as ações que pretendemos apresentar doravante, mas também para colocar a relação da componente lógico-matemática com as outras sete competências como possibilidade de contribuir simultaneamente com a harmonia do espectro e com a tessitura da teia de relações envolvidas nesse processo.

O pouco que falamos sobre a metáfora da rede nos permitirá também utilizar tal noção com mais tranquilidade quando nos referirmos a ela como um dos paradigmas das ações docentes que balizará o planejamento, a escolha das atividades, o uso de materiais didáticos, a avaliação e o papel do professor.

A organização do espaço e o ambiente para a realização do trabalho

O trabalho em classe terá, sem dúvida, uma importância bastante grande no desenvolvimento do projeto que apresentamos aqui, pois será nesse espaço que acontecerão os grandes encontros, a troca de experiências, as discussões e interações entre as crianças. Também será nesse espaço que o professor observará seus alunos, suas conquistas e dificuldades.

O espaço da classe deverá ser marcado por um ambiente cooperativo e estimulante para o desenvolvimento e manifestações das diferentes inteligências, assim como para promover a interação entre diferentes significados que os alunos apreenderão ou criarão das propostas que realizarem, dos desafios que vencerem. Os grupos de trabalho tornam-se indispensáveis, assim como diferentes recursos didáticos.

O ambiente proposto é um ambiente positivo que encoraja os alunos a propor soluções, explorar possibilidades, levantar hipóteses, justificar seu raciocínio e validar suas próprias conclusões.

Nesse ambiente, a autonomia é estimulada e os erros fazem parte do processo de aprendizagem, devendo ser explorados e utilizados de maneira a gerar novos conhecimentos, novas questões, novas investigações num processo permanente de refinamento das ideias discutidas.

Jolibert (1994) afirma que, enquanto vive em um meio sobre o qual pode agir, pode discutir, decidir, realizar e avaliar com seu grupo, a criança adquire condições e vive situações favoráveis para a aprendizagem. Dessa forma, nosso trabalho educativo não pode realizar-se de maneira eficaz, a não ser na situação de classes cooperativas.

É preciso que as crianças sintam-se na classe trabalhando num lugar que tenha sentido para elas, para que elas possam se engajar em sua própria aprendizagem.

De acordo com Souza e Silva (1995), o ambiente da sala de aula pode ser visto como uma oficina de trabalho de professores e alunos, podendo transformar-se num espaço estimulante, acolhedor, de trabalho sério, organizado e alegre.

Pensando assim, os instrumentos de trabalho que podem ser úteis na realização das atividades precisam estar ao alcance de todos, numa organização funcional e sugestiva.

É possível ter na classe *cantos* onde estejam livros, jogos, materiais para recorte e colagem, quebra-cabeças, entre outros. A classe também pode ser organizada de modo a gerar espaços para trabalho em grupo, duplas, conversas com a classe toda e trabalho individual.

É fundamental que haja um espaço para expor os registros das crianças, suas produções coletivas, suas conclusões e descobertas. Na classe e fora dela, paredes, portas, armários, murais, móbiles e outros espaços podem ser utilizados para afixar registros e informações que se desejar.

O trabalho exposto revela a metodologia usada pelo professor, destaca autorias, fixa e revela ideias, mostra hipóteses sobre as noções matemáticas que as crianças vão desenvolvendo, permite intercâmbio de impressões e soluções entre as crianças. As paredes da sala de aula podem servir para comunicação, para falar da criança, para falar do grupo, para o registro de sua história, de sua cultura, do mundo.

Embora deva cuidar para não exagerar no material exposto, evitando assim a dispersão dos alunos, é possível o professor também contribuir para a troca de informações, mantendo na classe algarismos, formas geométricas, calendários para serem confeccionados com as crianças, quadro de registros das condições do tempo e das crianças ausentes e outras informações que julgar convenientes.

Sempre que possível, os alunos devem participar da organização da exposição dos materiais da classe. Desse modo, permite-se às crianças que elas se percebam cooperativas, responsáveis e conscientes do que podem fazer e utilizar. Também é importante que os alunos tenham responsabilidade por organizar os materiais que usam e preservar um ambiente organizado para o trabalho. Isso faz com que o professor não fique sobrecarregado e os alunos cuidem e valorizem o espaço da sala de aula.

Os momentos de trabalho em classe podem prever atividades coletivas, individuais, em duplas ou grupos. Nos momentos individuais, as crianças podem dirigir-se a um dos cantos organizados na classe, escolhendo uma atividade para desenvolver. Já os jogos, brincadeiras, produção de relatórios e problemas podem ser atividades coletivas, em duplas ou grupos.

O importante nessa organização toda é que seja estabelecido um contrato social entre professor e aluno para o andamento das atividades na comunidade-classe e, consequentemente, na comunidade-escola. Dessa forma, todos terão consciência dos papéis e atribuições de cada um no processo de trabalho escolar, percebendo que há muitos pontos de contato entre as diferentes funções, mas há também especificidades inerentes a cada uma.

Para finalizar nossas considerações sobre a organização do espaço e do ambiente, sublinhamos o papel da comunicação entre os envolvidos no processo de trabalho da classe. A comunicação define, segundo Lévy (1993), a situação que vai dar sentido às mensagens trocadas. Para ele, a comunicação não consiste apenas na transmissão de ideias e fatos, mas, principalmente, em oferecer novas formas de ver essas ideias, de pensar e relacionar as informações recebidas de modo a construir significados. Ele diz que a comunicação pede o coletivo e transforma-se em redes de conversações:

> *Pedidos e compromissos, ofertas e promessas, consultas e resoluções se entrecruzam e se modificam de forma recorrente nestas redes. Todos os membros da organização participam da criação e da manutenção deste processo de comunicação. Portanto, não são meras informações, mas sim atos de linguagem, que comprometem aqueles que os efetuam frente a si mesmos e aos outros. (p. 65)*

Segundo o documento *Curriculum and Evaluation Standards for School Mathematics,* publicado pelo *National Council of Teachers of Mathematics,* dos Estados Unidos, a comunicação desempenha um papel importante na construção de elos de ligação entre as noções intuitivas das crianças e a linguagem simbólica da matemática; desempenha também um papel-chave na construção de relações entre as representações físicas, pictóricas, verbais, gráficas e escritas das ideias matemáticas.

Já dissemos que interagir com os colegas auxilia as crianças a construir seu conhecimento, aprender outras formas de pensar sobre ideias e clarear seu próprio pensamento, enfim, construir significados.

Explorar, investigar, descrever, representar como resolveu uma dada situação, como fez uma jogada, por que pensa que uma certa forma é um quadrado e não um retângulo são procedimentos de comunicação que devem estar implícitos na organização do ambiente de trabalho com a classe.

Representar, ouvir, falar, ler, escrever são competências básicas de comunicação e por isso sugerimos que o ambiente previsto para o trabalho contemple momentos para produção e leitura de textos, trabalho em grupo, jogos, elaboração de representações pictóricas e leitura de livros pelas crianças. Variando os processos e formas de comunicação, ampliamos a possibilidade de significação para uma ideia surgida no contexto da classe. A ideia de um aluno, quando colocada em evidência, provoca uma reação nos demais, formando uma teia de interações e permitindo que diferentes inteligências se mobilizem durante a discussão.

O trabalho do professor, nessa perspectiva, não consiste em resolver problemas e tomar decisões sozinho. Ele anima e mantém a rede de conversas e coordena ações. Sobretudo, ele tenta discernir, durante as atividades, as novas possibilidades que poderiam abrir-se à comunidade da classe, orientando e selecionando aquelas que não ponham em risco algumas de suas finalidades mais essenciais na busca por novos conhecimentos.

Para que o ambiente que propomos ocorra, a natureza das atividades que serão desenvolvidas é fundamental. É disso que nos ocuparemos, a seguir.

A natureza das atividades previstas neste trabalho

Falar sobre a natureza das atividades não tem aqui o significado de padronizar práticas pedagógicas. Sabemos que o fazer de cada professor apenas se revela e faz sentido no contexto de sua sala de aula, e para o conjunto de necessidades suas e de seus alunos.

Entretanto, sabemos também que os procedimentos adotados para desenvolver as ações em sala de aula costumam ser compatíveis com a concepção de educação de cada profissional, de cada projeto escolar. Dessa forma, por termos uma necessidade de defender nossa concepção de educação baseada na teoria das múltiplas inteligências, consideramos importante abordar alguns pontos sobre o tipo de atividades que julgamos adequadas para esse fim.

Durante todo o trabalho que estamos desenvolvendo, procuramos explicitar alguns recursos dos quais o professor pode lançar mão para desenvolver o projeto de integrar a matemática com todas as outras componentes do espectro. Assim foi que falamos da literatura infantil, dos jogos em grupo, das brincadeiras infantis, dos problemas de texto, da exploração de formas geométricas. Tais atividades devem acontecer numa distribuição diária e de modo a contemplar o desenvolvimento simultâneo de noções envolvendo números, medidas e geometria. Mas o principal a ser refletido quando tratamos das atividades é mostrar quais características levamos em conta para a seleção de cada proposta.

Assim, as crianças são tratadas como indivíduos capazes de construir, modificar e integrar ideias, se puderem interagir com outras pessoas, com objetos e situações que exijam envolvimento e permitam a elas ter tempo de pensar e refletir sobre seus procedimentos. Por isso, procuramos selecionar atividades que encorajem os alunos a resolver problemas, tomar decisões, perceber regularidades, analisar dados, discutir e aplicar ideias matemáticas; as atividades estão sempre relacionadas com situações que tragam desafios e problemas para serem resolvidos.

A resolução de problemas é um processo que permeia todo o trabalho e todas as atividades, fornecendo um contexto, no qual as noções e competências são desenvolvidas, enquanto as atividades se realizam.

Procuramos propor atividades nas quais os alunos sintam-se capazes de vencer as dificuldades com que se defrontam e possam ter iniciativa de começar a desenvolvê-las de modo independente. Isso permite que eles percebam seu progresso e sintam-se estimulados a participar ativamente. Progressivamente, e de acordo com o desempenho dos alunos, as atividades tornam-se mais e mais complexas.

Souza e Silva (1995) ressalta que estimular a criança a controlar e corrigir seus erros, seu progresso, rever suas respostas possibilita a ela localizar em que falhou ou teve sucesso e por que isso ocorreu. A consciência dos acertos, erros e lacunas permite ao aluno compreender seu próprio processo de aprendizagem, desenvolvendo sua autonomia para continuar a aprender. As atividades selecionadas para o presente trabalho devem prever tais possibilidades.

Todas as tarefas propostas nas atividades requerem uma combinação de inteligências para serem executadas e variam entre situações relativamente direcionadas pelo professor e outras onde as crianças podem agir livremente, decidindo o que fazer e como. Em todas as situações, tanto as colocações do professor quanto as dos alunos podem ser questionadas, havendo um clima de trabalho que favorece a participação de todos e a elaboração de questões por parte dos alunos. Isso só ocorre se todos os membros do grupo respeitarem e discutirem as ideias uns dos outros. As crianças devem perceber que é importante ser capaz de explicar e justificar seu raciocínio e que saber como resolver um problema é tão importante quanto obter sua solução.

Esse processo exige que as atividades contemplem oportunidades para as crianças aplicarem sua capacidade de raciocínio e justificarem seus próprios pensamentos durante a busca por resolver os problemas que se colocam.

Acreditamos que seja importante, desde a escola infantil, que as crianças percebam que as ideias matemáticas encontram-se inter-relacionadas e que a matemática não está isolada das demais áreas do conhecimento. Assim, as atividades organizadas para o trabalho não deveriam abordar apenas um aspecto da matemática de cada vez, e não poderiam ser uma realização esporádica.

Dessa forma, cremos que as crianças não apenas devam estar em contato permanente com as ideias matemáticas, como pensamos que as atividades, sempre que possível, devem estar interligando diferentes áreas do conhecimento, como acontece, por exemplo, com a literatura infantil.

O trabalho com projetos

Na intenção de promover a interação, a qual nos referimos acima, é possível que desenvolvamos um trabalho com projetos na escola infantil.

Segundo Barbier (1993), um projeto não aparece a propósito de qualquer realidade, mas relacionado a uma ação específica, não repetitiva, com caráter eventualmente experimental, implicando uma estrutura particular e inédita de operações que permitem realizá-lo. O autor afirma ainda que a elaboração e a execução de um projeto encontram-se necessariamente ligadas a uma investigação — ação que deve ser simultaneamente um ato de transformação, uma ocasião de investigação e de formação, tornando-se, portanto, uma produção intelectual.

De acordo com Jolibert (1994), um projeto se constitui em um trabalho no sentido de resolver um problema, explorar uma ideia ou construir um produto que se tenha planejado ou imaginado. O produto de um projeto deverá necessariamente ter um significado para quem o executa.

O projeto exige cooperação, esforço pessoal, desenvolvimento de estratégias e planejamento para sua execução. Também auxilia o aluno a ganhar experiência em obter informações, em trabalhar de modo autônomo, organizar e apresentar suas ideias.

Para Jolibert, os projetos são organizados em torno de tópicos que intrigam as crianças e buscam criar laços temáticos entre as "disciplinas". As atividades dos projetos procuram estimular uma variedade de inteligências e usar diversos recursos para desenvolver habilidades de linguagem, explorações numéricas, geométricas, noções de ciência, estudos sociais e artes.

O trabalho com projetos na escola infantil assume um caráter lúdico: realizar brincadeiras infantis, confeccionar pipas, formar coleções, elaborar livros, estudar bichos, fazer maquetes, construir bonecos, marionetes, fazer hortas, entre outros. Nessa fase escolar, a preocupação do projeto não será com o produto final em si, mas com o processo que acontecerá para desenvolver o produto.

A duração de um projeto é variável e dependerá do interesse que os alunos tiverem pelo tema proposto, dos problemas que surgirem para serem resolvidos e da própria motivação do grupo em continuar ou não.

Projetos como os de horta podem durar de um a três meses, pois envolvem a discussão sobre a escolha do local, o tamanho dos canteiros, o que e quanto será plantado, o tempo de germinação e colheita. Nesse projeto também estão envolvidos a manutenção da horta, a irrigação, o registro das observações feitas enquanto a plantação se desenvolve, a discussão sobre por que algumas plantas crescem mais que as outras, sobre como lidar com alguma praga que possa vir a prejudicar a plantação, etc.

O produto final do projeto Horta pode ser desde a elaboração de um livro com todas as observações sobre a horta — com ilustrações, informações científicas, preço da semente, valor do produto plantado quando vendido na feira ou supermercado, ilustrações das fases de plantio e crescimento — até a preparação de uma refeição com os produtos colhidos. Outros projetos como a construção de bonecos, robôs, marionetes podem durar duas ou três aulas.

O modo de se trabalhar com os projetos não deve ser rígido e a situação de cada momento orientará a forma de cada etapa do trabalho. No entanto, isso não significa que se deva ter uma atitude espontaneísta na condução do trabalho; é importante que haja um planejamento sobre o que vai ser feito a cada dia, sobre qual material será necessário a cada etapa, e onde ou a quem serão feitas consultas para obter informações ou ajuda nas questões sugeridas durante a elaboração ou realização do projeto.

Na busca por informação e auxílio, a comunidade escolar poderá ser envolvida. Por exemplo, ao desenvolver um projeto com pipas, o professor pode pedir auxílio de pais, irmãos, tios, mães para a confecção e colocação das pipas para voar. Também pode pedir que um pai venha à escola e conte para as crianças sobre suas experiências com as pipas, ou é possível convidar uma pessoa para falar sobre a questão da segurança envolvida no processo de empiná-las.

Cabe ao professor ficar atento para não perder as oportunidades que se apresentam, desafiando os alunos a buscar novas informações ou mesmo utilizar em situações novas conhecimentos já obtidos, mas é possível e desejável que o planejamento das ações diárias referentes aos projetos seja discutido, combinado e organizado com os alunos.

Ao final de cada etapa, a classe pode ser reunida para avaliar o que foi feito, como continuar, ou mesmo se deseja continuar. Caso opte por encerrar o projeto, a classe deverá decidir, sempre sob a orientação do professor, como isso será feito.

Na execução dos projetos, fica explícita a possibilidade de mobilizar diferentes áreas do conhecimento para atingir os objetivos traçados e resolver os problemas que surgem. A interação entre as diferentes áreas do conhecimento ocorre naturalmente, por necessidade real.

Também as noções matemáticas são desenvolvidas simultaneamente ao processo. Como no projeto "Pipas", em que as crianças discutem as formas geométricas e relações de tamanho, ou como no projeto "Os bichos", em que acontece naturalmente uma discussão sobre quantidade de patas, tempo de vida, tempo de gestação, quantidade de filhotes por cria. Nesse projeto com os bichos, é possível, inclusive, representar e interpretar alguns dados recolhidos, por meio de gráficos de barras ou colunas.

Durante a realização dos projetos, o professor pode observar as crianças trabalhando, analisar suas áreas de interesse e desenvolver estratégias para auxiliar cada uma a avançar nas áreas em que se mostram mais frágeis. Também a relação da inteligência lógico-matemática com as demais componentes do espectro acontece naturalmente, uma vez que, sempre que necessitam, alunos e professor lançam mão de desenhos, textos, gestos, músicas, dramatizações e trabalho em grupo.

Dadas as considerações anteriores, podemos sintetizar assim as características das atividades que propomos desenvolver neste trabalho:

– devem encorajar a mobilização das múltiplas inteligências: estimulando a curiosidade e os interesses dos alunos; exigindo um certo grau de autenticidade por parte deles; criando oportunidades para os alunos estabelecerem múltiplas significações para as ideias nelas envolvidas;

– devem permitir e mesmo requerer a utilização de diferentes representações: estimulando os processos de comunicação em classe pelo uso da linguagem oral e escrita, dos desenhos, da linguagem corporal e da linguagem matemática, permitindo que eles tenham tempo para pensar sobre seus procedimentos;

– devem contemplar a possibilidade de trabalho com projetos, abrindo espaço para a interdisciplinaridade.

A seguir, apresentaremos dois quadros para ilustrar algumas possibilidades de atividades e projetos que podem ser desenvolvidos com as características referidas. As atividades e projetos estão baseados em experiências já realizadas por professores de algumas escolas sob nossa orientação e aparecem aqui a título de ilustração.

Em todas as atividades e também nos projetos, há a possibilidade de abranger os diferentes componentes do espectro. No entanto, em cada um dos quadros destacaremos apenas aquelas mais diretamente exigidas na proposta de trabalho.

QUADRO I ATIVIDADES

Tipo de atividade	Material utilizado	Finalidade para a matemática	Tipo de registro mais frequente que pode ser desenvolvido	Inteligências envolvidas
Jogo	Baralhos, dados, dominó, vareta, tabuleiros diversos, jogos comerciais, fichas, botões	Desenvolver habilidades numéricas, espaciais, e trabalhar com habilidades de resolução de problemas	Oral, escrito, desenho	Linguística, lógico-matemática, inter e intrapessoal
Literatura Infantil	Livros diversos, fantoches, massa de modelar, vídeo, papel para dobradura	Desenvolver processos de leitura e escrita, trabalhar com resolução de problemas, desenvolver noções de números, medidas e geometria	Oral, escrito, desenho, dramatização, produção de livros próprios	Linguística, lógico-matemática, intrapessoal e interpessoal
Brincadeiras infantis, parlendas e cantigas de roda	Corda, bola, bolinha de gude, papel, tabuleiro riscado para amarelinha	Desenvolver a percepção e a localização espacial, desenvolver noções de medida e números, desenvolver a organização do esquema corporal	Oral, desenho, corporal, escrito	Linguística, lógico-matemática, corporal-cinestésica, espacial, interpessoal e musical
Problemas de palavras	Papel manilha, vídeo, fichas, botões, uma boa coleção	Desenvolver as habilidades de ler, formular,	Oral, escrito, desenho, livro de problemas, cartazes	Linguística, matemática, pictórica, inter e intrapessoal

		de problemas	compreender e resolver problemas, propiciar situações para abordar noções de números, medidas e geometria	com problemas	
Exploração de figuras geométricas		Tangram, blocos lógicos, quebra-cabeças, geoplano, sólidos geométricos, figuras, elástico, papel de dobradura	Desenvolver a percepção espacial, trabalhar com a capacidade de identificar, modelar, representar e comparar figuras geométricas planas e não planas, trabalhar com composição e decomposição de figuras	Desenho, magnetes, livro de formas, móbiles	Linguística, corporal cinestésica, pictórica e espacial
Construção de gráficos		Papel pardo, fita crepe, tesoura, cola, cartolina, lápis de cor	Desenvolver noções relativas a números e estatística, desenvolver a percepção c a localização espacial	Desenho, texto escrito sobre conclusões	Linguística, lógico matemática, pictórica e espacial

QUADRO II PROJETOS

Projeto	Áreas envolvidas	Noções matemáticas relacionadas	Produto
Brincadeiras infantis	Alfabetização, matemática, artes, estudos sociais, educação física	Avaliação de distância, percepção e localização espacial, contagem, quantificação	Livro ilustrado de brincadeiras que as crianças coletam com os pais
As formas geométricas na escola	Alfabetização, matemática, artes, estudos sociais, educação física	Identificação, classificação e comparação de formas geométricas	Livro de formas, maquetes, bonecos, móbiles ou murais
Brincar com números	Alfabetização, matemática e estudos sociais	Contagem, identificação de algarismos, discussão sobre os múltiplos usos sociais dos números, noção de quantidades	Livro de números ou montagem de coleções
Brincar com sombras	Alfabetização, matemática, artes, ciências e educação física	Identificação, classificação e comparação de formas geométricas; noção de simetria; comparação de comprimentos e de superfícies de figuras planas	Teatro de sombras, mural de sombras feitas com as mãos
Horta	Alfabetização, matemática, artes, estudos sociais e ciências	Contagem, quantificação, noções de área e comprimento	Bolo, suco, salada, livro com a documentação do trabalho
Pipas	Alfabetização, matemática, artes, estudos sociais, educação física e ciências	Identificação, classificação comparação de formas geométricas; noção de simetria; comparação de comprimentos e de superfícies de figuras planas	Confeccionar e empinar pipas
Maquetes	Alfabetização, matemática, artes e estudos sociais	Noções de percepção e localização espacial, comparação de tamanhos, identificação de sólidos geométricos	Maquetes de classe, maquete de uma praça perto da escola, maquetes de uma dependência da escola
Livro de Tangram	Alfabetização, matemática e artes	Identificação, classificação e comparação de formas geométricas; noção de simetria; comparação de comprimentos e de superfícies de figuras planas	Livros com histórias criadas pelas crianças e ilustradas com o Tangram

Os bichos	Alfabetização, matemática, artes, estudos sociais, e ciências	Noções de tempo, quantidade e tamanho	Livros com informações sobre os bichos, livro com histórias de bichos, maquetes
Borboletas	Alfabetização, matemática, artes, estudos sociais, e ciências	Noções de tempo, noções de simetria de reflexão, noções de quantidade	Montagem de um borboletário

A função dos materiais didáticos

Discutir a natureza das atividades nos faz perceber que há uma previsão do uso de materiais didáticos. A ideia de utilizar recursos tais como modelos e materiais didáticos nas aulas de matemática não é recente.

Comenius (1592-1670), em sua *Didactica Magna,* já recomendava que recursos os mais diversos fossem aplicados nas aulas para "desenvolver uma melhor e maior aprendizagem". Nessa obra, ele chega mesmo a recomendar que nas salas de aula sejam pintadas fórmulas e resultados nas paredes e que muitos modelos sejam construídos para ensinar geometria.

Nos séculos XVIII e XIX, Pestalozzi (1746-1827) e Froëbel (1782-1852) acreditavam que uma ampla atividade por parte dos jovens seria o principal passo para uma "educação ativa". Assim, na concepção desses dois educadores, as descrições deveriam preceder as definições e os conceitos nasceriam da experiência direta e das operações que o aprendiz realizava sobre as coisas que observasse ou manipulasse.

Embora esses dois pensadores preconizem o método ativo, é a partir do movimento da "Escola Nova", trazido por John Dewey (1859-1952), que as preocupações com um "método ativo" de aprendizagem ganharam força. Pesquisadores como Maria Montessori (1870-1952) e Decroly (1871-1932), inspirados nos trabalhos de Dewey, Pestalozzi e Froëbel, criaram inúmeros jogos e materiais que tinham como objetivo melhorar o ensino de matemática.

Importante lembrar também que os resultados da Escola de Genebra, nascida dos trabalhos de Jean Piaget, ganharam o mundo com suas teorias sobre a aprendizagem da criança. Muitos dos seus seguidores, como Dienes, tentaram transferir os resultados das pesquisas piagetianas para a escola, através de materiais amplamente divulgados entre nós, como os Blocos Lógicos.

Assim, os materiais didáticos há muito vêm despertando o interesse dos professores e, atualmente, é quase impossível que se discuta o ensino de matemática sem fazer referência a esse recurso. No entanto, a despeito da sua função para o trabalho em sala de aula, seu uso não pode ser irrefletido.

Uma das justificativas comumente usadas para o trabalho com materiais didáticos nas aulas de matemática é a de que tal recurso torna o processo de aprendizagem significativo.

Ao considerar sobre o que seja aprendizagem significativa, Cesar Coll

Salvador (1994) afirma que, normalmente, insistimos em que apenas as aprendizagens significativas conseguem promover o desenvolvimento pessoal dos alunos e valorizamos as propostas didáticas e as atividades de aprendizagem em função da sua maior ou menor potencialidade para promover aprendizagens significativas.

Salvador atribui essa ênfase na aprendizagem significativa às influências de alguns pressupostos, tais como:

– o aluno é o verdadeiro agente e responsável último por seu próprio processo de aprendizagem;

– a aprendizagem dá-se por descobrimento ou reinvenção;

– a atividade exploratória é um poderoso instrumento para a aquisição de novos conhecimentos, porque a motivação para explorar, descobrir e aprender está presente em todas as pessoas de modo natural.

No entanto, Salvador alerta para o fato de que não basta a exploração para que se dê a efetivação da aprendizagem significativa e, para ele, assumir ingenuamente como verdadeiros os três aspectos supramencionados pode deturpar a função da escola, do professor e o papel do aluno na aprendizagem.

O autor destaca que podemos entender que construir conhecimento e formar conceitos significa compartilhar significados e isso é um processo fortemente impregnado e orientado pelas formas culturais. Dessa forma, os significados que o aluno constrói são o resultado do trabalho do próprio aluno, sem dúvida, mas também dos conteúdos de aprendizagem e da ação do professor.

Assim, de nada valem materiais didáticos na sala de aula se eles não estiverem atrelados a objetivos bem claros e se seu uso ficar apenas restrito à manipulação ou ao manuseio que o aluno desejar fazer deles. Isso nos faz passar à segunda justificativa que costumamos encontrar para o uso dos materiais, a de, por serem manipuláveis, serem concretos para o aluno.

Fiorentini e Miorim (1990), ao analisarem o uso de materiais concretos e jogos no ensino da matemática, alertam para o fato de que, a despeito do interesse e utilidade que os professores vêem em tais recursos, o concreto para a criança não significa necessariamente os materiais manipulativos. Sobre isso podemos também considerar o que afirma Machado (1995), a respeito do termo "concreto":

Em seu uso mais frequente, ele se refere a algo material manipulável, visível ou palpável. Quando, por exemplo, recomenda-se a utilização do material concreto nas aulas de matemática, é quase sempre este o sentido atribuído ao termo concreto. Sem dúvida, a dimensão material é um importante componente da noção de concreto, embora não esgote o seu sentido. Há uma outra dimensão do concreto igualmente importante, apesar de bem menos ressaltada: trata-se de seu conteúdo de significações. (p. 47)

Nessas considerações, podemos entrever a relatividade da expressão "materiais concretos", pois manipular um material não é sinônimo de concretude nem garante a construção de significados. Até porque, como pudemos entrever nas supracitadas palavras de Machado, o concreto, para poder ser assim designado, deve contemplar também um conteúdo de significações.

Os processos de pensamento do aluno serão os mediadores entre os procedimentos didáticos e os resultados da aprendizagem. Nesse sentido, qualquer recurso didático deve servir para que os alunos aprofundem e ampliem os significados que constroem mediante sua participação nas atividades de aprendizagem.

Dadas as considerações feitas até aqui, acreditamos que os materiais didáticos podem ser úteis se provocarem a reflexão por parte das crianças, de modo que elas possam criar significados para ações que realizam com eles. Como afirma Carraher (1998), não é o uso específico do material com os alunos o mais importante para a construção do conhecimento matemático, mas a conjunção entre o significado que a situação na qual ele aparece tem para a criança, as suas ações sobre o material e as reflexões que faz sobre tais ações.

Dessa forma, é desejável que os materiais didáticos sejam previstos para levar quem os manipula a tirar o maior proveito dos mesmos. O material didático deve fornecer elementos de articulação entre diferentes formas de conhecimento, caracterizando-se fundamentalmente como um dos recursos entre todos aqueles de que o professor pode se utilizar para levar o aluno a desenvolver suas competências intelectuais, e a trabalhar com as ideias matemáticas e contextos para desenvolvê-las.

De acordo com Lévy (1993), em tal trabalho, a simulação desempenha um importante papel, correspondendo às etapas da atividade intelectual anteriores à exposição racional: a imaginação, a bricolagem mental, as tentativas e erros. Essas etapas são fundamentais no processo de aprendizagem da matemática.

Para o referido autor, a simulação não remete a qualquer pretensa irrealidade do saber ou da relação com o mundo, mas antes a um aumento de poderes da imaginação e da intuição. O conhecimento por simulação e a interconexão em tempo real valorizam o momento oportuno, a situação, as circunstâncias relativas.

No uso de materiais, a simulação de situações de investigação pode auxiliar a criança a desenvolver noções significativamente, ou seja, de maneira refletida.

O fato importante a destacar, no entanto, é que essa interpretação de um caráter dinâmico e uso refletido do material pelo aluno não vem de uma vez por todas, mas é forjada e modificada no próprio decorrer das atividades de aprendizagem. Como diz Salvador, o sentido que os alunos atribuem a uma tarefa escolar e, consequentemente, os significados que podem construir a respeito não estão determinados apenas por seus conhecimentos, habilidades, capacidades ou experiências, mas também pela complexa dinâmica de intercâmbio comunicativo que se estabelece em múltiplos níveis entre os participantes, entre os próprios alunos e, de modo muito especial, entre o professor e os alunos.

Mas a despeito dos cuidados que devemos ter para não atribuir apenas ao material e sua manipulação a solução para que uma aprendizagem significativa aconteça, consideramos que o uso desse recurso na escola é importante e útil.

Cramer e Karnowski (1993) afirmam que a compreensão matemática pode ser definida como a habilidade para representar uma ideia matemática de múltiplas maneiras e fazer conexões entre as diferentes representações dessa ideia. Usar materiais didáticos num contexto que solicite dela mais do que manipulação pura e simples pode trazer um estímulo para desenvolver uma multiplicidade de significados para cada noção matemática.

Além disso, o uso de materiais manipulativos pode auxiliar no desenvolvimento da linguagem matemática. Isso porque os alunos podem verbalizar e discutir ideias enquanto trabalham com o material.

Gardner (1993) afirma que, uma vez que o ambiente circundante desempenha um papel central na determinação do grau em que o potencial intelectual de um indivíduo é realizado, a exposição e o envolvimento da criança com atividades que utilizam materiais diversos auxiliam-na a obter resultados bastante significativos num dado domínio intelectual. Para Gardner, enquanto manuseia um material, resolve problemas que se colocam a partir dele e descobre novos usos para ele, a criança utiliza uma combinação de inteligências, o que favorece o desenvolvimento harmônico do espectro.

Além do mais, podemos dizer que, ao refletir sobre as situações colocadas e discutir com seus pares, a criança estabelece uma negociação entre diferentes significados de uma mesma noção. O processo de negociação matemática informal dos alunos enquanto trabalham com o material medeia as transposições entre diferentes representações e pode dar suporte para a elaboração de raciocínios cada vez mais complexos.

Sobre isso, Lévy diz que o pensamento se dá em uma rede, na qual neurônios, módulos cognitivos, instituições de ensino, línguas, sistemas de escrita, livros e materiais diversos se interconectam, transformam e traduzem as representações.

As representações circulam e se transformam entre objetos e sujeitos, entre a interioridade dos indivíduos e o céu aberto da comunicação. Para o autor, através de seus atos, seu comportamento, suas palavras, cada pessoa que participa de uma situação estabiliza ou reorienta a representação que dela fazem os outros protagonistas. Sob esse aspecto, segundo Lévy, ação e comunicação são quase sinônimos, e a comunicação só se distingue da ação porque visa mais diretamente ao plano das representações.

Sabemos que crianças estão se comunicando sobre matemática quando a elas são dadas oportunidades para representar conceitos de diferentes formas e para discutir como as diferentes representações refletem o mesmo conceito. Por todas essas características, as atividades com materiais só têm sentido, especialmente na escola infantil, no trabalho em grupo.

Um material pode ser utilizado tanto porque a partir dele podemos desenvolver novos tópicos ou ideias matemáticas, quanto para dar oportunidade ao aluno de aplicar conhecimentos que ele já possuía num outro contexto, mais solicitador. Dessa forma, quando selecionamos um material para a sala de aula, uma primeira preocupação é perceber o quanto ele promoverá o envolvimento do aluno com as noções matemáticas.

Embora o tempo inicial de manuseio deva ser livre para que algumas noções comecem a emergir da exploração inicial, o verdadeiro valor do material aparecerá no modo pelo qual cada proposta será conduzida. O ideal é que haja um objetivo para ser desenvolvido, embasando e dando suporte ao uso. Também é importante que sejam colocados problemas a serem explorados oralmente com as crianças, ou para que elas em grupo façam uma "investigação" sobre eles. Achamos ainda interessante que, refletindo sobre a atividade, as crianças troquem impressões e façam registros individuais e coletivos.

Como dizem Fiorentini e Miorim (1990), o importante da ação é que ela seja reflexiva. Para eles, a criança tem o direito de acesso a um aprender significativo, fundamentado num processo, no qual ela raciocine, compreenda, elabore e reelabore seu conhecimento, e o uso de materiais pode trazer uma boa contribuição nesse sentido.

Para finalizar essa parte, gostaríamos de trazer um pensamento de Souza e Silva (1995) de que, no esforço de tornar a sala de aula num espaço agradável e motivador, alguns professores acreditam que são necessários materiais caros e sofisticados, o que não é verdade. Sempre é possível dar um toque acolhedor à nossa oficina de trabalho, mesmo com poucos recursos.

Desse modo, sucatas, palitos, materiais trazidos pelos alunos, confeccionados em conjunto com pais e colegas professores podem constituir um acervo valioso na organização do uso de material didático na aula. O importante não é ter um material visualmente bonito apenas, mas que permita problematizações. Além disso, haverá muitos momentos em que nenhum recurso mais que o interesse da criança será necessário para resolver problemas que a ela se apresentem.

É essencial que, para decidir pelo procedimento adequado, o professor não fique preso apenas a um recurso metodológico, mas observe a classe e decida qual a melhor estratégia a ser seguida com seus alunos.

Planejar: um ato imprescindível

Na concepção do trabalho que estamos propondo, o planejamento é fundamental. Enquanto na visão da matemática fora do contexto das inteligências múltiplas e do conhecimento como rede, o planejamento é, frequentemente, entendido como uma lista de passos, etapas e procedimentos organizados para serem linearmente seguidos, e um processo quase sempre puramente burocrático, para nós ele é um elemento estratégico para a organização das ações docentes, que se caracteriza pela intenção de alcançar o máximo de sucesso possível no trabalho educativo mediante a seleção cuidadosa das atividades, do material necessário, dos esforços, do tempo disponível e dos objetivos a serem alcançados.

O planejamento na perspectiva das inteligências múltiplas terá como função ser o auxiliar do professor no estabelecimento das rotas de ação, visando ao desenvolvimento das competências individuais de cada aluno. Gardner afirma que, uma vez reconhecido que as crianças, dependendo das idades ou estágios, possuem necessidades distintas e desenvolvem noções e conteúdos com diferentes estruturas motivacionais e cognitivas, o planejamento das ações escolares deve levar em conta esses fatores.

Também podemos inferir como uma das vantagens do modelo Gardner a exteriorização das competências que nos permite não apenas elaborar estratégias de ação para fortalecer na criança aquelas competências menos desenvolvidas, mas também localizar rotas alternativas, secundárias, para atingi-las. Isso significa que, se a criança tem dificuldade para desenvolver-se na competência lógico-matemática, mas mostra um desenvolvimento na competência pictórica, ou linguística, podemos achar um meio de levá-la a se desenvolver na matemática através de atividades linguísticas ou pictóricas. Para que isso aconteça, o professor necessita observar a criança e planejar com cuidado as estratégias que usará, não pode valer-se de atitudes espontaneístas, embora possa aproveitar situações surgidas espontaneamente, para planejar e executar novas ações.

No trabalho escolar, segundo a teoria de Gardner, as situações vividas são intensas, assim como a necessidade de reorientações em função das avaliações que o professor faz das manifestações das inteligências nos alunos. Isso também contraria a rigidez de planos previamente estabelecidos. Se as estratégias devem ser previstas para acompanhar os avanços e necessidades das crianças, como prever em janeiro a atividade a ser dada em novembro? Isso nos parece de certo modo inadequado e contraditório, revelando, a nosso ver, uma concepção de que o planejamento é meramente um ato para cumprir uma exigência administrativa.

Na concepção do projeto da matemática a partir das inteligências múltiplas, é necessário redimensionar a importância e o papel do planejamento, tendo em vista a flexibilidade do trabalho, o atendimento às necessidades das crianças que surgirem no contexto das ações e a possibilidade do estabelecimento de relações entre diferentes noções e significados. Ao falar sobre o planejamento das ações docentes, Machado (1995) afirma:

> *Ainda que possa ser admitida a universalidade de alguns objetivos gerais, o caminho para atingi-los sempre resultará impregnado de circunstâncias "locais", inevitáveis, variáveis, diversificadas e fecundas, que dão a cor e o tom da fixação das metas ao longo do percurso. A variedade e a complexidade do tecido social e da natureza humana tornam tais objetivos universais balizas excessivamente genéricas, que devem ser associadas a outras dependentes do contexto, cuja fixação é tarefa fundamental do professor. É justamente em tal tarefa que o planejamento torna-se um instrumento imprescindível ao trabalho do professor, aumentando significativamente sua responsabilidade. (p. 274)*

Nessa perspectiva, o planejamento é o processo de pensar as ações de sala de aula de modo amplo e abrangente, é um meio para facilitar e viabilizar a organização do trabalho e os atendimentos às necessidades dos alunos; é uma atitude crítica do educador diante de seu trabalho docente. Planejar é assumir e vivenciar a prática social docente como um processo de reflexão permanente.

No trabalho com as crianças de escola infantil, o planejamento terá condições bem especiais e acontecerá em momentos diferentes. Primeiramente, é necessário estabelecer com o grupo de trabalho linhas de ação para o ano. Não se trata de fazer uma lista completa de atividades, mas de esboçar as linhas gerais do que se deseja como objetivo ao final de um período escolar.

Nesse plano, estarão implícitos os pressupostos filosóficos da escola como um todo, as grandes metas do trabalho com a matemática para o ano e a bibliografia que orientará os caminhos do professor.

Há escolas que consideram que isso só pode ser feito após o ano começar e o professor conhecer as crianças com as quais irá trabalhar. Nós temos outra posição, pois acreditamos, como Salvador (1994), que o professor conhece em princípios os significados que espera chegar a compartilhar com os alunos ao término do processo educacional e esse conhecimento o auxilia em seu planejar, em linhas gerais, seus objetivos de ensino. Sem dúvida, concordamos que as necessidades constituídas no processo letivo trarão exigências específicas, mas estas serão atendidas em outros dois momentos do planejamento que julgamos necessários: o planejar por semana ou quinzena e o planejar por aula.

Dadas as características das crianças da escola infantil e a velocidade com que surgem indícios de mudança no seu espectro de competências, entendemos ser importante também a organização de planejamentos no máximo quinzenais para que seja possível, após as observações feitas sobre o desempenho das crianças nas atividades desenvolvidas, fazer as modificações necessárias para atender ao seu desenvolvimento harmônico, para manter atividades que privilegiem a conexão da competência lógico-matemática com as demais componentes do espectro e para o estabelecimento daquilo que chamamos de rotas secundárias.

Enquanto o plano anual contém apenas as grandes metas a serem alcançadas no ano, o plano quinzenal traz as atividades previstas, os objetivos que se pretende desenvolver com elas, o material a ser utilizado. É um "mapa" de intenções para as ações em sala de aula. Esse mapa é flexível, seus objetivos derivam do plano anual e incorporam as necessidades, interesses e projetos surgidos no trabalho, orientando no estabelecimento das rotas alternativas. Finalmente, há que se considerar a importância de planejar a aula.

O preparo das aulas é uma atividade das mais importantes do trabalho do profissional-professor. Cada aula é um encontro único, no qual, nó a nó, vai-se tecendo a rede de significados e do currículo escolar proposto para uma faixa etária.

Preparar a aula implica ao professor ter claro quem é o aluno, o que pretende com os temas que vai desenvolver, como poderá atender às necessidades e exigências de cada aluno, como iniciar, conduzir e fechar o dia ou o tempo que durar a atividade desenvolvida.

Fechando essa breve discussão, podemos então dizer que a concepção das múltiplas inteligências e do conhecimento como rede de significados traz para o planejamento a função fundamental de orientar e articular caminhos possíveis de serem percorridos na abordagem dos temas em classe, para que o trabalho não deixe de ter uma direção.

A questão da avaliacão

A ideia de um ser humano fácil de moldar e dirigir a partir do exterior foi progressivamente substituída pela ideia de um ser humano que seleciona, assimila, processa, projeta, interpreta e confere significações aos estímulos e configurações de estímulos. Ao fazer considerações sobre tal mudança, Salvador (1994) afirma que, no campo educativo, essa perspectiva contribuiu, de um lado, para pôr em relevo a inadequação de alguns métodos de ensino essencialmente expositivos, que concebem o professor como mero transmissor e o aluno como simples receptor de conhecimentos; de outro lado, a mudança de concepção contribuiu para reformular, ao menos questionar, o processo de avaliação na escola.

A pressuposição de que deve haver uma ordenação linear necessária para se fazer avaliação dos conteúdos curriculares, com uma comum superestimação na fixação de pré-requisitos que servem como base para retenções ou rotulações, já deveria ser revista apenas pelas considerações feitas, mas, mais do que isso, tal visão de avaliação não se coaduna de modo algum com a concepção das inteligências múltiplas e, nem ao menos, com a concepção de conhecimento como rede. Como afirma Machado (1995), tal linearidade é bastante discutível, sendo incompatível com a concepção de conhecimento como rede, porque, de fato, a noção da existência de padrões universais absolutos para cada série ou nível de ensino *não passa de um mal-entendido ou de uma quimera.*

Em nossa concepção, o processo de avaliação deve visar ao entendimento do perfil das inteligências de cada aluno. Esse processo, que, segundo Gardner, deve ser cuidadoso, permite uma busca mais esclarecida de alternativas para as dificuldades de cada criança e, de modo algum, prevê qualquer tipo de classificação.

Com relação ao trabalho na escola infantil, acreditamos ser inconveniente a aplicação de qualquer tipo de avaliação baseada em testes escritos para tentar observar os progressos de uma criança. Portanto, os meios de avaliação que sugerimos buscam fundamentalmente observar as manifestações de cada uma das competências em situação de trabalho em classe. Dessa forma, procuramos estabelecer instrumentos que permitam ao professor descobrir as capacidades de resolver problemas de cada aluno, bem como qual é a competência favorecida quando cada criança realiza projetos, joga, manipula materiais ou está livre para optar pelo que deseja fazer.

Gardner (1993) diz que uma forma para conseguir uma avaliação desse tipo é expor a criança a uma variedade de situações suficientemente complexas, que envolvam a estimulação de várias inteligências, e verificar como a criança resolve a situação colocada, que relações faz e por qual caminho é mais fácil para ela levar a cabo o que se propôs.

As crianças da escola infantil, como diz Hoffmann (1994a), apresentam maneiras peculiares e diferenciadas de vivenciar as situações, de interagir com os objetos do mundo físico. Seu desenvolvimento acontece de forma muito rápida e a cada minuto elas realizam novas conquistas, ultrapassam expectativas e nos causam surpresas.

Por isso, consideramos que as atitudes de observação, análise e reflexão quanto às manifestações das crianças, enquanto na situação de sala de aula, são essenciais para o processo de avaliação na escola infantil.

Hoffmann aponta dois princípios para delinear sua proposta de avaliação na escola infantil:

– observação atenta e curiosa das manifestações da criança;

– reflexão sobre o significado dessas manifestações em termos das necessidades de desenvolvimento.

Aceitamos para nosso trabalho os dois princípios e anexamos um terceiro:

– tentar refletir sobre o perfil das inteligências de cada aluno e buscar alternativas para as dificuldades, visando sempre à harmonia no espectro.

Essa concepção de avaliação certamente contraria qualquer possibilidade de classificações.

Uma vez discutidos os princípios norteadores de nossa concepção de avaliação no projeto que apresentamos, resta-nos falar sobre como registrar o processo de avaliação e, especialmente, sobre como informar aos pais e à escola sobre o desenvolvimento da criança.

Dissemos que a prática de atribuir qualquer tipo de classificação a partir da avaliação é incoerente com a Teoria das Inteligências Múltiplas. Isso implica não apenas em abandonar a prática de registrar o desenvolvimento das crianças por meio de notas, como através de qualquer outro tipo de termos similares — por exemplo, bom, regular, fraco ou satisfatório e insatisfatório. Também não esperamos que devam ser feitos pareceres com base comportamental, ou baseados em registros de observações esporádicas e superficiais.

Devemos enfocar o processo avaliativo das crianças, para atender às suas solicitações e não assumir uma prática que desconsidera verdadeiramente a criança em suas necessidades e privilegia apenas o registro endereçado aos pais.

Os registros da avaliação refletem a imagem de ação desenvolvida pelo professor. Por isso, os códigos e instrumentos de registros a serem utilizados devem permitir uma representação, tão nítida quanto possível, do que se observou e do trabalho desenvolvido com os alunos.

Por esse motivo, pensamos que os registros devem ser feitos, ao longo de todo o processo, por meio de relatórios dos professores sobre as crianças em atividades, fichas de observação individuais e da organização em portfólio do registro dos trabalhos de cada criança. Desse modo, a forma final de registro da avaliação de cada criança será apenas uma síntese de tudo o que se observou cuidadosamente sobre ela.

O registro por meio de relatórios pessoais do professor

Como já dissemos, as observações da criança e da manifestação de suas competências intelectuais são elementos fundamentais para a avaliação na escola infantil.

O professor deve observar as crianças enquanto elas trabalham, pois, quando presta atenção às discussões e representações dos alunos, obtém informações ricas sobre como cada criança está desenvolvendo-se. Essas observações o professor pode registrar em termos de um relatório que será de uso pessoal e balizará a avaliação das crianças.

O relatório poderá ser feito com base numa atividade, na qual o professor considere importante anotar o desempenho dos alunos, ou em alguma situação inesperada que ocorreu enquanto o trabalho com as crianças se desenvolvia. O relato poderá ser sobre uma criança apenas, sobre um grupo de crianças ou sobre toda a classe. Também poderá constar de algumas poucas anotações, ou de registros mais detalhados, conforme a situação e a necessidade do professor.

Para exemplificar o que estamos falando, mostraremos, a seguir, um interessante relato feito durante uma atividade de geometria por uma professora de crianças de cinco anos.

Atividade: Tangram e silhuetas[1] **Temas:** Geometria, números e medidas

Habilidades envolvidas: Composição e decomposição de figuras; noção de espaço; percepção espacial; reconhecimento, representação e comparação de formas geométricas; identificação do número de lados de quadrados e triângulos; concepção e construção de figuras; comparação entre os tamanhos (áreas) das figuras.

Registros previstos: discussão oral e desenho das figuras elaboradas com as peças do Tangram.

Dia 15/08 Jardim II B

Distribuímos um tangram a cada criança. Pedi que pegassem o quadrado; quando algumas crianças pegaram outra forma, disse:

Prof[a]: Renan, será que este é o quadrado? E jardim II? A classe disse que não e o Renan mudou sua figura. Prof[a]: Agora peguem um triângulo grande.

Crianças: Um só?

Prof[a]: Quantos triângulos grandes tem?

---

[1] Esse relatório foi produzido pela professora Juliana Vecchi e reproduzido aqui com a sua permissão.

Algumas crianças: Dois. **Profª:** Então peguem os dois.

Profª: Peguem o triângulo menor de todos. (Aqui a maioria das crianças pegou os dois triângulos pequenos).

Profª: Peguem o que não é nem maior de todos e nem menor de todos. O que ele é?

Algumas crianças: médio.

Crianças: Agora falta o paralelogramo.

Profª: Isso, tem o paralelogramo, mas nós vamos continuar olhando os triângulos. Peguem o triângulo grande. Vamos ver quantos lados ele tem. Passem o dedo nos lados.

Observação: Tem criança que já corresponde lado à contagem, ou seja, conforme passa o dedo em um lado já fala um, dois e três.

Outras apenas passam o dedo. Talvez porque esta operação seja muito complexa para seus esquemas, são várias relações que a criança tem que fazer para realizá-la (lado-quantidade). Apenas faziam lado.

E outras, que nem entenderam a consigna, apenas passaram o dedo por imitação. Era um ato mecânico.

Profª: Quantos lados tem o triângulo?

Algumas crianças: Três.

Profª: André, mostra para mim.

André: Um, dois e três (passando o dedo).

Profª: Peguem o triângulo pequeno. Qual vocês acham que tem mais lados, o grande ou o pequeno?

Algumas crianças responderam que ambos têm a mesma quantidade de lados.

Observação: Isso ocorreu porque, independente do tamanho, perceberam que o número de lados de uma forma é igual, que não depende de outros atributos da mesma.

Outras crianças responderam que o triângulo maior tinha mais lados, num primeiro momento se apoiaram no dado perceptivo, no físico, pois o triângulo, sendo maior, terá um maior número de lados. A questão do lado está ligada ao tamanho.

Ao relacionar duas figuras de tamanhos diferentes, não conservam a quantidade de lados, o tamanho passou a ser o referencial para defini-lo (número de lados). O conceito de lado para eles está intimamente ligado com a área da forma.

Pedi que o Davi me mostrasse como havia chegado na sua resposta, de que o triângulo grande tinha mais lados.

Quando Davi pegou as formas e contou o número de lados, modificou sua resposta dizendo que tinham o mesmo número de lados.

Isso aconteceu com algumas crianças. Isso mostra que suas hipóteses são menos complexas do que aquelas (das crianças que responderam diretamente a mesma quantidade), pois precisaram manusear o objeto para confrontar com a primeira hipótese formulada. O dado perceptível é muito importante para elas. E para as outras não.

Algumas crianças mudaram de hipótese com a minha intervenção ou com as dos colegas, mas teve criança que mesmo dizendo três lados afirmava que o triângulo maior tinha mais lados.

A contagem dos lados não teve significado nenhum para estas crianças, pois não foi uma fonte de conflitos, já que continuaram afirmando que o triângulo maior tinha mais lados. Falar três lados para os triângulos não interferiu em sua hipótese de que a forma que tem mais lados é a maior (não corresponderam número de lados).

Talvez estas crianças enxerguem a forma como um todo, ou seja, a sua área.

Prof^a: Peguem o quadrado. Quantos lados tem?

Crianças: Quatro.

Prof^a: Peguem para mim uma forma que tenha o mesmo número de lados que o quadrado.

Observação: Algumas crianças pegaram o paralelogramo.

Pedi que pegassem uma forma que tivesse menos lados que o quadrado.

Muitas crianças pegaram o triângulo pequeno, principalmente aquelas que determinaram o número de lados pelo tamanho, ou melhor, área. Como já citei acima, talvez algumas crianças enxerguem a forma como um todo. Então, ao verem comparadas duas figuras, a quantidade de lados é definida pela figura que tiver maior área, pois, mesmo contando, para algumas não é significativo, pois mesmo 3 sendo igual a 3, a figura de maior área tem maior número de lados.

Ou também porque não correspondem contagem = lado, não fizeram esta relação. Três é uma coisa e lado é outra.

Peguei um triângulo maior e perguntei.

Prof^a: Quais destas figuras tem mais lados, o triângulo maior ou o quadrado?

Criança: O triângulo.

Prof^a: Mostra para mim a sua reposta.

Criança: Contou os lados e mudou sua resposta, afirmando que o quadrado tinha um maior número de lados, já que tinha 4 e o triângulo 3.

Observação: Mas esta relação não está definida, pois, questionadas, algumas crianças mudam suas respostas; em outras questões, trabalhando sozinhas, afirmavam maior número de lados é a área maior. Mas parece que ficaram em uma zona intermediária entre uma resposta e outra.

Para algumas destas crianças, mostrar o triângulo maior foi uma fonte de conflito, pois desestruturou suas hipóteses de área ser igual a quantidade de lados, já que, quando comparavam triângulo pequeno e quadrado, o quadrado tinha mais lados, mas ao comparar o triângulo maior e o quadrado, ficaram em conflito sobre a questão, pois como que um triângulo maior podia ter uma quantidade menor de lados que o quadrado, cuja "área" era menor para eles?

A Matemática na Educação Infantil

> Pude observar que estes que entraram em conflito já tinham uma hipótese mais avançada do que aqueles, para os quais esta pergunta não constituiu um conflito, pois afirmavam que o triângulo tinha mais lados. Ou seja, mostrar o triângulo grande não abalou suas hipóteses de que área maior é que define quantidade de lados.
>
> Depois pedi que preenchessem as silhuetas com todas as peças e sem sobrepor. Feito isso, pedi que fizessem um cachorro. As crianças olharam as silhuetas dos outros.
>
> **Profª:** Descubram a cabeça do cachorro de seu amigo, ou o rabo, a boca, e, por fim, pedi que fizessem um homem.
>
> Ao distribuir as silhuetas, perguntava à sala.
>
> **Profª:** O que pode ser esta figura?
>
> A classe toda demonstrou muito interesse nessa discussão. Finalizei aí a atividade.

As inúmeras questões que a professora fez durante o curto espaço de tempo em que observou as crianças decorrem de uma observação atenta e curiosa a respeito das manifestações de cada aluno. Isso pode ser usado para planejar novas ações no sentido de levar os alunos a novas descobertas, novas relações e novos significados a partir de seus interesses, suas possibilidades e suas necessidades individuais.

Podemos notar também como a professora faz perguntas aos alunos para testar as hipóteses que ela própria vai levantando a respeito da compreensão deles sobre as figuras geométricas e para tentar perceber como a criança está pensando. Trabalhando assim, ela pode ver como cada um se manifesta oralmente, espacialmente e, depois, pictoricamente. Através da análise de todas as observações, a professora avaliará os progressos e necessidades de cada aluno e poderá planejar ações para propiciar diversas reflexões.

Observemos que a professora é capaz de diagnosticar diferentes momentos da concepção das figuras geométricas das crianças. Às vezes, a professora promove confronto entre as ideias das crianças, outras vezes apenas ouve, respeita e cala, fazendo apenas anotações pessoais sobre elas.

Interessante para continuar esse trabalho seria que a professora, depois de algum tempo, repetisse a atividade e verificasse se houve mudança de significado nas concepções dos alunos sobre as formas geométricas envolvidas na atividade. Ela então faria um novo relatório para um outro momento de avaliação.

Hoffmann (1994a) afirma que o fundamento de uma proposta de avaliação para a escola infantil é a disponibilidade real do adulto frente às crianças. Essa disponibilidade pressupõe reflexão e ação permanentes, uma oportunidade de vivências enriquecedoras, através das quais a criança possa ampliar suas possibilidades de descobrir o mundo e um adulto disponível a conversar e trocar ideias com ela.

No processo de construção do seu conhecimento e de evolução do seu espectro de competências, os alunos distinguem-se nos estilos de percepção e raciocínio. Uma forma de avaliação que privilegia apenas um tipo de atividade ou de resposta não dá uma indicação exata do aproveitamento, nem permite que a criança demonstre suas capacidades individuais.

Por isso, o professor deveria possibilitar a exploração ou vivência de situações pela criança, repetir ou variar as explorações ou vivências e introduzir novas situações que propiciem o estabelecimento de relações com as anteriores.

Observando as crianças em meio a cada uma dessas etapas, o professor poderia levá-las a revisitar, a "ler" a transformação que ocorreu, ou não, tentando descobrir como as crianças vão organizando, negociando, transformando os significados das suas ações, das suas noções, dos seus conhecimentos.

Tais considerações contemplam então diversas formas de registro das observações para a avaliação. Um deles poderia ser a organização pelo professor de uma ficha *pessoal* de registro do desenvolvimento dos alunos.

Tal ficha teria dupla finalidade. Por um lado, serviria como registro das observações sobre cada aluno e, por outro, poderia balizar os planejamentos quinzenais, visando à busca das rotas secundárias e de estratégias para ampliar o desenvolvimento harmônico do espectro de competências de cada criança. Essas rotas, que vêm de roteiro, caminho mesmo, seriam trilhadas, talvez, por meio de uma inteligência que seja mais forte nesse suposto aluno: a linguagem, o modelo espacial, a discussão com um amigo ou, inclusive, a dramatização.

A ficha que imaginamos não se organizaria com base comportamental ou com interesse classificatório, mas basicamente teria a finalidade de registro de observações feitas a partir de perguntas que a professora se coloca enquanto desenvolve o trabalho com os alunos, ou para registrar observações que documentou no relatório. A seguir, apresentamos uma possibilidade de organização da ficha que poderá ser reformulada e adequada às necessidades de cada professor e de seus alunos. Tal ficha pode ser encarada também apenas como um roteiro para observações e anotações que o professor poderá fazer, por exemplo, em um caderno.

FICHA DE OBSERVAÇÃO PARA USO DO PROFESSOR

Nome do aluno	Período de observação
O que é que o aluno compreende sobre noções numérica?	
O que é que o aluno compreende sobre noções geométricas e de medidas?	
Que tipos de relações entre noções matemáticas ele já faz?	
Quais os aspectos da RP que lhe causam dificuldades?	
Por qual tipo de atividade o aluno de monstra mais interesse?	

Nome do aluno	Período de observação
Qual é o tipo de registro com o qual ele melhor se comunica?	
O aluno se percebe no processo?	
Quais as colaborações que é capaz de fazer em trabalhos em grupos?	
Que avanços apresentou em relação à sua localização espacial e à organização corporal?	
A criança é capaz de expressar-se verbalmente sobre suas ideias? Em quais situações isso acontece com maior facilidade?	
Em situações de texto coletivo o aluno apresenta sugestões? De que tipo?	
Quais são os aspectos musicais (ritmos, sons, melodia, canto) pelos quais a criança demonstra maior sensibilidade?	
Quais os avanços da criança em suas expressões pictóricas?-	
De onde o aluno partiu? Que avanços vem demonstrando?	
Que estratégia poderei usar para permitir ao aluno avançar?	
Há alguma sugestão aos pais?	

Observemos que a ficha privilegia acompanhar os avanços da criança. Com base nos registros, a professora poderá ao mesmo tempo avaliar e planejar seu trabalho para ir atendendo às necessidades da classe e de cada criança em especial.

Há também a possibilidade de um terceiro tipo de registro do trabalho envolvendo diretamente a participação das crianças: *a elaboração de portfólios.*

Elaborando um portfólio

O portfólio tem como finalidade primeira uma organização de registro, pela criança, do trabalho que desenvolve na escola.

Na escola infantil, os alunos não têm maturidade cognitiva para anotar as diferentes atividades, utilizando o recurso do caderno de registros. No entanto, *é preciso que seja mantida alguma forma de documentação* que permita não apenas que o aluno valorize sua produção, mas que também auxilie o professor a organizar um material que propicie a si próprio e aos pais uma noção da evolução do conhecimento da criança ao longo do período em que o trabalho foi realizado.

A sugestão apresentada é que, ao longo do ano, o professor documente os trabalhos realizados pelos alunos em uma pasta na qual sejam arquivados os registros finais de cada atividade realizada por eles, tais como desenhos e textos coletivos. Todos os registros vão para uma pasta que estamos chamando *de porffólio* e que Gardner diz que seria mais adequado chamar de *processofólio*. Por essa referência, podemos notar que os portfólios não são apenas pastas onde acumulamos atividades dos alunos e que, ou ficam guardadas, ou são enviadas para casa sem nenhuma preocupação com o fim que terão.

Os registros aos quais nos referimos são textos, desenhos e atividades diversas de recorte, colagens e projetos que a criança vai fazendo durante o ano escolar.

No caso dos desenhos, eles são feitos ao final de algumas atividades, nas quais a professora pede às crianças que expressem pictoricamente o que vivenciaram durante sua realização. Esse registro é feito sem qualquer intervenção da professora, de modo que a criança desenhe considerando suas concepções próprias e atuais da vivência que teve, independentemente de modelos e respostas transmitidos pela professora. Nesse caso, a criança não é ensinada sobre como desenhar, mas encontra uma forma própria de fazer isso.

A cada proposta de registro, a professora expõe ou as crianças comentam oralmente seus desenhos e os desenhos umas das outras. O que se espera com esse procedimento é que a criança se dê conta, pelas exigências das descentrações, de que a representação pictórica comunica noções presentes nas atividades vivenciadas, fazendo-se, pouco a pouco, entender pelo outro através dessa forma de registro.

No início, os registros podem ser simples garatujas, podem trazer elementos presentes apenas na imaginação de seu autor. Mas, através dos processos de leitura que o professor estabelece para os registros, as crianças passam a externar elementos de simbolização e sinais gráficos, usar cores e trazer, cada vez mais, elementos que o professor objetivava desenvolver na atividade.

É comum, por exemplo, as crianças começarem a usar algarismos para representar quantas crianças participavam de um dado jogo ou para mostrar quantos pontos uma delas fez.[2]

Interagindo com as outras crianças e com a professora, os alunos vão aprimorando suas representações e desenvolvendo novas formas de se comunicar. Ao mesmo tempo, a linguagem materna, oral e escrita, a linguagem pictórica e, até, a linguagem matemática vão se desenvolvendo naturalmente.

---

[2] Alguns desses elementos podem ser vistos nos registros que apresentamos no capítulo dois deste trabalho.

O portfólio seria o representante mais nítido que a criança teria da perdurabilidade de suas impressões, percepções e reflexões, permitindo que esses elementos fossem conservados no tempo e no espaço, o que nem sempre é possível através da linguagem oral.

Em nossa forma de pensar, o portfólio é uma testemunha da ação pedagógica, o registro de como um trabalho ocorreu, a memória de uma mesma proposta desenvolvida em diferentes momentos. A utilização dessa forma de documentação envolve interpenetrações das dimensões pedagógica e psicológica. Pedagógica porque o portfólio surge como um objeto fundamental do ensino, da valorização da reflexão e da ação do aluno. Psicológica porque mostra um pouco da personalidade de cada aluno, da sua forma de ser e de pensar. Através dessa documentação o professor pode compreender alguns anseios, algumas dificuldades e as conquistas de cada aluno.

Por envolver as duas dimensões apontadas logo acima, o portfólio constitui um importante elemento de comunicação entre aluno e professor, entre professor e pais, entre alunos e pais funcionando ao mesmo tempo como regulação do processo educativo e como instrumento de avaliação eficiente, uma vez que propicia uma análise contínua dos progressos individuais dos alunos.

Nossa hipótese é que o portfólio permite que o sujeito desenvolva sua competência comunicativa e avalie o processo de produção de conhecimento, uma vez que os registros são produzidos no seio da interação docente-aluno-conhecimento. Na realidade, o portfólio constitui uma alternativa ao caderno, mas com os mesmos princípios.

O caderno-portfólio é um instrumento de registro fundamental para a representação individual do aluno, referente aos temas desenvolvidos e aos processos levados a efeito em sala de aula. A princípio como um rascunho, um esboço, pouco a pouco essa representação individual aproxima-se da que corresponde ao conhecimento organizado, sendo o processo de aproximação essencial para a construção dos conhecimentos e dos sistemas de símbolos inerentes a cada um.

Desenvolver um portfólio nos moldes como estamos concebendo envolve refletir constantemente sobre o progresso do aluno e, por sua vez, o aluno com oportunidade de participar da organização do seu material reflete sobre o que nele está contido, ou seja, autoavalia-se.

Na organização dos portfólios, os alunos têm oportunidades frequentes para folhear e olhar seus trabalhos. Isso dá a eles uma possibilidade de ter consciência sobre o número de atividades em que estão envolvidos e dos avanços que realizaram.

Por outro lado, olhando os portfólios de seus alunos, o professor pode refletir sobre que tarefas fizeram mais sentido e deram resultados mais efetivos e quais ficaram confusas e necessitam de maiores, ou novas, explorações.

Se considerar a necessidade de ficar algum tempo olhando os portfólios com as crianças, o professor notará como elas ficarão engajadas e como acontecerão reflexões sobre várias atividades. Em tais situações, o professor aproveitará para observar as conexões que os alunos fazem, as interpretações e as significações que acontecem. Por isso, o portfólio é um bom e importante instrumento no processo de avaliação.

A comunicação dos resultados aos pais e à escola

Embora, ao nosso ver, uma avaliação centrada na necessidade de apenas informar os pais sobre o desempenho das crianças seja tão inadequada quanto o uso de fichas classificatórias ou comportamentais para divulgar os resultados da avaliação do aluno, sabemos que é importante manter os pais informados sobre o desempenho de seus filhos e organizar alguma forma de registro e comunicação de tal desempenho.

Algumas escolas têm resolvido esse problema produzindo bons relatórios de acompanhamento. Tais relatórios são feitos com base em observações sobre os alunos e entregues bimestralmente.

No entanto, nossa experiência tem mostrado que, no mais das vezes, há uma dificuldade grande em produzir os registros, dado o número de alunos que estão em cada classe. O que se soma à não disponibilidade de tempo do professor para fazer o relato ou à falta de condições de trabalho para isso. O trabalho, que deveria ser prazeroso, um momento de reflexão do professor sobre todo seu fazer, transforma-se num ato burocrático e sofrido.

Por isso, há algum tempo, temos pensado numa proposta alternativa tanto às fichas descritivas quanto aos intermináveis relatórios. Nesse processo, vislumbramos a possibilidade que segue.

Na primeira vez que fosse conversar com os pais sobre o desenvolvimento das crianças, o professor faria um relatório geral sobre a classe como um todo, sem especificar uma criança, mas explicitando o processo de organização do trabalho. Isso se daria ao final do primeiro bimestre letivo.

Numa outra vez, ao final do primeiro semestre, o professor programaria seu horário para atender os pais individualmente e, com base nos registros que terá feito ao longo do trabalho, conversará com cada pai sobre seu filho especificamente. Para essa conversa, poderá seguir o roteiro da ficha de observação sugerida anteriormente e a isso somará impressões dos pais e suas. Tanto em uma quanto em outra situação, o professor aproveita para ir trabalhando o significado do portfólio com os pais para que eles percebam que olhar o trabalho das crianças é um modo de perceber seu crescimento. Caso julgue necessário, o professor poderá preparar alguma documentação escrita (relatório) de uma criança em especial.

Num terceiro momento, o professor prepara um relatório final sobre cada criança, situando-a para os pais a partir das suas intensas reflexões e observações. O relatório final será uma síntese de um processo contínuo de avaliação da criança durante o ano, e conterá principalmente seus avanços e conquistas, além de estratégias previstas para ampliação das competências e sugestões de como os pais podem colaborar neste processo.

Tal relatório não precisa ser demasiadamente extenso nem tampouco específico para a matemática; pelo contrário, deverá conter a síntese de todas as observações, em todas as áreas, que o professor fizer da criança.

Isso demandará necessariamente em esforço de toda equipe escolar para auxiliar o professor na elaboração do material e, também, implicará numa preocupação com a maior compreensão do processo e do projeto de trabalho pelos pais. Disso nos ocuparemos a examinar em seguida.

Envolvendo os pais no trabalho das crianças

Lerner (1994) diz que hoje já há entre os pais conceitos que definem uma concepção de aprendizagem e de ensino que contempla noções como descobrir, investigar, discutir e interpretar, mas, segundo ela, essa concepção coexiste com outra que postula explicar, repetir, memorizar.

Tendo consciência disso, acreditamos que um modo de lidar com as inquietações dos pais é mantê-los informados, educando-os sobre nossa proposta. Para ilustrar como concebemos este processo, usaremos um relato de experiência que temos realizado em algumas escolas infantis sob nossa orientação, onde temos desenvolvido ações no sentido de habilitar os pais a acompanharem e compreenderem o trabalho que desenvolvemos e vibrar com a evolução que vemos nas crianças. Uma das mudanças que realizamos, e que tem surtido muito efeito, deu-se na forma da reunião de pais.

No início do ano, reunimos todos os pais das crianças da escola infantil e contamos para eles em linhas gerais sobre todo o trabalho previsto para ser desenvolvido com as crianças durante o ano. Nessa reunião, as coordenadoras apresentam os princípios básicos, os objetivos, os temas e o tipo de atividades que serão desenvolvidos em matemática, ciências, alfabetização, artes e estudos sociais. Isso serve para situar a matemática — e as outras ciências — no projeto geral da escola e muitas dúvidas são aí esclarecidas.

Bimestralmente, como em outras escolas, são organizadas reuniões com os pais. Essas reuniões podem ser por nível (reúnem-se todos os pais das crianças de seis anos, por exemplo), por classe, individuais ou uma combinação de duas delas. Aí começam as mudanças.

Nas reuniões por nível ou por classe, os professores têm escolhido uma atividade de matemática para explicar aos pais o processo que acontece desde a proposição da atividade até seu fechamento, os objetivos da atividade e a forma pela qual é avaliado o desempenho das crianças. Também é solicitado aos pais que digam se as crianças já falaram da atividade, como falaram e como eles puderam perceber os resultados de alguns procedimentos em casa com seus filhos.

Em outras ocasiões, temos desenvolvido ações para auxiliar os pais a compreenderem o valor dos portfólios no trabalho que realizamos e no acompanhamento do desenvolvimento da criança. Assim, bimestralmente, os professores organizam um relatório sobre o que foi desenvolvido e anexam ao portfólio que vai para casa antes da reunião, para ser olhado pelos pais juntamente com a criança. Vejamos exemplos de relatórios desse tipo.

COLÉGIO "EMILIE DE VILLENEUVE"
Relatório de Matemática - 1° Bimestre - 1995 - Jardim II

No decorrer do 1° bimestre, trabalhamos atividades referentes aos temas números, geometria e medidas.

Com relação a números, temos como objetivo dar à criança a possibilidade de interpretar os múltiplos usos que os números têm no mundo real, relacionar a linguagem diária com a linguagem e os símbolos matemáticos, utilizar a contagem de rotina, correspondência um a um e quantificação, reconhecimento de pequenas quantidades, expressão gráfica de pequenas quantidades, adição, subtração, simbolização e de perceber que um número natural ocupa um lugar numa sequência numérica.

Para isso, foram dadas atividades como: amarelinha; recortar o que é número em jornais e revistas; caçadores de tartarugas; a galinha do vizinho; jogo da minhoca; o que tem mais?; reprodução de configurações; boliche; corda; construções de gráficos; e coelhos e tocas.

Em geometria, temos como objetivos: desenvolver a percepção espacial, o reconhecimento e descrição de formas (quadrado, triângulo, círculo, retângulo, paralelogramo e cubo), a discriminação visual, composição e decomposição de figuras geométricas.

As atividades propostas com esses objetivos foram: sequências com cubos, classificação com blocos lógicos, caçadores de tartarugas, jogo da minhoca, composição e decomposição de figuras com o Tangram, reprodução de configurações simples, realizar percursos com obstáculos, jogo de amarelinha, jogo de boliche, brincadeiras com corda e coelhos e tocas.

Em Medidas, espera-se que a criança ordene conjuntos de objetos que apresentem entre si diferença constante, realize avaliação de altura e capacidade, utilize um vocabulário que envolva noções de medição e perceba que um objeto pode ser ao mesmo tempo maior que e menor que, dependendo da sua relação com outros objetos.

Para desenvolver os objetivos propostos, utilizamos as seguintes atividades: seriação com o corpo, com barbantes e com as canecas, brincadeiras com corda, comparação de tamanho dos blocos lógicos, realizar medidas com barbantes.

Ao final de cada atividade, as crianças fazem um registro, que pode ser oral, escrito (texto-coletivo) ou por meio de um desenho.

O registro é muito importante, pois é nesse momento que a criança reflete sobre a atividade e demonstra o seu entendimento da situação vivida.

Para o professor, o registro é utilizado como uma maneira de avaliar o que a criança entendeu da atividade, quais as dúvidas, sua participação e reflexão. A partir disso, ele pode então, repensar o que foi feito e utilizar sua reflexão como instrumento na elaboração e problematização da próxima atividade.

Exemplos de registros são as atividades da pasta de matemática, onde podemos encontrar o jogo de amarelinha, feito em vários momentos, e perceber a evolução do registro da criança.

OBS: Pedimos aos pais que tragam essa pasta na reunião pedagógica e informamos que se houver qualquer dúvida com relação à mesma que discutam conosco na reunião.

Atenciosamente
Professoras do Jardim II

RELATÓRIO DO 1° BIMESTRE
JARDIM III - 1995

Nosso trabalho em matemática tem como pressuposto que a criança está construindo seus conhecimentos de número, geometria e medidas através das diferentes relações que estabelece com o meio, portanto todas as atividades propostas têm como intuito fazer com que a criança pense de forma criativa, autônoma, curiosa e com atenção.

Após a realização de uma atividade (jogo, Tangram, blocos lógicos, seqüência, etc.), solicitamos que as crianças façam um registro, no qual representam graficamente de forma espontânea suas próprias concepções, dessa maneira não existe o certo ou o errado. Assim, o registro, juntamente com nossas observações e intervenções (questionamentos), auxilia-nos a perceber o processo evolutivo de cada criança. Vejam, vocês também, essa evolução: Observem atentamente os registros do dominó, contidos na Pasta dos Dias 20/ 03 e 23/03.

Quando propomos uma atividade, esta não é voltada para um único objetivo, como, por exemplo, no jogo de dominó, onde temos: interpretar os múltiplos usos que têm os números no mundo real, relacionar a linguagem matemática e o simbolismo matemático com situações-problemas; relacionar jogos com ideias matemáticas; escrever e nomear números naturais; comparar quantidades; utilizar o recurso da contagem e da correspondência um a um; identificar a divisão com situações-problemas que envolvem a ideia de repartir. Portanto, a criança, numa única proposta de atividade, estabelece inúmeras relações.

Na sala de aula, trabalhamos as situações-problemas que incentivam as crianças a formularem hipóteses, confrontá-las para confirmar ou refutar. Isso abre possibilidades para que outras relações sejam estabelecidas e algumas noções possam avançar em sua construção.

Esse nosso trabalho, não só neste bimestre, mas por todo ano, aposta na ação da criança, na flexibilidade do seu pensamento e na sua autonomia.

Maiores esclarecimentos poderão ser feitos durante a reunião.

Os relatórios visam ao mesmo tempo dar pistas aos pais de como pensamos o trabalho com a matemática e ensiná-los a "ler" os registros do portfólio, observando a evolução das crianças de um registro para o outro.

Na reunião de pais, realizada após o exame do material e a leitura do relatório, os pais costumam ficar muito entusiasmados. Ouvimos comentários tipo:
- Meu filho me explicou a maioria das atividades.
- Você viu como ele evoluiu nos registros de amarelinha?
- Agora eu entendi o jogo de Batalha.
- Será que você poderia me mostrar o Tangram?
- Olha, eu e meu marido queríamos saber como é que se joga Pescaria. Minha filha tentou nos ensinar e achamos interessante jogar com ela.
- Ah! Agora eu entendi por que vocês põem "esses rabiscos" numa pasta. Fica meio bagunçado, mas estou começando a achar interessante.

Num outro momento. o relatório pode ser usado para situar os pais sobre os progressos da classe em relação ao conhecimento matemático. Assim, é escrito um relatório composto de duas partes, sendo a primeira coletiva, para todas as classes de um mesmo nível, e a segunda elaborada individualmente pelos professores de acordo com a realidade de suas classes. Vamos à parte coletiva

COLÉGIO "EMILIE DE VILLENEUVE"
Relatório do 2º Bimestre – Jardim III

Neste Bimestre, iremos destacar o tema da geometria, que tem como finalidade desenvolver as habilidades de percepção, construção e concepção do espaço.

Para tanto, usamos os Blocos Lógicos, Cubos, Geoplano, Tangram e Sólidos Geométricos. Vocês podem observar as atividades da pasta dos dias 17/05, 20 e 21/06 e na apostila às páginas 17 e 32.

As atividades citadas têm como objetivo: desenvolver habilidades ligadas ao pensamento geométrico e a percepção e visualização espacial, o reconhecimento de formas e cores, abstração de formas e a capacidade de representá-las através de desenho, identificar figuras que têm a mesma forma e a mesma medida; desenvolver a capacidade perceptiva e a constância de formas.

O paralelogramo é uma das peças do Tangram com a qual as crianças têm, em geral, mais dificuldade para construir, representar e conceber, Isso ocorre porque o paralelogramo é uma figura menos presente no cotidiano da criança do que o quadrado e o triângulo, por exemplo.

No início do trabalho com Tangram, utilizávamos silhuetas com diferentes figuras que exigiam a utilização das sete peças do jogo, sem sobrepô-las. Estas tinham o mesmo tamanho das peças.

Dando sequência, propúnhamos atividades da apostila onde as figuras impressas eram de tamanho menor que o jogo. A proposta era a de olhar na apostila e, ao lado, compor a mesma figura; isso exigia que elas realizassem relações de posição, proporção e espaço. Feito isso, cada criança contornava no papel pardo as peças, montando a figura.

Outra etapa era pintar cada peça do mesmo tamanho, de acordo com a legenda: triângulo grande azul, triângulo médio amarelo, triângulo pequeno vermelho, quadrado verde, paralelogramo marrom. A finalidade dessa atividade aponta outro desafio: comparar entre a apostila e a folha de papel pardo a posição das peças, a proporcionalidade não só das peças entre si, como também em relação ao espaço maior.

Em outro momento, criamos a oportunidade de reproduzir no geoplano as peças do Tangram e posteriormente registrá-las numa malha pontilhada.

Nosso trabalho em geometria mostra a flexibilidade de pensamento que as crianças vão construindo: passar do plano tridimensional para o bidimensional (folha), trabalhar com diferentes representações de um mesmo objeto e, principalmente, falar muito sobre as observações feitas. A medida que estas atividades e outras situações problematizadoras ocorrem, elas vão avançando na construção do pensamento geométrico e estruturando sua percepção sobre o espaço que as rodeia no mundo.

Agora vejamos a parte individual.

COLÉGIO "EMILIE DE VILLENEUVE"
Jardim III B

Durante este semestre, o Jardim III B avançou muito em relação ao conceito de número, a maioria das crianças já consegue fazer a relação da quantidade com o símbolo que a representa, escreve e nomeia os número de 0 a 9, percebe que um número ocupa um lugar exato na sequência numérica, organiza os elementos de uma sequência dada e a representa graficamente.

Para alcançar esses objetivos, foram propostas várias atividades, tais como: amarelinha, jogos (batalha, dominó, cincos, dez coloridos, etc.), livros de história infantil, situações-problemas, etc. Nelas, as crianças estão constantemente estabelecendo relações, levantando hipóteses, comprovando-as ou efutando-as para construir novas hipóteses dentro do seu próprio nível de aprendizagem.

COLÉGIO "EMILIE DE VILLENEUVE"
Jardim III C

Neste semestre, o Jardim III C avançou em suas hipóteses quanto ao conceito de número, as crianças reconhecem os algarismos e muitas começam a se perguntar que números são necessários para escrever 31. Essas situações aparecem frequentemente ao fazermos o calendário e manusearmos a apostila.

O "jogo dos cincos" e "dez coloridos", as situações-problemas formuladas a partir da leitura de livros de história proporcionaram formulações e reformulações de suas hipóteses quanto a ideias de adição e subtração.

COLÉGIO "EMILIE DE VILLENEUVE"
Jardim III D

Neste semestre, a sala do Jardim III D caminhou muito na classificação, a grande maioria consegue fazer a classificação em continuidade, ou seja, eles têm a capacidade de classificar e estabelecer outros critérios, muitas vezes do mesmo conjunto de objetos. Vários foram os materiais usados, inclusive os blocos lógicos.

Além disso, dentro dos seus processos de aprendizagem, estão estabelecendo relações o tempo todo, testando hipóteses, comprovando-as ou rejeitando-as e criando novas hipóteses.

Quanto ao conceito de número, as crianças avançaram muito. A grande maioria representa graficamente uma sequência numérica convencional e relaciona uma quantidade com o símbolo que representa. Através do trabalho com o calendário, com livros de histórias, que envolvem as questões numéricas, com a procura das páginas na própria apostila, muitas crianças já perceberam a necessidade do uso do numeral no cotidiano.

Nas reuniões individuais, conversamos um pouco com cada pai para situá-los mais especificamente sobre avanços e dificuldades de seus filho. É nesse tipo de reunião que falamos muito particularmente de cada criança e damos sugestões aos pais sobre como eles podem auxiliar nas dificuldades da criança, nas pequenas tarefas que vão para casa. É também nesse momento que temos possibilidade de ouvir mais pormenorizadamente cada um sobre o trabalho da escola como um todo e mais especificamente sobre como ele vê a matemática no desenvolvimento de seu filho. E comum escutarmos:

— *O Stefano (6 anos) está respondendo quanto é 5 vezes 2 antes que o irmão.*

— *O André resolveu fazer um livrinho e pediu para eu dizer a sequência dos números acima de 20. Fiquei impressionada, pois até o 20 ele fez sozinho.*

— *O Renato está guardando dinheiro num cofrinho e já percebeu que quando chega no "100 centavos" tem um real. Como ele pode contar até 100?*

— *Meu filho ainda não reconhece os números, isso é normal?*

A cada dúvida ou comentário, o professor esclarece os pais e procura mostrar caminhos através dos quais eles possam compreender o desenvolvimento da criança.

Estamos também trabalhando com a possibilidade de realizar oficinas de matemática com os pais para que eles vivenciem o processo de trabalho e percebam a importância de cada atividade que realizamos.

Quando propomos e nos preocupamos com a participação dos pais em nosso trabalho, não estamos procurando dar-lhes explicações ou satisfações sobre o que fazemos com as crianças, no sentido de temer a reação deles diante do nosso trabalho. Acreditamos que se o professor é um profissional da educação com capacitação reconhecida por uma escola cujo projeto educacional está bem delineado, é preciso que pais e direção confiem na competência do profissional-professor para desempenhar as funções pedagógicas que lhe foram atribuídas.

Porém, temos consciência de que as ações do professor não se fazem solitariamente, mas num processo, no qual o envolvimento da comunidade onde a escola está inserida é fundamental, e os pais, como elementos da comunidade, têm o direito de participar do projeto pedagógico, não para interferir ou dizer o que o professor deve fazer — e cabe à equipe escolar inibir essa interferência nociva e prepotente —, mas para colaborar, cooperar e perceber melhor como se dá todo o processo educativo que a escola desenvolve.

Como diz Souza e Silva (1995), é comum que, no início do processo de participação, os pais apenas expressem expectativas quanto aos resultados da aprendizagem escolar, mas, ao longo de sua participação, vão-se envolvendo com o processo pedagógico. Para ela, quando pais e professores estão presentes nas discussões dos aspectos educacionais, estabelecem-se situações de aprendizagem de mão dupla, nas quais ora a escola estende sua função pedagógica para fora, ora a comunidade influencia os destinos da escola.

Essa cooperação permite uma maior consciência e respeito de ambas as partes pelo processo educacional da criança e determina um envolvimento de todos na busca pela consolidação do projeto pedagógico da escola.

O professor em formação

Procuramos ressaltar até aqui as características e peculiaridades de uma nova concepção de inteligência e, com base nela, um projeto de ações docentes.

Durante todo o trabalho, tentamos mostrar que é o professor, como nos diz Salvador (1994), quem determina, com sua atuação, com seu ensino, que as atividades nas quais o aluno participa possibilitem um maior ou menor grau de amplitude e profundidade dos significados construídos e, sobretudo, quem assume a responsabilidade de orientar seus alunos na construção do conhecimento.

Isso traz exigências amplas em relação à atuação profissional, à maneira de o professor enxergar o aluno, à forma como se vê no processo.

Acreditamos que a primeira consideração em direção ao redimensionamento das ações docentes do professor deverá ocorrer na tomada de consciência da diversidade de possibilidades de combinações das inteligências nos espectros individuais de seus alunos, conhecer as inteligências e suas manifestações e saber que, à exceção de casos especiais, toda criança tem potencial para se desenvolver em todas as competências. O professor precisa saber isso, acreditar nisso.

Também o professor deve sentir-se responsável por buscar caminhos que favoreçam aprendizagens significativas, possibilidades de estabelecimento de múltiplas relações entre significados, ajudar, como nos diz Marvin Minsky (1989), as crianças a elaborarem redes cada vez mais robustas dentro de suas cabeças. O professor tem como uma tarefa grande não somente possibilitar as conexões entre as diferentes componentes do espectro, mas também vislumbrar alguns caminhos possíveis de serem seguidos para orientar os alunos nos percursos em suas redes.

O perfil do professor para desenvolver um projeto pedagógico à luz das inteligências múltiplas exige dele uma busca por harmonizar seu próprio espectro e uma dose significativa de sensibilidade para observar, avaliar, perceber como cada aluno desenvolve e manifesta suas competências. Sua inteligência interpessoal sempre deverá estar em permanente manifestação para coordenar as situações surgidas no contexto de sua comunidade-classe.

Do que dissemos, podemos salientar, então, que são características necessárias do professor para desenvolver um projeto de ações com base na Teoria das Inteligências Múltiplas:

– o cuidado em relação ao planejamento das ações;

– a coordenação e organização do ambiente de sala de aula para viabilizar o desenvolvimento harmônico das competências dos seus alunos;

– coordenar os processos de comunicação na sua comunidade-classe;

– ser sensível e sensato para observar cada aluno e avaliar, por diferentes caminhos, seu desenvolvimento;

– procurar alternativas de ação no sentido de estabelecer rotas alternativas para levar seu aluno a desenvolver-se plenamente, com base nos resultados de suas avaliações.

Mas carece completar que não imaginamos que um professor com tal perfil surja rapidamente ou em um trabalho solitário. Para que esse professor aconteça *é* fundamental um trabalho coletivo, de estudos e reflexões contínuas, ou seja, cada professor deve formar com seus pares um grupo cooperativo.

Também para o professor o debate gera novas ideias, traz informações e dúvidas que o obrigam a refletir, organizar e reorganizar ações, pensamentos, modificar posições. O professor nesse processo tece permanentemente sua rede de conhecimentos.

No trabalho com seu grupo, o professor sente-se fortalecido porque conta com o apoio de outras pessoas com quem pode compartilhar dúvidas e discutir avanços, preocupações, incertezas e práticas de sala de aula.

Para que todo esse trabalho aconteça, é preciso que professores, equipe de coordenação, a escola e o sistema de ensino como um todo instalem condições, criem espaços e horários que favoreçam reuniões para encontros regulares dos professores. Essas reuniões devem ser cuidadosamente planejadas para que se tornem um momento eficiente e produtivo de estudos, de capacitação em serviço e de discussão dos problemas *pedagógicos* do cotidiano. Não é um momento só de recados, e, necessariamente, deve acontecer no ambiente da escola.

As condições sobre as quais nos referimos devem prever não apenas recursos materiais, mas, essencialmente, a valorização da função docente, incluindo aí questões de natureza salarial.

Qualquer projeto que os professores desenvolvam deve ser um projeto da escola, com participação ampla da comunidade onde os professores são responsáveis pela parte pedagógica e a direção, e os pais acompanham, apóiam e colaboram com o projeto.

Ao falar no papel do professor, tocamos, mesmo que de modo indireto, na questão de sua formação. Não cabe aqui uma análise sobre aspectos políticos e pedagógicos dessa formação, até porque muitos e diversificados estudos já ocorreram e ainda ocorrem nessa direção.

No entanto, a natureza dessa proposta que ora apresentamos e a nossa trajetória profissional nos impele a fazer algumas ponderações, ainda que brevíssimas, sobre a formação do professor que vai ensinar matemática nas perspectivas do projeto que delineamos.

Nossa prática indica que, a despeito de todas as inovações tecnológicas e metodológicas no ensino de matemática, é fundamental ao professor, inclusive o de escola infantil, um conhecimento sólido das ideias matemáticas.

Temos visto em escolas propostas muito interessantes caírem num grande vazio por terem deixado ao largo a importância do conhecimento matemático em sua execução.

Ora, como pode o professor discutir, abordar ou ensinar o que não sabe? Como abordar problemas de modo significativo se ele mesmo, professor, julga-se incapaz para a matemática, não confia em sua capacidade para resolver problemas ou, ainda, desconhece suas habilidades e limitações em relação à matemática?

Como advogar a importância da geometria na escola a um professor que muitas vezes identifica o tema com algumas poucas informações desencontradas e esporádicas que recebeu?

Se desejamos alguma alteração na metodologia, é preciso também fortalecer o conhecimento específico, é essencial repensarmos a matemática e seu ensino nos cursos que habilitam o professor a trabalhar nas séries iniciais da escolaridade.

Uma possibilidade que vemos para concretizar ações nessa direção está delineada em um documento da Secretaria Estadual da Educação de São Paulo, que ajudamos a elaborar no período entre 1988 e 1990. Trata-se da *Proposta Curricular de Matemática para o CEFAM e a Habilitação Específica ao Magistério*. Ainda que saibamos da tendência em delegar a formação do professor apenas para o terceiro grau e, mesmo sabendo que a referida proposta tem alguns pontos que diferem de algumas concepções que ora examinamos, cremos que o documento ao qual nos referimos indica algumas direções que deveriam compor a formação matemática do professor que irá trabalhar com crianças na fase inicial da escolaridade. São elas:

– a matemática na formação do professor, em conjunto com as demais disciplinas, deve visar simultaneamente à formação do indivíduo e à formação profissional;

– cabe à matemática ministrada na formação do professor contribuir para estimular e desenvolver sua capacidade de observação, análise, síntese, decisão, argumentação e generalização;

– a visão da matemática abordada na formação do professor deverá ser bastante ampla para que o futuro profissional que se delineia atue com firmeza ante seus alunos e seu trabalho;

– a matemática desenvolvida no curso de formação de professores deverá permitir o conhecimento e análise crítica de programas, currículos e materiais que venha a conhecer.

A essência da proposta é a abordagem que se propõe dar aos conteúdos e subordinar a escolha dos mesmos aos princípios supracolocados. Dessa forma, as atividades do aluno-professor em matemática deverão ser de natureza tal que gerem a necessidade de pesquisa, de informações, de trabalho cooperativo, de resolução de problemas.

Os recursos metodológicos previstos para desenvolver tal proposta são a resolução de problemas e a história da matemática e uma preocupação com noções de lógica-matemática.

Os temas básicos sugeridos para discussão ao longo do curso são: números, medidas, geometria, noções de estatística, funções e problemas de contagem. Cada um deles desenvolvido sob a ótica das considerações suprarreferidas.

Hoje, dadas as reflexões que fizemos, acreditamos que todos os princípios que delineamos para a organização do ambiente de trabalho em classe, da seleção das atividades, do trabalho com projetos e da função dos materiais didáticos são fundamentais também para as ações em cursos de formação de professores, pois dificilmente um professor de matemática formado em um programa tradicional estará preparado para enfrentar os desafios das modernas propostas curriculares.

Tais ponderações nos remetem também para a organização do trabalho com a disciplina de Conteúdo e Metodologia da Matemática, a qual deverá situar-se numa dupla confluência: a que se dá entre as disciplinas da formação específica e a matemática. Nesse caso, caberá à metodologia do ensino articular-se para abordar os discursos sobre matemática e educação, sobre a realidade da sala de aula e fazer pontes entre o conteúdo matemático, sua forma de desenvolvimento e a realidade educacional.

O referencial didático, psicológico, metodológico e filosófico da proposta do curso de Metodologia da Matemática deverá estar em profunda e fecunda conexão com as demais disciplinas dos cursos de formação do professor, derivando delas sua linha mestra.

Com as indicações que fizemos no presente capítulo, não tivemos a pretensão de completar ou esgotar as análises sobre a organização do trabalho do professor e tampouco aprofundar as questões sobre sua formação.

O que esboçamos nesse ponto do texto foi mais uma reflexão sobre nosso próprio trabalho em escola, após termos encontrado um suporte teórico para justificar, fundamentar e rever nossa prática pessoal com professores. Assim, pinçamos alguns pontos que, acreditamos, podem orientar outros professores que também desejam rever sua prática ou analisá-la à luz de um referencial teórico. A mostra que fizemos certamente não está esgotada e poderá, futuramente, gerar novas reflexões.

Uma nota final

Pensamos que os pontos que analisamos, que criticamos, as sugestões que fizemos e o projeto que esboçamos neste trabalho a partir da Teoria das Inteligências Múltiplas poderão contribuir para uma nova concepção de inteligência apoiada em um novo paradigma de conhecimento para o trabalho com a matemática na escola.

Como para a inteligência, as possibilidades de outras propostas, de outros olhares, parecem-nos múltiplas.

Certamente, quando novos exames, ou mesmo, nossa própria forma de ver o modelo de Gardner, emergirem e forem colocados em debate, outras críticas, novas análises, muitas reflexões surgirão e deverão contribuir ainda mais para que possamos ter mais e melhores princípios de ações pedagógicas que visem a uma escola mais eficiente, menos elitista, menos estigmatizadora, mais alegre e humana.

Referências Bibliográficas

ABRAMOVICH, Fanny. *Literatura infantil: gostosuras e bobices*. São Paulo: Scipione, 1990.

ARBIB, Michael A.; HESSE, Mary B. *The construction of reality*. New York: Cambridge University Press, 1986.

AZEVEDO, Maria V. R. de. *Jogando e construindo matemática*. São Paulo: Editoras Unidas, 1993.

ALEXANDRE de Oliveira, Maria. *Dinâmicas em literatura infantil*. São Paulo: Edições Paulinas, 1990.

ANTUNES Cunha, M. A. *Literatura infantil — teoria e prática*. São Paulo: Ática, 1990.

ASCHENBACH, Lena et al. *A arte magia das dobraduras*. São Paulo: Scipione, 1990.

BARBIER, Jean-Marie. *Elaboração de projectos de acção e planificação*. Porto: Porto Editora, 1993.

BARTHES, R. *Aula*. São Paulo: Cultrix, 1989.

—. Oral/escrito. In: *Enciclopédia Einaudi*. Lisboa: Imprensa Nacional/Casa da Moeda, 1987. v.11.

BENJAMIN, Walter. *Reflexões: a criança, o brinquedo, a educação*. Campinas: Summus Editorial, 1984.

BERLITZ, Charles. *As línguas do mundo*. 5.ed. Rio de Janeiro: Nova Fronteira, 1988.

BICUDO, Maria Aparecida V. (org.). *Educação matemática*. São Paulo: Moraes, s.d.

BONAVENTURE, Jette. *O que conta o conto?* São Paulo: Edições Paulinas, 1992.

BOYER, Carl B. *História da matemática*. 6.ed. São Paulo: Edgard Blücher, 1986. BOULCHE, Jean le. *Educação psicómotora*. Porto Alegre: Artes Médicas, 1988.

BRUHNS, Heloísa T. (org.). *Conversando sobre o corpo*. 5.ed. Campinas: Papirus, 1994.

BRUNER, Jerome et al. *Play: its role in development evolution*. New York: Penguin Books, 1976.

CALVINO, ítalo. *Seis propostas para o próximo milênio*. São Paulo: Companhia das Letras, 1991.

CAREY, D. A. The patchwork quilt: a context for problem solving. *Arithmetic Teacher*, n.4, p.199-203, dez. 1992.

CARRAHER, Terezinha Nunes et al. *Na vida dez, na escola zero*. São Paulo: Cortez, 1988.

CENTURIÓN, Marília. *Números e operações*. São Paulo: Scipione, 1993.

COELHO, Betty. *Contar histórias, uma arte sem idade*. São Paulo: Ática, 1990.
COELHO, Marcelo. Discussão sobre QI deve ser esquecida. *Folha de São Paulo*, 04 nov. 94, p. 5-8.
—. Inteligência está além dos testes de QI. *Folha de São Paulo*, 02 nov. 94, p. 5-6.
COLL, César (org.). *Desarrolo psicológico y educación l I*. Madrid: Alianza Editorial, 1990.
—. *Psicologia genética y aprendizages escolares*. Madrid: Siglo Veintiuno, s.d.
CONAWAY, B.; MIDKIFF, R.B. Relacionando literatura, linguagem e frações. *Arithmetic Teacher*, n.8, p. 430-434, abr. 1994.
CONSTRUINDO a alfabetização (coletânea.). 7.ed. Belo Horizonte: Fundação Amae, s.d.
CURRICULUN AND EVALUATION Standards for School Mathematics. Reston : NCTM, 1989.
CHATEAU, Jean. *O jogo e a criança*. Campinas: Summus Editorial, 1987.
CLEMENTS, Douglas H.; BATTISTA, Michael T. Geomety and spacial reasoning. In: *Handbook of research on mathetnatics teaching and learning*, Reston: NCTM, 1992. p.420-464.
CRAMER B.; KARNOWSKI, A. Communication in mathematics. In: *Readings .from the Aritmetic Teacher*. Reston: NCTM, 1993. p.7-12.
CROWLEY, Mary L. O modelo van Hiele de desenvolvimento do pensamento geométrico. In: *Aprendendo e ensinando geometria*. p.1-20. São Paulo: Atual, 1995.
D'AMBRÓSIO, Ubiratan. *Da realidade à ação: reflexões sobre educação e matemática*. São Paulo: Summus/Unicamp, 1986.
—. *Etnomatemdtica*. São Paulo: Ática, 1991.
D'AMBRÓSIO, Beatriz S. Formação de professores de matemática para o século XXI o grande desafio. *Proposições*, Campinas: Cortez/UNICAMP, v.4, n.110, p.35-41, 1993.
DAVIS, Flora. A *comunicação não-verbal*. 5.ed. Campinas: Summus Editorial, 1979.
DEHEINZELIN, Monique. A *fome com a vontade de comer: uma proposta curricular de educação infantil*. Petrópolis: Vozes, 1994.
DERDYK, Edith. *Formas de pensar o desenho: desenvolvimento do grafismo infantil*. São Paulo: Scipione, 1989.
EDWARDS, Betty. *Desenhando com o lado direito do cérebro*. Rio de Janeiro: Ediouro, 1984.
ERBOLATO, Leila. *Tópicos da psicolingüística*. Mimeo, s.d. ESCHER, M.C. *Gravuras e desenho*. Köln: Taschen, 1994
FERNÁNDEZ, Alícia. *A inteligência aprisionada*. 2.ed. Porto Alegre: Artes Médicas, 1991.
FERREIRO, Emílio.. *Alfabetização em processo*. 10.ed. São Paulo: Cortez, 1994.

FERREIRO, Emolia; TEBEROSKY, A. A *psicogênese da língua escrita.* Porto Alegre: Artes Médicas, 1986.

FIORENTINI, Dario; MIORIN, Maria A. Uma reflexão sobre o uso de materiais concretos e jogos no ensino de matemática. *Boletim da Sociedade Brasileira de Educação Matemática,* São Paulo: SBEM-SP, n.7, p.l -3, 1990.

FONSECA, Vítor da. *Psicomotricidade.* 2.ed. São Paulo: Martins Fontes, 1988.

FREIRE, Madalena. O que é um grupo? In: A *paixão de aprender.* 2.ed. Petrópolis: Vozes, 1993, p.59-68.

FREIRE, João B. *Educação de corpo inteiro: teoria e prática da educação física.* São Paulo: Scipione, 1994.

FRIAS FILHO, Otávio. Inteligência. *Folha de São Paulo,* 27 out. 94, p.1-2.

FRIEDENREICH, Carl A. A *educação musical na escola Waldoif.* São Paulo: Editora Antroposófica, 1990.

GAILLEY, S. The mathematics — children's literature connection. *Arithmetic Teachel;* n.5, p.258-261, j an.1993.

GARDNER, Howard. A *criança pré-escolar: como pensa e como a escola pode ensiná-la.* Porto Alegre: Artes Médicas, 1994.

—. *Estruturas da mente: a teoria das inteligências múltiplas.* Porto Alegre: Artes Médicas, 1994.

—. *Multiple intelligences: the theory in practice.* New York: BasicBooks, 1993.

—. A *nova ciência da mente.* São Paulo: Edusp, 1995.

GAI'l'EGNO, C. (org.). *El material para la enseilanza de las matematicas.* Madrid: Aguillar, 1967.

GOOD, Thomas L. et al. Grouping for instruction in mathematics: a call for programatic research on srnall group processes. In: *Handbook of research on mathematcs teaching and learning.* Reston: NCTM, 1992. p.165-196.

GÓES, Lúcia P. A *aventura da literatura para crianças.* 2.ed. São Paulo: Melhoramentos, 1990.

—. *Introdução à literatura infantil e juvenil.* São Paulo: Pioneira, 1991. GOULD, Stephen J. A *falsa medida do homem.* São Paulo: Martins Fontes, 1991.

GONÇALVES, Marcos A. Black is Beautiful. *Folha de São Paulo,* 20 nov. 94, p.6-3

GROSSI, Esther P.; BORDIN, Jussara (orga.). *Paixão de aprender.* 2.ed. Petrópolis: Vozes, 1992.

—. *Construtivismo pós-piagetiano.* Petrópolis: Vozes, 1993.

HAKEN, Herman et al. *Sobre la imaginacion científica.* Barcelona: Tusquets editores, 1990.

HANNOUM, Hubert. *El nino conquista el medio.* Buenos Aires: Editorial Kapelusz, 1977.

HESS, Adrien I. at al. *Mathematics projects.* 3.ed. Reston: NCTM, 1993.

HOFFER, Allan. Geometria é mais que prova. *Mathematics Teachers*, v.74, p.11-18, jan. 1981.
HOFFMAN, Jussara. *Avaliação mediadora: unia prática em construção da préescola à universidade*. 4.ed. Porto Alegre: Educação e Realidade, 1994.
—. *Avaliação: mito e desafio*. 1 3.ed. Porto Alegre: Educação e Realidade, 1994.
HOFSTADTER, Douglas R. *Gõdel, Escher, Bach*. Barcelona: Tusquets Editores, 1987.
HOWARD, Walter. A *música e a criança*. 3.ed. Campinas: Summus Editorial, 1984.
IAVELBERG, Rosa. O desenho cultivado na criança. In: *Arte na sala de aula*. Porto Alegre: Artes Médicas, 1995, p.3-32.
JEANDOT, Nicole. *Explorando o universo da música*. São Paulo: Scipione, 1990.
JOLIBERT, Josette. *Formando crianças leitoras*. Porto Alegre: Artes Médicas, 1994.
—. *Formando crianças produtoras de texto*. Porto Alegre: Artes Médicas, 1994.
KAMII, Constance. A *criança e o número*. Campinas: Papirus, 1985.
KAMII, Constance; JOSEPH, Linda L. *Aritmética: novas perspectivas*. Campinas: Papirus, 1992.
KAMII, Constance; DEVRIES, Rheta. *Jogos em grupo na educação infantil*. São Paulo: Trajetótia Cultural, 1991.
—. *O conhecimento físico na educação pré-escolar*. Porto Alegre: Artes Médicas, 1991.
KAUFMAN, Ana M.; Rodriguez, Maria E. *Escola, leitura e produção de textos*. Porto Alegre: Artes Médicas, 1995.
KISHIMOTO, Tizuko M. *O jogo e a educação infantil*. São Paulo: Pioneira, 1994.
KLEIMAN, Angela. *Oficina de leitura: teoria e prática*. Campinas: Pontes/ UNICAMP, 1993.
—. *Texto e leitor: aspectos cognitivos da leitura*. Campinas: Pontes,1989.
KLIMAN,M. Integrating mathematics and literature in the elementary classroom. *Arithmetic Teacher*, n.6, fev. 1993.
KLIMAN, M.; Richards, J. Writing, sharing, and discussing mathematics stories. *Arithmetic Teacher*, n.2, p.138-141, nov. 1992).
KRULIC, S. Problems, problem solving and strategy games. In: *Activities for junior high school and middle school mathematics*. Reston: NCTM, 1991. p.190-193.
KRULIC, S.; Rudinick, J.A. Strategy gaming and problem solving — an instructional pair whose time has come! *Arithmetic Teacher*, n.31, p.26-29, abr.1983.
KIIGELGEN, Helmut von. A *Educação Waldotf* aspectos da prática pedagógica. 2.ed. São Paulo: Antroposófica, 1989.

LABORDE, Collet. Un Langage de prononces de formules en mathcmatiques. *Revue Française de Pedagogie,* n.33, p.36-47, out./nov./dez.1975.

LAJOLO, Marisa. *Do mundo da literatura para leitura do mundo.* 2.ed. São Paulo: Ática, 1994.

—. O texto não é pretexto. In: *Leitura em crise na escola: as alternativas do professor.* 2.ed. Porto Alegre: Mercado Aberto, 1982.

LERMA, Inés S. Comunicacion, lenguaje y matematicas. In: *Teoria y practica in educacion matematica.* Sevilla: Linares, Sánchez y García, 1990.

LERNER, Délia. *La matemática em la escuela: aqui e ahora.* Buenos Aires: Aíque, 1994.

LÉVY, Pierre. *As tecnologias da inteligência.* Rio de Janeiro: Editora 34, 1993.

LEWIS, B. et al. Fostering communication in mathematics using children's literature. *Arithmetic Teacher,* p.470-473, abr. 1993.

LINDQUIST, M.M.; SHULTE, A. P. *Aprendendo e ensinando geometria.* São Paulo: Atual, 1994.

LURIA, A.R. *Pensamento e linguagem: as últimas conferências de Luria.* Porto Alegre: Artes Médicas, 1987.

MACEDO, Lino de. *Ensaios construtivistas.* São Paulo: Casa do Psicólogo, 1994.

MACHADO, Nilson J. *Epistemologia e didática: as concepções de conhecimento e inteligência e a prática docente.* São Paulo: Cortez, 1995.

—. *Matemática e educação: alegorias, tecnologias, temas afins.* São Paulo: Cortez, 1992.

—. *Matemática e língua materna: a análise de uma impregnação mútua.* São Paulo: Cortez, 1990.

—. *Interdisciplinaridade e matemática: proposições.* Campinas : Cortez/ UNICAMP, v.4, n.1-10, p.24-34, 1993.

—. *Matemática: senso comum e desamparo.* São Paulo: Cortez. Caderno Cedes 21.

MARTINET, Jean. *Da teoria lingüística ao ensino da língua.* Rio de Janeiro: Ao Livro Técnico, 1979.

MATEMATICS for the young child. Reston: NCTM, 1990.

MATISSE, Henri. É preciso olhar a vida inteira com os olhos de criança. *Revista Brasileira de Estudos Pedagógicos,* p.132, out./dez. 1973.

MEDEIROS, Cleide Farias de. Por uma educação matemática como intersubjetividade. In: *Educação matemática.* São Paulo: Editora Moraes, S.D. p.13- 44.

METLINA, L.S. (org.). *Mathematics in preschool: an aid for the preschool educator.* Soviet Studies in Mathematics. Reston: NCTM, 1991. v.5.

MILLER, L. D. Making the connection with language. *Arithrnetic Teacher,* n.6, p.311-316, fev. 1993.

MINSKY.,Marvin. A *sociedade da mente.* Rio de Janeiro: Francisco Alves, 1989.

MOREIRA, Ana A.A. *O espaço do desenho: a educação do educador.* São Paulo: Loyola, 1993.

MORGANTHAU, Tom. QI, is it destiny? *Newsweek,* p.31-40, 24 oct. 1994. NATTIEZ, Jean-Jacques. Tonal/atonal. In: Enciclopédia *Einaudi.* Lisboa: Imprensa Nacional/Casa da Moeda, 1988. v.3, p.212-329.

OCHI, Fusako H. et al. O *uso de quadriculados no ensino da geometria.* São Paulo: CAEM - IME/USP, 1992.

O' DAFFER, Phares G. Geometria: o que será um currículo balanceado e abrangente? In: *Geometry: an investigative approach.* 2.ed. California: Addison-Wesley Publishing, 1987.

OSTTROWER, Faga. *Criatividade e processos de criação.* 8.ed. Petrópolis: Vozes, 1991.

OR1EGA Y GASSET, José. *Obras completas* - 2. Madrid: Alianza Editorial, 1987.

PASSINI, Elza Y. *Alfabetização cartográfica e o livro didático: uma análise crítica.* Belo Horizonte: Lê, 1994.

PAULOS, John A. *El hombre anumerico.* Barcelona: Tusquets editores, 1990.

PIAGET, Jean; Inhelder, B. *La representacion de l'espace chez l'enfant.* 4.ed. Paris: Press Universitaries de France, 1981.

PIMENTEL, Maria da Glória. *O professor em construção.* 2.ed. Campinas: Papirus, 1994.

PONTE, João Pedro. A matemática não é só cálculos. *Educação e matemática,* n.4, p.5-7, out. 1987.

PREFEITURA MUNICIPAL de São Paulo: *Movimento de reorientação curricular: matemática.* São Paulo: SME, 1992.

RANGEL, Ana C. *Educação matemática e a construção do número pela criança.* Porto Alegre: Artes Médicas, 1992.

RECTOR, Monica; Trinta, Aluizio R. *Comunicação do corpo.* 2.ed. São Paulo: Ática, 1993.

Revista Nova Escola, v.8, n.64, mar. 1993.

Revista Veja, Ed. Abril, v.26, n.11, 17 mar. 93.

RODARI, Gianni. *Gramática da fantasia.* 7.ed. Campinas: Summus Editorial, 1982.

SALVADOR, Cesar Coll. *Aprendizagem escolar e construção do conhecimento.* Porto Alegre: Artes Médica, 1994.

SÃO PAULO (Estado) Secretaria da Educação. Coordenadoria de Estudos e Normas Pedagógicas. *Proposta curricular de matemática — I" grau.* São Paulo: SE/CENP, 1988.

SÃO PAULO (Estado) Secretaria da Educação. Coordenadoria de Estudos e Normas Pedagógicas. *Proposta curricular de matemática para o CEFAM e a HEM.* São Paulo: SE/CENP, 1990.

SEBER, Maria da G. A *Construção da inteligência pela criança.* São Paulo: Scipione, 1989.

SERRES, Michel. A *Comunicação.* Porto: Rés, s.d.

SILVA, Dinorá F. *Para uma política educacional de alfabetização.* Campinas: Papirus, 1991.

SINCLAIR, Hermine (org.).A *produção de notações na criança.* São Paulo: Cortez, 1990.

SOUZA E SILVA, Maria Alice S. et al. *Raízes e asas.* São Paulo: CENPEC/ UNICEF, 1995. v. 1 a 8.

SUCHODOLSKI, Bogdan. *Tratado de pedagogia.* Madrid: Ediciones Península, 1968.

SMITH, N.J.; Mendelin, K.H. Using children's books to teach mathematical concepts. *Arithmetic Teacher,* n.29, p.10-15, nov.1981.

SMOLE, Kátia C. S. et al. *Era uma vez na matemática: uma conexão com a literatura infantil.* São Paulo: CAEM, 1994.

—. *Matemática e literatura infantil.* Belo Horizonte: Lê, 1995.

SNOW, C.P. *As duas culturas e uma segunda leitura.* São Paulo: Edusp, 1995.

SNYDERS, Georges. A *escola pode ensinar as alegrias da música?* 2.ed. São Paulo: Cortez, 1994.

STEINER, Rudolf. *Andar, falar, pensar atividade lúdica* (textos escolhidos). 3.ed. São Paulo: Antroposófica, 1990.

—. A *arte da educação.* São Paulo: Editora Autroposófica, 1992.

STERNBERG, Robert J. *Metaphors of mind: conceptions of the nature of intelligence.* New York: Cambridge University Press, 1990.

TEBEROSKY, Ana. *Aprendendo a escrever.* São Paulo: Ática, 1994.

TISCHLER-WELCHMAN, R. *How to use children's literature to teach, mathematic.* Reston: NCTM, 1992.

Mathematics from children's literature. *Arithmetic Teacher,* n.35, p.42-47, fev.1988.

TAILLE, Yves de la; OLIVEIRAL, Marta K.; DANTAS, Heloísa. *Piaget, Vygotsky e Wallon: teorias psicogenéticas em discussão.* Campinas: Summus, 1992.

TOMLINSON, Peter. *Psicologia educativa.* Madrid: Ediciones Pirámide, 1984.

TULTLE, Cheryl G.; PAQUETTE, P. *Invente jogos para brincar com seus filhos.* 2.ed. São Paulo: Loyola, 1993.

VÁZQUEZ, Juan. *Lenguaje, verdad y mundo.* Barcelona: Antrhopos, 1986.

VAYER, Pierre; RONCIN, Charles. A *criança e o grupo.* Porto Alegre: Artes Médicas, 1989.

VYGOTSKI, Lev.S. A *formação social da mente.* São Paulo: Martins Fontes, 1984.

—. *La imaginacion y el arte en la infancia .* Madrid: Akal, 1990.

—. *Pensamento e Linguagem.* 2.ed. São Paulo: Martins Fontes, 1989.

VYGOTSKI, Lev.S. et al. *Linguagem, desenvolvimento e aprendizagem.* São Paulo: Edusp/Icone, 1988.

YUNES, E.; PONDE, G. *Leitura e leituras da literatura infantil.* São Paulo: FTD, 1989.

WALLON, Henri. *Do ato ao pensamento.* Lisboa: Editora Portugália, 1966. WEIGEL, Anna M.G. *Brincando de música.* Porto Alegre: Kuarup, 1988.

WEFFORT, Madalena Freire et al. *Grupo — indivíduo, saber e parceria: malhas do conhecimento.* São Paulo: Espaço Pedagógico, 1994.

WHITAKER, Rosa Maria F. S. *Freinet: evolução histórica e atualidades.* São Paulo: Scipione, 1989.

ZILBERMAN, Regina. *A literatura infantil na escola.* 9.ed. São Paulo: Global, 1981.